应用型本科院校"十三五"规划教材/就业指导类

Career Planning and Employment Guidance for College Students

大学生职业生涯规划与就业指导

主 编 李宪平 郭海峰
副主编 冯 霆

哈尔滨工业大学出版社
HARBIN INSTITUTE OF TECHNOLOGY PRESS

内 容 简 介

本书涵盖了大学阶段就业教育全过程内容,共 11 章,其中,第一章至第四章,主要从职业生涯基本理论、自我认知、职业认知、大学生活与职业生涯规划入手,帮助大一新生树立正确的大学学业观;第五章至第七章,从职业生涯抉择、职业素养的培养、创新与创业教育入手,帮助大学生认清自身所学专业所涉及的行业现状与职业的素养要求,从而树立正确的专业学习观;第八章至第十一章,主要从就业形势与政策的认知、求职礼仪与技巧、就业办理与劳动权益保护等方面入手,指导大学生掌握实用的择业技巧。

本书可作为应用型本科院校大学生职业生涯规划与就业指导课程的教材,也可供求职者自学参考。

图书在版编目(CIP)数据

大学生职业生涯规划与就业指导/李宪平,郭海峰主编. —哈尔滨:哈尔滨工业大学出版社,2019.7(2020.9 重印)
应用型本科院校"十三五"规划教材
ISBN 978-7-5603-8285-2

Ⅰ.①大… Ⅱ.①李… ②郭… Ⅲ.①大学生—职业选择—高等学校—教材 Ⅳ.①G647.38

中国版本图书馆 CIP 数据核字(2019)第 104783 号

策划编辑　杜　燕
责任编辑　苗金英　马　媛
出版发行　哈尔滨工业大学出版社
社　　址　哈尔滨市南岗区复华四道街 10 号　邮编 150006
传　　真　0451-86414749
网　　址　http://hitpress.hit.edu.cn
印　　刷　哈尔滨市工大节能印刷厂
开　　本　787mm×960mm　1/16　印张 14.75　字数 314 千字
版　　次　2019 年 7 月第 1 版　2020 年 9 月第 2 次印刷
书　　号　ISBN 978-7-5603-8285-2
定　　价　36.80 元

(如因印装质量问题影响阅读,我社负责调换)

《应用型本科院校"十三五"规划教材》编委会

主　　任	修朋月	竺培国			
副主任	王玉文	吕其诚	线恒录	李敬来	
委　　员	丁福庆	于长福	马志民	王庄严	王建华
	王德章	刘金祺	刘宝华	刘通学	刘福荣
	关晓冬	李云波	杨玉顺	吴知丰	张幸刚
	陈江波	林　艳	林文华	周方圆	姜思政
	庹　莉	韩毓洁	蔡柏岩	臧玉英	霍　琳
	杜　燕				

序

哈尔滨工业大学出版社策划的《应用型本科院校"十三五"规划教材》即将付梓，诚可贺也。

该系列教材卷帙浩繁，凡百余种，涉及众多学科门类，定位准确，内容新颖，体系完整，实用性强，突出实践能力培养。不仅便于教师教学和学生学习，而且满足就业市场对应用型人才的迫切需求。

应用型本科院校的人才培养目标是面对现代社会生产、建设、管理、服务等一线岗位，培养能直接从事实际工作、解决具体问题、维持工作有效运行的高等应用型人才。应用型本科与研究型本科和高职高专院校在人才培养上有着明显的区别，其培养的人才特征是：①就业导向与社会需求高度吻合；②扎实的理论基础和过硬的实践能力紧密结合；③具备良好的人文素质和科学技术素质；④富于面对职业应用的创新精神。因此，应用型本科院校只有着力培养"进入角色快、业务水平高、动手能力强、综合素质好"的人才，才能在激烈的就业市场竞争中站稳脚跟。

目前国内应用型本科院校所采用的教材往往只是对理论性较强的本科院校教材的简单删减，针对性、应用性不够突出，因材施教的目的难以达到。因此亟须既有一定的理论深度又注重实践能力培养的系列教材，以满足应用型本科院校教学目标、培养方向和办学特色的需要。

哈尔滨工业大学出版社出版的《应用型本科院校"十三五"规划教材》，在选题设计思路上认真贯彻教育部关于培养适应地方、区域经济和社会发展需要的"本科应用型高级专门人才"精神，根据前黑龙江省委书记吉炳轩同志提出的关于加强应用型本科院校建设的意见，在应用型本科试点院校成功经验总结的基础上，特邀请黑龙江省9所知名的应用型本科院校的专家、学者联合编写。

本系列教材突出与办学定位、教学目标的一致性和适应性，既严格遵照学科体系的知识构成和教材编写的一般规律，又针对应用型本科人才培养目标及与之相适应的教学特点，精心设计写作体例，科学安排知识内容，围绕应用讲授理论，做到"基础知识够用、实践技能实用、专业理论管用"。同时注意适当融入新理论、新技术、新工艺、新成果，并且制作了与本书配套的PPT多媒体教学课件，形成立体化教材，供教师参考使用。

《应用型本科院校"十三五"规划教材》的编辑出版，是适应"科教兴国"战略对复合型、应用型人才的需求，是推动相对滞后的应用型本科院校教材建设的一种有益尝试，在应用型创新人才培养方面是一件具有开创意义的工作，为应用型人才的培养提供了及时、可靠、坚实的保证。

希望本系列教材在使用过程中，通过编者、作者和读者的共同努力，厚积薄发、推陈出新、细上加细、精益求精，不断丰富、不断完善、不断创新，力争成为同类教材中的精品。

前　言

随着国家"供给侧"改革的深入,毕业生就业的结构性矛盾日益凸显,毕业生"懒就业""慢就业""不就业"的现象比较普遍。面对当前高校毕业生普遍就业压力大、就业观念不端正、就业主动意识不强的痛点,编者认为还是需要通过职业生涯与就业教育,从思想上解决就业的根本问题。

本书着眼于当前的就业形势和当代大学生的思想特性,立足职业生涯与发展规划、职业素养的养成与提升、就业指导三个方面,通过职业生涯与发展规划基本理论、自我探索与认知、职业认知与抉择、大学生活与职业生涯规划、职业生涯决策、职业素养的培养、创新与创业教育、就业形势与政策及就业信息的搜集和利用、求职简历与求职心理调适、求职礼仪与技巧及职场角色转换、就业手续的办理程序与劳动权益保护,共11章内容,对其进行全面性、系统性、针对性的梳理,帮助大学生从第一阶段的树立正确的学业观,到第二阶段的职场认知与职业素养养成,确立职业发展目标,再到第三阶段的就业指导,实现对其全程化的职业生涯与就业教育,促进广大高校毕业生顺利就业。

在本书的编写过程中,总结了多年以来从事大学生就业指导工作的先进经验与典型做法,提炼出了具有一定的借鉴和指导意义的就业教育思想与理论,力求使本书具有一定的代表性、指导性、实用性、新颖性和前瞻性。

本书由李宪平、郭海峰担任主编,冯霆担任副主编,编写分工如下:第二、四、六、七、九、十章由李宪平编写,字数为14.2万字;第一、八、十一章由郭海峰编写,字数为9.2万字;第五章由冯霆编写,字数为3.4万字;第三章由黄金芳编写,字数为3.2万字。

在本书的编写过程中得到了就业战线同行的大力支持与帮助,在此表示衷心感谢!同时,也参考了相关文献,在此一并表示感谢!

编者毕竟能力有限,在编写过程中难免会有疏漏和不当之处,恳请各位读者不吝赐教!

编者
2019年6月

目 录

第一章　职业生涯发展规划基本理论 ··· 1

第二章　自我探索与认知 ··· 29
　第一节　自我意识概述 ··· 30
　第二节　大学生健全的自我意识的塑造 ····································· 36
　第三节　大学生自我意识的偏差及其调试 ··································· 43
　第四节　人格与气质 ··· 46

第三章　职业资格与职业世界 ··· 54
　第一节　职业资格证书 ··· 55
　第二节　认识工作世界 ··· 62
　第三节　探索工作世界的方法与途径 ······································· 66

第四章　大学生活与职业生涯规划 ··· 78
　第一节　大学生活与职业生涯发展的关系 ··································· 79
　第二节　了解大学生的职业生涯规划 ······································· 81
　第三节　如何进行大学生职业生涯规划 ····································· 86
　第四节　大学生职业生涯规划的误区与管理 ································· 95

第五章　职业生涯决策 ··· 99
　第一节　生涯决策 ·· 100
　第二节　目标与行动 ·· 110
　第三节　评估、反馈与调整 ·· 119

第六章　职业素养的培养 …………………………………………… 124

第七章　创新与创业教育 …………………………………………… 136
　　第一节　创业的基本常识 ……………………………………… 137
　　第二节　大学生创业的意义及有利条件 ……………………… 141
　　第三节　创业者应具备的素质 ………………………………… 146
　　第四节　创业生涯规划 ………………………………………… 149

第八章　就业形势与政策及就业信息的搜集与利用 ……………… 152
　　第一节　我国目前的就业形势与政策 ………………………… 153
　　第二节　就业信息的搜集与利用 ……………………………… 158

第九章　求职简历与求职心理调适 ………………………………… 164
　　第一节　大学生求职简历 ……………………………………… 164
　　第二节　大学生求职心理调适 ………………………………… 168

第十章　求职礼仪与技巧及职场角色转换 ………………………… 176
　　第一节　求职礼仪 ……………………………………………… 177
　　第二节　面试技巧 ……………………………………………… 183
　　第三节　职场角色转换 ………………………………………… 191

第十一章　就业手续的办理程序与求职劳动权益保护 …………… 195
　　第一节　毕业生就业报到证业务办理申请材料分类说明 …… 196
　　第二节　劳动法 ………………………………………………… 199
　　第三节　劳动合同及劳动争议处理 …………………………… 204
　　第四节　社会保障法 …………………………………………… 215

参考文献 ……………………………………………………………… 223

Chapter 1 第一章

职业生涯发展规划基本理论

学习目标

1. 了解职业的基本概念。
2. 掌握职业素质的基本要点。
3. 树立正确的职业理想。

学习建议

通过理论学习,借助职业测评,认清自身的基本职业素养与职业兴趣,树立正确的职业理想,绘制职业生涯发展规划导图,设计自我职业能力提升的方案。

职场语录

做学问有三种境界:"昨夜西风凋碧树,独上高楼,望尽天涯路,此第一境界;衣带渐宽终不悔,为伊消得人憔悴,此乃第二境界;众里寻他千百度,蓦然回首,那人却在灯火阑珊处,此乃第三境界。"人生亦是如此。

一、职业的基本概念

生命不是掌握在别人手里,它只有一个主人,那就是你自己!

生命最宝贵之处,并不在它的长度,而在它的广度和深度!

生命是一段旅程,最值得回味的,不仅是目的地,更是路上的风景!

现在的你,是几年前的你所决定的;四年后的你,是现在的你所决定的!

……

掌握职业的定义,了解职业特征,弄清职业分类,借助职业测评,找准职业定位,进而树立正确的职业理想,未雨绸缪,制订实施计划,勤力践行,顺利就业。

(一)职业的定义

职业,作为一种社会现象,是社会分工的现实产物。在现实社会中,人作为构成社会存在的基本单元,往往需要通过一定的工作岗位实现就业,并借由就业过程中的劳动付出,获取合理的劳动报酬,以满足人类生存与生活的物质保障和精神需求。不同的人对于"职业"一词的理解也不尽相同:有的人认为职业等同于单纯的工作;有的人视职业为基本生存的生活来源;有的人把职业当成彰显自我社会身份与地位的象征;还有的人把职业作为人生理想而终身追求。

职业,从字面意思来看,由"职"和"业"两个字构成,"职"指的是职责、职务、职位、职权和义务,"业"指的是业务、行业、专业和事业。"职业"表示的是行业性的专业活动,具有特定的责任、义务和权益。因此,职业是指人类个体参与社会分工,利用专门的知识和技能,创造社会物质财富、精神财富,获得合理报酬,满足个人物质生活和精神需求的工作。

职业包含了以下四个方面的关系:

第一,人与社会的关系。从事任何职业的人,都参与了社会劳动分工。

第二,知识技能与创造的关系。利用个人掌握的知识和技能,在劳动过程中为社会创造出满足其他人所需的物质财富和精神财富。

第三,创造财富与获取报酬的关系。"有付出,必有回报!"只有创造出社会财富,才有资格索取对等的劳动报酬作为回报。

第四,劳动和生活的关系。人们通过参与社会劳动获取劳动报酬,满足了自身的物质和精神生活的需求,才能持续参与社会劳动,创造更多的社会财富。

(二)职业特征

职业活动的特征包括社会性和时代性、规范性和专业性、经济性和稳定性、知识性和技能性、多样性和层次性等。

1.社会性和时代性特征

职业是人类在劳动过程中的分工现象,它体现的是劳动力与劳动资料之间的结合关系,也体现出劳动者之间的关系,劳动产品的交换体现的是不同职业之间的劳动交换关系。这种劳动过程中结成的人与人的关系无疑是社会性的,他们之间的劳动交换反映的是不同职业之间的等价关系,这反映了职业活动、职业劳动成果的社会属性。职业是生产力发展和社会化分工的结果,它的形式和内容都离不开社会的存在,受到社会政治、经济、文化等因素的影响,还与社会制度和社会政策相关。随着时代的发展和社会的进步,旧的职业不断被淘汰,新的职业不断产生,职业在不断地发生变化。相同的职业在不同时期会有不同的内容和形式。从不同时期出现的不同的热门职业可以看出,职业具有鲜明的时代特色。我国曾出现过的"从军热""从政热""从商热"等,都反映出特定时期人们对热点职业活动的热衷程度。

2. 规范性和专业性特征

职业的规范性包含两层含义:一是指职业内部的规范操作,二是指职业道德的规范性。不同的职业在其劳动过程中都有一定的操作规范性,这是保证职业活动的专业性要求。当不同职业在对外展现其服务时,还存在一个伦理范畴的规范性,即职业道德。这两种规范性构成了职业规范的内涵与外延。

一个人要从事某种职业,就必须具备职业化的专门知识、能力,并遵从特定的职业道德要求,如医生必须要有一定的医疗专业知识、技能和救死扶伤的服务态度,教师要有学科教学能力和教书育人的职业操守。财务人员要爱岗敬业,熟悉财经法律、法规,做到自己在处理各项经济业务时知法依法、知章循章,以会计为例,依法把关守口,依法办事,一方面,会计人员应当按照会计法律、法规和国家规定的程序和要求进行会计工作,保证所提供的会计信息合法、真实、准确、及时、完整。另一方面,会计人员应树立自己的职业形象和维护自己的人格尊严,敢于抵制歪风邪气,同一切违法乱纪的行为做斗争,客观公正。会计信息的正确与否不但关系到微观决策,而且关系到宏观决策。做好会计工作,不仅要有过硬的技术本领,也同样需要实事求是的精神和客观公正的态度。会计人员应当熟悉本单位的生产经营和业务管理情况,积极运用所掌握的会计信息和会计方法,为改善单位的内部管理、提高经济效益服务。会计工作的性质决定了会计人员有机会了解本单位的财务状况和生产经营情况,掌握着重要的商业机密。这些机密一旦泄露给竞争对手,会给本单位的经济利益造成重大的损害,这对被泄密的单位既不公正,又很不利。泄露本单位的商业秘密也是一种违法行为。因此,作为会计人员,应当确立泄密失德的观点,对于自己知悉的内部机密,不管在何时何地,都要守口如瓶,不得为一己私利而泄露机密。

随着社会的发展、科技的进步,劳动的专业化程度越来越高,职业的专业性越来越强。职业主体所从事的职业活动必须符合国家的法律规定和社会伦理道德准则。职业分为正当职业和不正当职业,不正当职业(如有组织的走私、贩毒、贩黄)要么不符合国家的法律规定,要么有悖于社会伦理道德的准则要求,特别需要注意的是,传销活动作为不正当职业,对大学生影响很大,应予以警惕。

3. 经济性和稳定性特征

人们从事职业活动的重要目的是获得一定的报酬,维持自己和家庭的生存与发展,这体现了职业的功利性。职业的功利性也叫职业的经济性,是指职业作为人们赖以谋生的劳动所具有的逐利性一面。职业活动既满足职业者自己的需要,同时也满足社会的需要,只有把职业的个人功利性与社会功利性结合起来,职业活动及职业生涯才具有生命力和意义。职业的形式和内容在一定时期内是相对固定的,这也保证了劳动者能通过连续从事某一职业获得稳定的收入。在职业范畴内,经济性和稳定性是不可分割的,只有稳定性而没有经济性的工作不是职业,如家庭主妇;只有经济性而没有稳定性的工作也不是职业,如买彩票中奖、获得赠予等。

4. 知识性和技能性特征

不同的职业要求不同的知识和技能,这使得职业具有知识含量与技术含量。有的知识和技能比较简单和容易,不需要专门的学习和培训,可以在社会生活中通过经验的总结和常识的积累来获得,如农耕文明就是先民们在天文、气象、水利等方面的知识和播种、收获等方面技巧的积累和总结。但对于大型仪器的操作,则需要专业培训。在现代社会中,职业分工越来越细,各种新职业层出不穷,职业的知识含量越来越高,技术越来越复杂,从业者需要经过专业的学习和培训,具备专门的知识和技能,才能胜任特定的工作。即便是农业生产,随着现代农业的发展,也呈现出越来越明显的专业化态势。

5. 多样性和层次性特征

职业的多样性非常明显,职业涉及的领域和范围十分广泛,涉及人类社会生产和生活的方方面面;而且职业的分化还在继续,职业的种类还在不断增加。同时这些不同的职业岗位对劳动者的素质和条件有着多样的要求。职业的层次性包括各类职业间的层次和各个职业类型内部的层次。虽然我们一直强调职业没有高低贵贱之分,但不可否认的是,收入水平的高低、工作任务的轻重、社会声望和权力地位的高低确实使职业出现了差异性,影响着人们对职业的看法。

(三)职业分类

职业分类是国家采用一定的标准和方法,依据分类原则,对从业人员所从事的各种专门化的社会职业进行全面、系统的划分与归类。因为各国的经济发展水平、历史和国情各不相同,所以职业分类也不相同。英、美等西方国家最早进行了职业分类。英国在1841年将职业分成了431种。美国在1820年的人口普查工作中就已列出职业统计项目;1850年,又进行了专门的职业普查,划分了15个行业,共232种职业;1860年职业种类又增至584种;1965年确定为21 714种;到1980年,《美国百科全书》已认定美国有25 000种职业。法国在20世纪80年代中期被确定的职业有8 600种。日本的职业分为12个大类、52个中类、279个小类。从以上职业分类情况看,各国职业分类的标准不一。为了使国际的职业分类更合理,1958年,国际劳工组织制定了《国际标准职业分类》。1966年在日内瓦第十一届国际劳工专家统计会议上通过了《国际标准职业分类》的修订版。目前,根据国际通行做法,职业一般被划分为大类、中类、小类和细类四个层次:大类依工作性质的同一性进行分类;中类是在大类的范围内,根据工作任务与分工的同一性进行分类;小类在中类之内按照工作的环境、功能及相互关系分类;细类在小类的基础上,依照工作的工艺技术、操作流程等再做划分和归类。国际劳工局将职业分为8个大类:专家、技术人员及有关工作者;政府官员和企业经理;事务工作者和有关工作者、销售工作者;服务工作者;农业、牧业和林业工作者;渔民和猎人;生产和有关工作者、运输设备操作者和劳动者;不能按职业分类的劳动者。8个大类下又划分为83个小类、284个细类和1 506个职业项目,包含1 881个职业。

自中华人民共和国成立以来,国家有关部门根据我国的国情,开展了大量职业分类调查工作,参照联合国国际劳工局的《国际标准职业分类》,制定了有关职业分类的标准与政策。为加强培训就业工作,人力资源和社会保障部在职业分类、新职业开发和国家职业标准制定方面做了大量的工作。1986年颁布了《职业分类与代码》,1992年编制并颁布了《中华人民共和国工种分类目录》,1999年颁布了《中华人民共和国职业分类大典》。根据1999年版《中华人民共和国职业分类大典》,我国职业按种类被划分为8个大类、66个中类、413个小类、1838个细类。2015年7月29日,国家职业分类大典修订工作委员会全体会议在京召开,会议审议通过并颁布了2015年版《中华人民共和国职业分类大典》。

从总体修订的内容情况来看,主要从以下四个方面进行了修改、调整和补充。

第一,对职业分类体系的修订。2015年版《职业分类大典》延续了职业分类的大类、中类、小类和细类结构,细类是最基本的类别。调整后的职业分类结构为8个大类、75个中类、434个小类、1 481个职业。与1999年版相比,维持8个大类不变,增加了9个中类、21个小类,减少了547个职业(新增347个职业,取消894个职业)。新增的职业包括"网络与信息安全管理员""快递员""文化经纪人""动车组制修师""风电机组制造工"等。取消职业包括"收购员""平炉炼钢工""凸版和凹版制版工"等。

第二,对职业信息描述内容的修订。维持142个类别信息描述内容基本不变,修订220个、取消125个、新增155个类别信息描述内容;同时,维持612个职业信息描述内容基本不变,修订522个、取消552个(不含342个"其他"余类职业)、新增347个职业信息描述内容。

第三,对职业信息描述项目的调整。为更好地反映我国企业人力资源管理的实际,将1999年版"下列工种归入本职业"的表述调整为"本职业包含但不限于下列工种",其含义有二:一是同时包括与对应职业名称重名的工种;二是对检验、试验、修理、包装、营销等其工作性质相似、数量众多、无法穷尽的工种未予列举。

第四，增加绿色职业标识。本次修订借鉴发达国家的经验，结合我国实际，对具有"环保、低碳、循环"特征的职业活动进行研究分析，将部分社会认知度较高、具有显著绿色特征的职业标示为绿色职业，这是我国职业分类的首次尝试。旨在注重人类生产生活与生态环境的可持续发展，推动绿色职业发展，促进绿色就业。绿色职业活动主要包括：监测、保护与治理、美化生态环境，生产太阳能、风能、生物质能等新能源，提供大运量、高效率交通运力，回收与利用废弃物等领域的生产活动，以及与其相关的以科学研究、技术研发、设计规划等方式提供服务的社会活动。2015年版《中华人民共和国职业分类大典》共标示127个绿色职业，并统一以"绿色职业"的汉语拼音首字母"L"标识，如环境监测员、太阳能利用工、轮胎翻修工等职业。

从具体修订的内容情况来看，对1999年版中各类别的内容进行了修订。

第一大类名称修订为"党的机关、国家机关、群众团体和社会组织、企事业单位负责人"，其职业分类修订参照我国政治制度与管理体制现状，对具有决策和管理权的社会职业按照组织类型、职责范围的层次和业务相似性、工作的复杂程度和所承担的职责大小等进行划分与归类。修订后的第一大类包括6个中类、15个小类、23个职业。与1999年版相比，增加了1个中类，减少了1个小类、2个职业，并对部分类别的名称和职业描述进行了调整。

第二大类名称为"专业技术人员"，维持原大类名称不变，其职业分类修订除遵循职业分类一般原则和技术规范外，还着重考量职业的专业化、社会化和国际化水平。修订后的第二大类包括11个中类、120个小类、451个职业。与1999年版相比，减少了3个中类，增加了5个小类、11个职业。

第三大类名称为"办事人员和有关人员"，维持原大类名称不变，其职业分类修订主要依据我国公共管理与社会组织中从业者的实际业态进行。修订后的第三大类强化其公共管理、企事业管理等领域的行政业务、行政事务属性，包括3个中类、9个小类、25个职业。与1999年版相比，减少了1个中类、3个小类、28个职业。

第四大类名称修订为"社会生产服务和生活服务人员"，其职业分类修订主要参照国民经济行业分类以及我国服务业发展现状，特别关注新兴服务业的社会职业发展，主要按照服务属性归并职业。修订后的第四大类包括15个中类、93个小类、278个职业。与1999年版相比，增加了7个中类、50个小类、81个职业。

第五大类名称修订为"农、林、牧、渔业生产及辅助人员"，其职业分类修订以农、林、牧、渔业生产环境、生产技术和产业结构的变化，现代农业生产领域中生产技术应用、生产分工与合作的现状为依据，参照国民经济行业分类进行。修订后的第五大类包括6个中类、24个小类、52个职业。与1999年版相比，中类维持不变，减少了6个小类、83个职业。

第六大类名称修订为"生产制造及有关人员"，其职业分类修订按照国民经济行业分类以及生产制造业发展业态，以工艺技术、工具设备、主要原材料、产品用途和服务与技能等级水平相似性进行。修订后的第六大类包括32个中类、171个小类、650个职业。与1999年版相比,增加了5个中类,减少了24个小类、526个职业。

第七大类名称为"军人",沿用1999年版《中华人民共和国职业分类大典》的做法,维持原大类名称及内容表述不变。

第八大类名称为"不便分类的其他从业人员",沿用1999年版《中华人民共和国职业分类的大典》的做法,维持原大类名称及内容表述不变。

目前,人力资源和社会保障部依据《中华人民共和国职业分类大典》确定了实行就业准入的87个职业目录。分别是:车工、铣工、磨工、镗工、组合机床操作工、加工中心操作工、铸造工、锻造工、焊工、金属热处理工、冷作钣金工、涂装工、装配钳工、工具钳工、锅炉设备装配工、电机装配工、高低压电器装配工、电子仪器仪表装配工、电工仪器仪表转配工、机修钳工、汽车修理工、摩托车维修工、精密仪器仪表维修工、锅炉设备安装工、变电设备安装工、维修电工、计算机维修工、手工木工、精细木工、音响调音员、贵金属首饰手工制作工、土石方机械操作工、砌筑工、混凝土工、钢筋工、架子工、防水工、装饰装修工、电气设备安装工、管工、汽车驾驶员、起重装卸机械操作工、化学检验工、食品检验工、纺织纤维检验工、贵金属首饰钻石珠宝检验员、防腐蚀工;农林牧渔水利业生产人员中的动物疫病防治员、动物检疫检验员、沼气生产工;商业、服务业人员中的营业员、推销员、出版物发行员、中药购销员、鉴定估价师、医药商品购销员、中药调剂员、冷藏工、中式烹调师、中式面点师、西式烹调师、西式面点师、调酒师、营养配餐员、前厅服务员、客房服务员、保健按摩师、职业指导员、物业管理员、锅炉操作工、美容师、美发师、摄影师、眼镜验光员、眼镜定配工、家用电子产品维修工、家用电器产品维修工、钟表维修工、办公设备维修工、养老护理员;办事人员和有关人员中的秘书、公关员、计算机操作员、制图员、话务员、用户通信终端维修员。

(四)职业功能

1.谋生需要

职业是人类生活的重要组成部分,人的职业生活首先体现为必须通过参加社会劳动来获取生存必需的生活资料。为了获取一定的报酬作为生活资料来源的那一部分劳动,被称为职业劳动。人们通过参加某一岗位的职业劳动来换取职业报酬,在满足生存需要的同时,也积累了个人财富。我国实行的分配体制是以按劳分配为主体,多种分配形式为补充的分配体制,坚持效率优先、兼顾公平的原则,因而劳动者参加职业劳动的数量和质量直接决定了其财富的多少。

2.精神需求

著名心理学家马斯洛将人的需求分为五个层次:生理需求、安全需求、社交需求、尊重需求和自我实现的需求,前两种为基本需求,后三种为精神需求,如图1.1所示。职业是个人获得名誉、权利、地位、成就、尊重,以及自我实现等精神需求的重要来源。职业劳动是依据特定的社会规范和内在规律运行的,每种职业都有其独特的要求和活动内容,这些要求和内容对从业者的生理和心理必然产生重大的影响。当某种职业能够使个人才干得到发挥、个性得到发展和完善时,它就成为促进个性健康发展的重要因素。

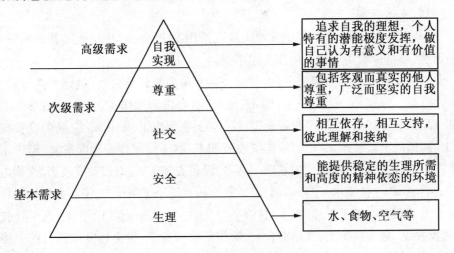

图 1.1　马斯洛需求理论图解

3. 社会存在和发展的基础

职业的本质是劳动力和生产资料的结合,体现的是人与人之间的社会关系。在满足个人需要的同时,人们的职业劳动也为社会创造了财富。职业劳动生产出来的物质财富和精神财富是社会存在和发展的基础。现代社会的劳动有着十分明确的分工,社会成员只有通过各自劳动成果的交换,才能满足彼此的需要。这种平等交换劳动成果的过程,既能够体现出为他人服务的程度,又能够衡量出对社会和国家所做贡献的大小。所以,职业也是维持社会稳定、实现安居乐业的基本手段。

(五)职业变迁

职业的变迁是一个历史的过程,许多职业与人们的日常生活息息相关。职业的变迁能直接感知社会的发展与进步。

1. 传统职业渐行渐远

近年来,随着经济生活的变化,过去的很多技术、手艺已经不再被需要,于是,靠这些行业谋生的人纷纷转行,另谋他业。不知不觉中,一些传统职业在萎缩、消失,逐渐退出历史舞台。据统计,我国现有的传统职业,与30年前相比减少了近3 000个。

2. 新兴职业不断涌现

20世纪80年代之后,中国人数十年来积累起来的职业观念,和社会一样,发生了翻天覆地的变化。改革开放使少数人不再安于现状,毅然"下海"。但是,更多的人还是选择安分守己,抱着各自的"铁饭碗"。到了20世纪90年代,"大锅饭"被打破,"分配""安置"这类词语走进了博物馆。门类齐全的现场招聘会此起彼伏,一批有较高知识层次和创新能力的复合型人才开始涌现,在呼唤个性的社会氛围中崭露头角。他们的工作不再如从前般稳定,他们开始学会如何去应对竞争,带着"先就业、后择业"的想法去寻找工作,开始对工作抱着"开心就干,不开心就走"的态度。再后来,互联网的出现颠覆了传统的求职方式。网络招聘以其成本低、效率高、无地域限制等特点,吸引了大批的中高级人才和企业,甚至有人认为网络招聘取代传统招聘是迟早的事。它的出现也颠覆了传统的就业模式。网上开店成就了许多人的梦想;网上写微博、发视频也成了新的就业领域。

新涌现出来的大批新职业,主要集中在第一、第二产业的高新技术产业和蓬勃发展的第三产业。从分布情况来看,典型的有第一产业中的基因和转基因工程、遗传工程、细胞工程、生态农业、生化试验等领域。第二产业的加工中心、环境监测、计算机辅助设计、计算机辅助制造、纳米材料生产及航空航天材料的生产等领域。而新职业分布最广的是在社会服务领域。

职业的诞生与生存来源于人们的生活所需。随着人们对衣、食、住、行、游、购、娱等的需求越来越丰富,诸多的新兴职业在人们一轮又一轮的新需求中产生,种类也日趋多元化。新兴职业不但可以保障就业者的生活来源,而且可以减轻社会压力,促进经济增长。新兴职业是相对传统职业而言,具有时代特性的一类职业。新兴职业是指经济社会发展中已经存在一定规模的从业人员,具有相对独立成熟的职业技能,《中华人民共和国职业分类大典》中尚未收录的职业。

近几年诞生的新职业有:电影试片员、酒店试睡员、旅游体验师、化妆品试用员、验房师、网络营销师、短信写手、网络钟点工、钟点秘书、信用管理师、厨政管理师、色彩搭配师、劳动关系协调员、安全评价师、玻璃分析检验员、职业点菜师、食品造型师、品酒师、坚果炒货工艺师、电子音乐制作师、产品定制师、现场速录师、私人理财师、临时代驾、职业砍价师、宠物摄影师、牵犬师、宠物健康护理员、精算师、首席微博运营官、同声传译员、游戏解说员与职业选手、数据架构师等等。

二、职业素质

"夫君子之行,静以修身,俭以养德,非淡泊无以明志,非宁静无以致远。"

职业素质是职业人才的核心部分,是职业人才的价值所在,也是衡量职业人才的重要标准。职业素质是指劳动者在一定的生理和心理条件的基础上,通过教育、劳动实践和自我修养等途径形成和发展起来的,在职业活动中发挥作用的一种基本品质。当今社会,越来越多的企业在招聘员工时,更加注重的是员工的职业素质。高水平的职业素质是职业发展的基础和源泉,是工作效果的重要保障。所以,大学生在进入职场之前,要努力提高个人的职业素质,为职业生涯的发展奠定良好的基础。

（一）职业素质的含义

素质有先天素质和后天素质两类。先天素质是通过父母的遗传因素而获得的素质，主要包括感觉器官、神经系统和身体其他方面的一些特点；后天素质是通过环境和教育而获得的。因此，素质是在人的先天生理的基础上，受后天的教育训练和社会环境的影响，通过自身的认识和社会实践逐步养成的比较稳定的身心发展的基本品质。职业素质就是为了达到职业的要求，全面地履行职责，成为合格的职业人所必须具备的综合素质。它既可以指从事某一职业必须具备的基本素质，也可以指能够获得优秀职业成就的卓越素质。具体来说，职业素质是指劳动者在一定的生理和心理的基础上，通过教育培训、劳动实践、自我修养等途径逐渐形成和发展起来的，能在相应的职业活动中发挥作用的内在要素和品质，这些要素和品质与具体职业密切相关，从而对职业活动起到关键作用。在现代生活中，职业是实现人生意义和价值的主要场所，职业生涯既是人生历程中的主体部分，又是最具价值的部分。在现代生活中，职业成为人生的重要舞台。职业的成功不仅仅取决于个体素质的高低，更在于整个职业群体的素质水平。在群体交往过程中，一方面个体素质得以体现，另一方面个体素质之间相互碰撞、吸收、融合、取长补短。成功的职业生涯一方面是个体素质的展现过程，更重要的一方面，也是个体素质不断成长的过程。不同的职业有不同的素质要求，不同的企业（组织）乃至不同的职业岗位，对从业者的职业素质都有其自身的要求，从业者往往在工作实践中才能深刻体会这些特殊的素质要求。人对职业适应与否，主要取决于人的职业素质是否达到了职业对人的要求。

（二）职业素质的内容

无论从事何种职业，职业人都必须具备一定的思想道德素质、科学文化素质、生理素质和心理素质等。职业素质是职业内在的规范和要求，是在职业活动中表现出来的综合品质，包含职业道德、职业意识、职业技能、职业行为和职业作风等方面。

1. 思想道德素质

随着我国经济社会的发展，用人单位对大学生的思想道德素质越来越重视。用人单位认为思想道德素质高的学生不但用起来放心，而且有利于本单位文化的发展和进步。思想是行动的先导，而道德是立身之本，很难想象一个思想道德素质差的人能够在工作中赢得别人充分的信任和与他人良好地合作。所以，企业和单位在选拔录用毕业生时，对其思想道德素质都会很在意。虽然这种素质很难准确测量，但是一个人的思想道德素质会体现在他的一言一行中，这也是面试的重点考核内容之一。

2. 事业心和责任感

事业心通常认为是干事业的决心、信心和耐心。有事业心的人目光远大、心胸开阔，能克服常人难以克服的困难而成为社会上的佼佼者。责任感要求把个人利益同国家和社会的发展紧密联系起来，要求树立强烈的历史使命感和社会责任感。事业心和责任感是社会对大学生最基本的素质要求,也是毕业生成才的基础、职业发展的保障。只有具有强烈的事业心和责任感的人,才能把自己从事的工作当成自己的事业去追求,早日融入企业的文化,与企业同甘苦、共患难、荣辱与共,才能调动自己的主观能动性,有效释放自身的能量。

3. 职业道德

职业道德在职业活动中的重要性不言而喻,任何一个具体的职业都有本行业的规范,这些规范是人们对职业活动的客观要求。从业者必须对社会承担必要的职责,遵守职业道德,敬业、勤业。具体来说,就是热爱本职工作,恪尽职守,讲究职业信誉,刻苦钻研本职业务,对技术和专业精益求精,服务群众,奉献社会。职业道德也是职业精神的核心部分。

4. 专业基础

随着社会的进步和科学技术的迅速发展,社会化大生产不断壮大,现代职业对从业人员的专业基础要求越来越高,专业化的倾向越来越明显。专业人才应该拥有宽厚扎实的基础知识和广博精深的专业知识。基础知识、基本理论是知识结构的根基。拥有宽厚扎实的基础知识,才能有持续学习和发展的基础和动力。专业知识是知识结构的核心部分,专业人才要对自己所从事的专业的知识和技术精益求精,对学科的历史、现状和发展趋势有较深刻的认识和系统的了解,并善于将自己所学的专业和其他相关知识领域紧密联系起来。

5. 学习能力

现代社会科学技术的飞速发展和产业结构的迅速升级,大大地缩短了知识更新的周期。只有基础牢,会学习,善于汲取新知识、新经验,不断在各方面完善自己,才能跟上时代的步伐。有研究表明,一个大学毕业生在学校获得的知识只占一生工作所需知识的10%,其余须在毕业后的继续学习中不断获取。因此,大学生在校期间不仅要学好专业知识,更要提高学习能力,只有不断地提高对知识的获取效率,改进知识的采集与使用方法,才能根据环境变化和社会需要不断调整知识结构,加速知识的更新换代,更好地适应社会的要求。

6. 团队意识

实践证明,一项大型工程的开展,一项科研项目的完成,一个生产过程的组织与管理,单靠某个人的力量显然是不够的,必须十几个、几十个甚至成百上千个人共同劳动,互相配合,互相协作才能完成。这就要求每一个成员都要有互相协作的团队意识,积极主动地参与人际交往,努力培养团队协作精神,创建友好的合作氛围。随着社会分工的日益精细以及受到个人能力的限制,单打独斗已经很难完成工作任务,人际间的合作与沟通已经必不可少。因此,目前在职场中,团队意识已经成为衡量人才的重要标准。

7. 创新能力

市场需要创新,创新是经济发展的动力。在市场经济条件下,各企业都要参与激烈的市场竞争。人的创新能力具有比以往任何时期都更为重要的意义,这成为企业经济持续发展、保持竞争优势的动力和资本，是企业的灵魂。用人单位迫切需要人才运用创新精神和专业知识来帮助单位改造技术，加强企业管理，使产品不断更新和发展，给企业带来新的活力。经济建设所需要的人才，不仅要有学习、储备新知识的能力，更要有利用所学知识，主动参与科学研究和技术革命，勇于提出新见解的创新精神和创新能力。

8. 身心素质

"身体是革命的本钱"，现代社会生活节奏快，工作压力大，没有健康的体魄很难适应。身体健康在工作中起着基础性作用。与身体上的健康相比，心理上的健康也十分重要。自我意识、情绪控制的能力、人际关系的和谐度和对挫折的承受能力是一个人事业能否取得成功的关键。心理素质好的人能以旺盛的精力、积极乐观的心态处理好各种关系，主动适应环境的变化；心理素质差的人则经常处于忧愁困苦中，不能很好地适应环境，最终影响工作，甚至带来身体上的疾病。因此，良好的身心素质已经成为人才竞争中的核心竞争力。

（三）大学生职业素质的培养

根据"素质冰山"理论的说法，个体的素质就像水中漂浮的一座冰山，水上部分的知识、技能仅仅代表表层的特征，不能区分绩效优劣；水下部分的动机、特质、态度、责任心才是决定人行为的关键因素，可用于区分绩效优秀者和一般者。对于大学生来说，职业素质也可以看成一座冰山：冰山浮在水面以上的部分只有1/8，它代表大学生的形象、资质、知识、职业行为和职业技能等方面，是人们看得见的、显性的职业素质，这些可以通过各种学历证书、职业证书来证明，或者通过专业考试来验证。而冰山隐藏在水面以下的部分占整体的7/8，它代表大学生的职业意识、职业道德、职业作风和职业态度等方面，是人们看不见的、隐性的职业素质。显性职业素质和隐性职业素质共同构成了大学生所应具备的全部职业素质。由此可见，大部分的职业素质是人们看不见的，但正是这7/8的隐性职业素质决定、支撑着外在的显性职业素质，显性职业素质是隐性职业素质的外在表现。所以，大学生职业素质的培养应该着眼于整座"冰山"，并以培养显性职业素质为基础，重点培养隐性职业素质。当然，这个培养过程不是学校、学生、企业哪一方能够单独完成的，而应该由三方共同协作，实现"三方共赢"。大学生在大学期间应该学会自我培养。

（四）职业意识的培养

清华大学的樊富珉教授认为，中国有69%～80%的大学生对未来职业没有规划，就业时感到压力较大。中国社会调查所最近完成的一项在校大学生心理健康状况调查显示，75%的大学生认为压力主要来源于社会就业。50%的大学生对于自己毕业后的发展前途感到迷茫，没有目标；41.7%的大学生表示目前没考虑太多，只有8.3%的人对自己的未来有明确的目标，并且充满信心。实际上，缺失目标、造成压力的根源，往往是因为大学生在校期间，缺乏对职业意识的培养。培养职业意识就是要对自己的未来有所规划。每个大学生在大学期间应明确:我是一个什么样的人？我将来想做什么？我能做什么？环境能支持我做什么？每个大学生应该充分认识自己的个性特征,包括自己的气质、性格和能力,以及自己的个性倾向,包括兴趣、动机、需要、价值观等,并作为依据来确定自己的个性是否与理想的职业相符,对自己的优势和不足有一个比较客观的认识,结合环境如市场需要、社会资源等确定自己的发展方向和行业选择范围,明确职业发展目标。

1. 知识、技能等显性职业素质的培养

学校的教学及各专业的培养方案是针对社会需要和专业需要制订的,旨在使学生获得系统化的基础知识及专业知识,加强学生对专业的认知和对知识的运用,并使学生获得学习能力以及良好的学习习惯。大学生应该配合学校的培养任务,完成知识、技能等显性职业素质的培养。

首先,要制订合理的专业学习计划。在明确了自己的职业发展目标之后,要做好计划,为实现自己的目标而努力。大学生要明确专业学习的目标,也就是通过专业学习所要达到的预期结果,在专业基本理论、基本知识和基本技能方面要达到应有的水平,在专业能力方面和实际应用方面要达到一定的要求。在制订学习计划时,应该注意的是,计划中除了有专业学习的时间外,还应有学习其他知识的时间和进行社会工作、为集体服务的时间;有保证休息、娱乐、睡眠的时间。要脚踏实地地完成学习任务、掌握课程进度,妥善安排时间,不使自己的计划受到"冲击";做到适时调整,每一个计划执行到某一个阶段时,就应当检查一下效果如何,如果效果不好,就要找找原因,进行必要的调整;要具有一定的灵活性,计划不要太满、太死、太紧,要留出机动时间,使计划有一定的机动性、灵活性。

其次,能力的自我培养。大学生在大学期间就应注重能力的自我培养,力争具备工作岗位所要求的能力。要特别注意四个方面:第一,积累知识。知识是能力的基础,勤奋是成功的钥匙。离开知识的积累,能力就成了"无源之水",而知识的积累要靠勤奋的学习来实现。大学生在校期间,既要掌握书本上的知识和技能,也要掌握学习的方法,学会学习,养成自学的习惯,树立终身学习的意识。第二,勤于实践。善于学习是培养能力的基础,实践是培养和提高能力的重要途径,是检验学生是否学到知识的途径。因此,大学生在校期间,既要主动积极地参加各种校园文化活动,又要勇于参与一些社会实践活动,积极参与校内外相结合的科学研究、科技协作、科技服务活动,参加以校内建设或社会生产建设为主要内容的生产劳动,又要热忱参加教育实践活动,参加学校举办的各种类型的学习班或者担任家庭教师等。第三,发展兴趣。兴趣包括直接兴趣和间接兴趣。直接兴趣是事物本身引起的兴趣。间接兴趣是对能给个体带来愉快或益处的活动结果发生的兴趣,人的意志在其中起着积极的促进作用。大学生应该重点培养对学习的间接兴趣,以提高自身能力为目标鼓励自己学习。第四,发展自身的优势能力。作为一名大学生,应当注意发展自己的优势能力,但仅有优势能力是不够的,大学生必须对已经具备的能力有所拓展,不管其发展程度如何,这对自己今后的发展都大有益处。

由此可见,大学生应该积极配合学校的培养计划,认真完成学习任务,锻炼实践能力,发展自身的兴趣和优势能力,增强自身的核心竞争力,为将来职业的需要做好准备。

2. 职业道德、职业态度、职业作风等隐性职业素质的培养

职业素质既有知识与技能的显性职业素质,也有独立性、责任心、敬业精神、团队意识、职业操守等隐性职业素质。隐性职业素质同样是大学生职业素质的核心内容。很多时候,用人企业在招聘大学生时更注重学生的态度和责任心等综合素质,因为大学生在学校所学的专业知识和经验与企业的实际需求有很大差距,企业在招聘大学生时看重的并不是成绩单上的分数,而是他们学习和融入新环境的速度,这种速度很大程度上与隐性职业素质有关。

目前来看,由于很多大学生都是独生子女,因此在独立性、承担责任、与人分享等方面都不够好,相反他们爱出风头,容易受伤。因此,大学生应该有意识地在学校的学习和生活中主动培养独立性,学会分享、感恩,勇于承担责任,不要把错误和责任都归咎于他人。自己摔倒了不能怪路不好,要先检讨自己,承认自己的错误和不足。

3. 身心素质的培养

身体素质和心理素质合称为身心素质。身体素质是指大学生应具备的健康的体格、全面发展的身体耐力与适应性、合理的卫生习惯与生活规律等。心理素质是指大学生应具备稳定向上的情感力量、坚强恒久的意志力量、鲜明独特的人格力量。

首先是稳定向上的情感力量。情感力量取决于情感智力的运用。情感智力即情商,是人们对自己的情绪、情感的更高认识、理解和利用。1995 年 10 月,美国《纽约时报》专栏作家戈尔曼在其出版的《情感智商》一书中把情感智力概括为五个方面的能力,即认识自身情绪的能力、妥善管理情绪的能力、自我激励的能力、认识他人情绪的能力、处理人际关系的管理能力。戈尔曼所提及的这五种能力说明情感智力在人生成长道路上的重要性。疾病都与情绪有关,长期的思虑、忧郁、过度的气愤、苦闷,都可能导致疾病的发生。大学生希望有健康的身心,就必须经常保持乐观的、良好的、稳定向上的情绪,在学习、生活和工作中有效地驾驭自己的情绪活动,自觉地控制和调节情绪,这样才能获得永远向上的动力源泉。

其次是坚强恒久的意志力量。意志是人们自觉地确定目的,并支配与调整自己的行动去克服各种困难,从而达到预定目的的心理活动。意志是与克服困难相联系的概念。意志品质是衡量意志健全、意志力量的主要依据。人的意志品质主要包括人的意志自觉性、意志果断性、意志坚持性、意志自制力。意志自觉性是人对自己的行动目的有着正确而又充分的认识,能主动支配自己的行动,以达到预期的目的。与之相反的是盲目性。意志果断性是指人们善于明辨是非,把深谋远虑和当机立断结合起来,及时地做出决定并执行决定。它以正确和勇敢的行动为特征,与之相反的是优柔寡断与草率行事。意志坚持性是指一个人能长时间地专注和控制行动,去符合既定目的而表现出来的坚强的毅力,与此相反的是意志薄弱、浅尝辄止、半

途而废。意志自制力是指一个人在行动中善于控制自己的情绪,约束自己的言行,与此相反的是感情冲动、意气用事。

最后是鲜明独特的人格力量。人的人格力量主要是指一个人表现在外的形象力量。它主要包括人的品行素质、思维素质和行为素质。品行素质是人的道德品性、行为修养素质。思想和思维是个体个性的最主要的表现因素。只有有思想的人才能显示出其个性,培养个性符合素质教育尊重个性、崇尚个性发展的要求。人格力量也是身心素质的一个重要的体现。

三、职业理想与职业定位

"在选择职业时,我们应该遵循的主要原则是人类的幸福和我们自身的完美。" ——马克思

(一)职业理想的含义

每个人都有自己的理想,理想是以客观可能性为内在根据的关于未来的美好构思、设计或愿望,是人的心理情感倾向与现实呼唤相结合的产物。一般来说,理想是指人们在实践中形成的,同奋斗目标相联系,符合事物发展规律,有实现可能性的对美好未来的追求与向往。人的本质的社会性、人类社会生活的多样性、人们对现实的认知和对未来想象的多层次性,决定了人们的理想是多方面、多类型的。总体来说,理想包括生活理想、道德理想、社会理想和职业理想。

其中职业理想是人们对未来的工作部门、工作种类以及业绩的向往和追求,它在人的社会生活中占有重要位置,甚至会影响人的一生。职业理想同个人的气质、性格、兴趣、文化修养是分不开的,同时又受社会分工和社会需要的制约。随着科学技术的进步,职业越来越多,分工越来越细,人们的职业理想就越来越丰富,选择职业的机会也增多了。同时,在社会主义初级阶段,传统的社会分工还在起作用,如何正确地对待个人在职业目标选择上的矛盾是大学生面对的一个现实问题,而如何把自我价值的实现同社会需要有机结合起来则是问题的关键。选择职业应以能否发挥专长、服务社会,是否符合社会主义现代化建设需要为标准。

(二)职业理想的作用

树立崇高的职业理想,不但能使人生有明确的奋斗目标,有助于正确地求职择业,而且有助于在未来的职业岗位上施展才华,最大限度地实现自己的人生价值。崇高的职业理想在人们改造自然、改造社会的实践中,在人生实践中都起着重要的作用。

1. 人生发展的目标

人生发展的目标是通过职业理想来确定的,有了职业理想就为自己确定了人生发展的目标。人们常把人生比喻为在大海中航行,如果没有一个明确的目标,就会随波逐流,或沉没于大海,或被海水抛于海滩,不能前行。而有了明确的目标,就能扬帆远航,朝着既定的方向前进。

职业理想对确定人生目标、促进人生目标的实现有积极作用,它是知识、意志、情感等因素的综合表现,它蕴藏着强大的力量,促使人们为了实现美好的未来,以坚强的毅力、顽强的斗志,向着既定目标拼搏奋斗。大学生要根据自身的特点以及社会发展变化的客观事实,树立崇高的职业理想,树立符合时代要求的人生发展目标,并付诸行动,为职业理想和人生发展目标积极地储备知识,经历磨炼,积累经验,深入实践掌握技术和技能,孜孜以求。

2. 人生前进的动力

一个人只有树立了崇高的职业理想才会在自己所从事的职业活动中产生无穷的力量,创造出无穷的业绩。崇高的理想是激发劳动者积极性和创造力的内驱力,是培养良好职业素质的巨大塑造力,是成就事业的向心力和凝聚力。一个人只有树立了崇高的职业理想,才能在自己所从事的职业中拥有顽强的毅力和进取精神,才能在平凡的岗位上勤勤恳恳、任劳任怨,创造出不平凡的业绩,同时,也为成就一番事业准备了必要的条件。一个人如果缺乏崇高的职业理想,就会失去爱岗敬业的动力,从而浑浑噩噩、庸庸碌碌虚度一生。古往今来,凡是为人类进步事业做出巨大贡献的人,无一不为崇高的职业理想所鼓舞、所激励。

大学生即将步入社会,应该根据自身特点及社会发展的现实需要,确立崇高的职业理想,并为职业理想的实现激励自己,为即将开始的职业生涯做好准备。职业理想既是一种推动人们为了获得理想职业不断提高自身素质的动力,也是推动大学生做好就业准备的动力。职业理想作为可能实现的奋斗目标,是人们实现职业愿望的精神支柱和力量源泉。

3. 人生价值的实现

人生价值可分为自我价值和社会价值两个方面。任何个人都是社会的一员,个人的发展过程是个人适应社会和改造社会的过程。一个有远大志向的大学生,不仅要实现人生的自我价值,还应当实现人生的社会价值,融入社会,改造社会,在推动社会变革的过程中完善自我。

人生价值可以从多种角度去体现,然而,无论从哪种角度去体现人生价值,总要依托一定的职业。职业理想转化为现实的道路是曲折的,必须经过努力才能转化为现实。我们应当充分认识自我,把职业理想建立在能够胜任的、能够发挥自己优势的职业之上,促成自己人生价值的实现。无论身处顺境还是逆境,崇高的职业理想都会时时处处给人以激励,促人奋发向前,创造壮美的人生。

(三)树立崇高的职业理想

在树立理想的过程中,社会理想始终处于主导地位,它制约和决定着人们的道德理想、职业理想、生活理想。而道德理想、职业理想、生活理想则是社会理想在每个人身上的具体体现。大学生首先要树立起为共产主义奋斗的崇高的社会理想,把自己培养成为德智体美全面发展的社会主义合格建设者和可靠接班人。此外,还必须树立崇高的职业理想。职业理想是沟通社会理想、道德理想、生活理想的桥梁,它可以使人们将对远大目标的追求和点滴具体的努力紧密结合起来。从造福人民、造福社会的伟大事业的需要出发来选择职业、追求事业,就是崇高的职业理想;从个人或小集团的利益出发来进行所谓"自我设计",这是渺小的职业理想。具有崇高职业理想的人,首先考虑的是祖国和人民需要什么,怎样做才能为人民的幸福、社会的进步贡献自己的最大力量。所以,他能以伟大的社会理想为向导,去选择职业、追求事业。

大学生是祖国的未来,是民族的希望,是中华民族伟大复兴的重要人才资源。建设社会主义现代化强国的重任已经历史性地落在当代大学生的身上。伟大的事业需要大学生树立崇高的职业理想。只有这样,才能正确对待自己所学的专业,热爱自己的专业,才能勤奋学习,刻苦钻研,掌握从事这种职业所必备的科学文化知识和职业技能,才会发扬献身事业的自我牺牲精神,为祖国振兴做出贡献。

1. 树立造福人类、造福社会的崇高的职业理想

职业活动既是人们为社会服务的途径,同时又是人们谋生的手段。一个具有崇高理想的人,总是把造福人类、造福社会作为自己奋斗的根本目标。造福人类、造福社会,既是历史上一切品德高尚、功勋卓著的人的根本目的,同样也是当代大学生所应确立的崇高的职业理想。

造福人类的崇高职业理想会激起人们强烈的事业心和献身精神。造福人类的崇高目的,能铸造坚忍不拔、百折不挠的顽强意志。职业理想作为思想观念形成以后,就会使人们在行动中产生一种强烈的意志和感情。确立了造福人类、造福社会的崇高职业理想,就能给人以巨大的精神动力和克服困难的坚强意志。只有在对社会的奉献中,个人志趣的发展才有坚实的基础。时代是造就人才的摇篮。职业理想的实现总要受到时代和社会条件的制约。任何一个想奋斗成才的人,都必须把自己的理想植根于他生长的社会时代。知识的获取、才智的发展、事业的建树,都是在完成这个特定历史时代所赋予的使命中实现的。从这个意义上说,一个人在社会所需要的岗位上,充分发挥自己的创造才能造福人民,这样做非但不会限制、妨碍其才能的施展,相反会为其充分施展才华、实现自身发展提供现实的可能性。

2. 认知自己,了解社会,树立崇高的职业理想

正确的职业理想要建立在正确的社会理想基础之上,建立在对自己、对社会的正确认识之上,建立在正确的人生观、价值观和职业观之上,并始终植根于社会需要的土壤之中。大学生要树立崇高的职业理想,应该做到以下三点:

首先,正确认识自己。俗话说:"知己知彼,百战不殆。"要树立崇高的职业理想,就必须全面地认识自己。一要全面认识自己的生理特点,主要包括性别、身高、体重、视力、体质和相貌等。二要全面认识自己的心理特点,主要包括兴趣、能力、气质和性格特点、人格类型以及道德品质等。三要全面认识自己的学习水平和将来可能达到的状态。四要正确认识自己的身心特点、学识能力等与未来职业需要之间的差距。要在全面认识自己的基础上,结合自己的发展潜力,对自己进行合理的定位。只有这样,才能制定出一个适合自己特点的、切实可行的奋斗目

标,也才能确立一个可以实现的职业理想。

其次,全面了解社会和职业。树立崇高的职业理想,一要了解我国的基本国情,党和国家的路线、方针、政策,社会的经济构成及其发展状况。二要了解各地区的产业结构、行业结构和职业结构。三要了解各种产业、行业和职业对从业人员共同的基本要求和不同的具体要求。四要了解所学专业对应的职业群及其在社会建设中的作用。五要了解社会对人才的总的需求情况以及当年毕业生的就业政策。只有全面、科学地了解社会、了解职业,才能使自己所确立的职业理想符合社会的要求。

最后,树立科学的人生观。人生观是人们对人生目的、人生意义的根本看法和根本态度。持不同人生观的人,其职业理想一定不同。正确的人生观会产生正确的职业理想,错误的人生观则会产生错误的职业理想。因此,大学生要根据时代和社会发展的要求,坚持以辩证唯物主义和历史唯物主义的立场、观点和方法看待人生,坚持以最广大人民的根本利益为核心,坚持以中国特色社会主义的共同理想为目标,不断加强学习,不断提高自己的思想觉悟、思想素质、文化素质、能力素质,不断完善自我,做到自尊、自爱、自强、自立,树立正确的价值观、苦乐观、幸福观、荣辱观,进而树立为人民服务的正确的人生观。

(四)正确的职业定位

职业定位就是个人在社会分工中确定自己能够扮演的角色,不必经常戴着面具去迎合工作需要,甚至可以张扬自己的个性,并最大化地遵循自己习惯的思维方式、行为模式。简单地说就是"符合本我,做本色演员"。

1. 职业定位的含义?

职业定位就是要为职业目标和自身能力,以及主客观条件寻求最佳匹配。良好的职业定位是以自己的最佳才能、最大兴趣、最有利的环境、最优性格等信息为依据的。在职业定位的过程中,要考虑特长与职业的匹配、兴趣与职业的匹配、性格与职业的匹配、专业与职业的匹配等问题。职业方向定位报告通过考察对象的16种职业特征,根据管理学、心理学、经济学和社会学原理,为个人指出最优职业方向。

其具体内容包括:考察对象的天赋和性格等因素、职业问题的症结与根本原因、在日常工作和生活中的优势和潜在弱点,分析确定最可能成功的职业方向。

2. 职业定位的意义

(1)持久发展自己。

很多人事业发展不利并非因为能力不够,而是选择的工作并不适合自己,很多人并未认真地思考"我是谁""我适合做什么",因为不清楚自己要什么,进而没有体会到如愿以偿的感觉。很多人把时间用于追逐不是自己真正适合的工作上,但是随着竞争的加剧会感觉后劲不足。准确的职业定位可以让自己获得更加长足的发展。

(2) 善用自身资源。

集中精力的发展,而不是"多元化发展",这是职业发展的一个规律。很多人涉足很多领域,学习很多知识,其实内部很虚弱,每一项都没有很强的竞争力。人们常说,"出国吧,再不出国就来不及了""读 MBA 吧,大家都在学""读研究生和博士吧,年龄大了就读不动了"。现实说明,不是只有出国、念 MBA、读硕士和博士才代表持续发展,投资多、收益少,过于分散精力会让你失去原有的优势。

(3) 抵抗外界干扰。

有些人选择工作以报酬多少作为衡量标准,哪里钱多去哪里,什么时尚做什么。这样做可能在头几年的待遇上会有一些收获,但后来薪酬涨幅并不大。风水轮流转,今年时尚的,过几年也许就不时尚了,从前挣钱容易的行业过几年也许挣钱就不容易了。有的人凭借机遇获得一个好职位,但是轻易地放弃了,而选择了短期内看似不好却更适合长远发展的职位。给自己准确定位,就会理性地面对外界的诱惑。

(4) 找到合适位置。

在写简历和面试的时候,很多人没能对自己进行准确介绍,使面试官不能迅速地了解自己。有的人在职业定位上摇摆不定,使得单位不敢委以重任。还有的人经常换工作,使得朋友们不敢相助。定位不准,就好像游移的目标,让人看不清真实的面目。

3. 职业定位的内容

职业定位包括自我定位和社会定位两方面,只有在了解自己和了解职业的基础上,一个人才能够给自己做出准确的定位。

首先,应该了解自己,了解自身的核心价值观念、动力系统、天赋能力、个性特点、缺陷等。

其次,应该了解职业,了解职业的工作内容、技能要求、知识要求、经验要求、性格要求、工作环境等。

再次,应该了解自己和职业要求的差距。一个人会有多种职业目标,但是每个目标的利弊不同,需要根据自身的特点谨慎权衡利弊得失,还要根据自身条件确定达到目标的方案。

最后,应该确定如何展示自己的定位。确定了自己的职业取向和发展方向之后,需要采用适合的方式传达给面试官或上级,以此获得入职和发展的机会。

4. 职业定位的原则

一是根据客观现实,考虑个人与社会、个人与单位的关系。

二是比较鉴别,比较职业要求、条件、性质与自身条件的匹配情况,选择条件更合适、更符合自己特长、更感兴趣、经过努力能很快胜任、有发展前途的职业。

三是正确认识自身的优缺点、性格,寻求合适的职业。

四是审时度势,及时调整,根据情况变化及时调整择业目标,不能固执己见,一成不变。

5. 职业定位的步骤

职业定位和职业目标直接关系到人生事业的成就。据统计,在选错职业目标的人当中,超过80%的人在事业上并不成功。要尽快结束"忙、盲、茫"状态,需要进行职业目标的定位。

(1) 确定职业。

对于选择职业来说具备初步认识是远远不够的,应通过多种渠道去了解相关职业信息。可通过网站(如人才招聘网站、部委网站、用人单位的网站等)搜索、出版物、中文职业搜索引擎、人才双选会、参加校园招聘会、实习、访谈职场人士等途径进行多方面了解,然后确定自己将要从事的职业。接触和采访职场人士,对缺乏工作经验的大学生来说是一个非常值得推广的有效方法。身边的亲戚朋友、老师、校友,以及参加兼职认识的人,都是职业信息的丰富来源。

(2) 确定行业。

应该怎样确定要进入的行业呢?

首先,结合所学专业。如自动化专业,可以先了解制造业、IT业和物流业等。注意两点:一是喜欢所学专业;二是不喜欢所学专业,但没有其他更好的办法。

其次,结合兴趣能力。如生物专业出身却对旅游业有兴趣,最终积累导游经验考取了导游证。注意两点:一是了解入行门槛,有兴趣,也要有能力;二是光凭兴趣转行的要准备承受风险。

再次,结合行业前景。即从所谓的热门行业、朝阳行业切入。注意两点:一是选择热门行业,面临的机会多,竞争也更激烈;二是思考自己是否具备可在该行业立足和发展的本领。

最后,结合人脉关系。如通过亲戚、朋友等的关系可以进入某些行业。注意两点:一是别人认为好的行业不一定适合自己;二是要弄清楚该行业的状况,以及是否适合长远发展。

(3) 确定单位。

单位是职业发展的重要平台,但主动地去了解和选择单位的人很少,多数人都是等到用人单位来招人时才发现自己准备不充分。

首先,根据自身的价值取向选择单位。如果想做公务员,首选当然是政府机关;如果想多挣钱或出国,应该考虑外企;如果想得到全面锻炼,增强个人能力,可以考虑民企。

其次,根据自己的发展战略选择处于不同发展周期的单位。如果希望积累创业经验,可以考虑进入处于创始期的企业;如果希望快速晋升,可以考虑进入处于快速增长期的企业;如果希望平稳,那可以考虑处于成熟期的企业。

再次,根据自己的行为风格选择单位。习惯个人奋斗的不要进入注重团队合作的单位,习惯轻松自由的不要进入高压管理的单位。

最后,根据自己的求职条件选择实力规模不同的单位。是进入实力雄厚的大单位,还是实力一般的中小单位,自身的个人实力也是考虑的重点。

(五) 正确选择职业

市场选择人才,人才选择行业,当前正处于一个选择与被选择的时代。大学生进行选择不仅要考虑生存,更要看发展。找到自己最佳的人生坐标,才能发挥最大潜能。人的一生中,绝大部分时间是在职业生涯中度过的,职业生涯成功与否,直接决定人生的质量。所以,如何在经济时代中把握足够的机会,做出正确的职业选择,让风险尽量降低,是每个高校毕业生都应该思考的事情。

1. 职业选择的含义

职业选择,指的是人们在自身价值观的指导下,从个人职业期望和兴趣出发,凭借自身能力选择适合自己的职业。职业选择包括从业前的职业选择和从业后的职业选择两方面,前者实现就业,后者实现职业变换。一个人职业选择是否恰当,不仅关系到能否满足个人意愿和兴趣,也关系到自身才能的发挥程度和对社会贡献的大小。

2. 职业选择的意义

(1)加强生产资料与劳动力的结合。

生产资料(又称生产手段)是指人们从事物质资料生产所必需的一切物质条件,即劳动资料和劳动对象的总和。生产资料是生产力中"物"的因素,在任何社会生产中,人们总是要借助于具体的职业岗位,通过自己的劳动生产出产品(或服务),为社会做出贡献,从而实现人生价值。

(2)获取更大的经济收益。

经济社会的发展离不开经济效益的提高,经济效益是资金占用、成本支出与有用的生产成果之间的比较。所谓的经济效益好,就是资金占用少,成本支出少,有用的生产成果多。而求职者经过科学、慎重的职业选择,恰恰可以满足这样的需求,为社会和个人节约成本、提高效益。

(3)优化社会风气。

社会良好风气的形成和稳定需要多种要素,其中就业问题是个根本问题。大学生要转变就业观念,先就业后择业,但即使先就业也要选准行业,为以后的职业发展积累职场经验,降低就业成本,这也是社会稳定的要求。不要因为频繁跳槽而增加企业的负担和个人成本。

(4)促进人的全面发展。

教育的最终目标是使学生能够顺利就业,并且能够学有所长,立足社会,为自身的全面发展和社会进步服务。

四、自我评价与生涯规划

"凡事预则立,不预则废。"——《礼记·中庸》

(一)正确评价自我

1. 自我测评的手段

职业测评是应用到职场上的心理测量,它通过一系列的科学手段对人的一些基本心理特征,包括能力、兴趣、性格、气质及价值观等进行测量与评估,分析其特点,再结合工作的特点,帮助被测者进行职业选择。可以说,职业测评是正确认识自我的一种非常有效的手段,是一种了解个人与职业相关的各种心理特征的方法。

2. 职业测评的特点

(1)客观性。

职业测评从编制到实施,从计分到分数的解释都必须遵循严格统一的科学程序,要保证做到对所有被测者来说,施测的内容、条件、计分过程、解释系统都相同,这样才能保证经过科学程序标准化后的测评具备良好的客观性。

(2)间接性。

职业测评并非直接测量,而是间接测量。测评对象的素质是隐蔽在个体身上的客观存在,是抽象的、内在的,其通过人的行为体现出来。我们无法直接测量素质本身,但可以通过个体表现出来的行为特征进行间接的推测和判断。

(3)相对性。

从施测人的主观愿望来说,任何测评都要力求客观真实地反映被测者的素质,但无论多么严格的素质测评都会存在误差,这是因为测评存在主观性。一方面,测评方案的设计及测评活动的实施都依赖于施测人的个人经验,而不同的施测人对测评目标的理解、测评工具的使用及测评结果的解释,都难免带有个人色彩,不可能完全一致。另一方面,作为测评对象,其素质是抽象模糊的,素质的构成是极其复杂的,且测评工具有一定的局限性。所以,职业测评既有精确的一面,也有模糊的一面。从这个意义上讲,职业测评的结果只是相对的,不是绝对的。

3. 职业测评的功能

(1)诊断功能。

职业测评的结果能够帮助大学生准确诊断和评估自身的优势和劣势、自己是否具备某种职业技能、自己是否需要接受某种职业培训,或是否需要参加某种干预性训练,以及个体的自我意识水平等。

(2)预测功能。

职业测评的结果可用来预测个体未来的工作表现,把现有工作表现优秀的群体作为预测的参照效标,可以测量到与某职业关系密切的能力,即那些最能决定个体是否可以在某个职业领域取得成功的技能。

(3)比较功能。

将个体的一些特性(如兴趣、能力、价值观等)与常模群体进行比较,这是职业咨询中测评工具发挥作用的一个重要方面。

(4)发展功能。

测评的结果可以成为激发个体进一步学习的动力,帮助个体意识到职业生涯发展过程中一些值得探索或者进一步发展的机会。

(二)大学生职业生涯规划

实施大学生职业生涯规划,就是要求高校通过配备专业师资、开设职业生涯规划课程、采用个性化指导方式,帮助学生对未来的职业生涯做出规划,并引导学生为实现职业目标,制定出大学阶段的总目标、大学各分阶段的子目标及行动时间和行动方案。其目的不仅仅是便于把学生"推销"出去,更重要的是帮助学生在"衡外情、量己力"的基础上,规划出最佳的职业生涯目标和职业发展路线,进而有针对性地积累知识、开发技能,成为社会欢迎的具有相对优势的人才。

1. 职业生涯规划的含义

大学生职业生涯规划是指以大学生为主体,将个人、组织、社会相结合,在对大学生个人职业生涯的主客观条件进行测定、分析、总结研究的基础上,对大学生自己的兴趣、爱好、技能、知识、能力、特长、经历、经验、不足及动机等各方面进行综合分析与权衡,结合时代特点和社会需要,根据大学生自己的职业倾向,确定其最佳的职业奋斗目标,编制相适应的工作、教育和培训计划,并为实现这一目标制订行动计划。

2. 职业生涯规划的原则

(1)与社会发展、时代需要相结合的原则。

大学生应将个人的成长与社会发展紧密结合起来,适应时代的需要。大学生应该从社会理想的高度来认识职业生涯规划的意义,增强历史责任感,培养良好的道德情操、广泛的兴趣爱好和过硬的专业素质,努力使自己在为社会服务的过程中实现自己的职业理想。

(2)专业匹配原则。

大学生都经过一定的专业训练,具有某一专业的知识和技能,这是每个大学生的优势所在,也是大学生职业生涯规划的基本依据。新时代需要知识面广、业务能力强、综合素质高的人才。用人单位选择毕业生,一般首先看的是大学生某专业方面的特长,如果职业生涯规划离开了所学专业,无形当中增加了许多负担,个人的价值就难以实现。需要强调的是,所学专业的知识要精深、广博,除了要掌握宽厚的基础知识和精深的专业知识外,还要拓宽专业知识面,掌握或了解与本专业相关、相近的若干专业知识和技术。

(3)兴趣与能力匹配原则。

职业生涯规划要与自己的个人性格、气质、兴趣、能力、特长等方面相结合,充分发挥自己的优势,扬长避短,体现人尽其才、才尽其用的要求。这里重点谈个人兴趣与职业生涯规划的关系:大学生进行职业生涯规划时应适当考虑自己的兴趣与爱好。兴趣是个体积极探究事物的认识倾向,这种倾向常有稳定、主动、持久等特征。如果一个人对某种工作产生兴趣,他在工作中就会具有高度的自觉性和积极性,在工作中往往就容易做出成绩。反之,一个人对工作没有兴趣,就不可能将自己的精力都投入到工作中去,往往很难取得工作上的成功。一个人对某项工作感兴趣时,即便工作本身可能是枯燥无味的,他也会兴致勃勃,兴趣盎然。一些专家通过调查研究发现:如果一个人对自己的职业感兴趣,则能发挥他全部才能的 80%~90%,并且长时间保持高效率而不感到疲劳。如果对所从事的工作没有兴趣,那么只能发挥其全部才能的 20%~30%,且容易疲倦。众多的调查研究结果一再表明,兴趣与成功的概率有着明显的正相关性。

(4)阶段性原则。

国外职业生涯规划教育起步较早的国家,在职业生涯规划的教育与指导方面相较于我们国家来说积累了许多成功的经验。将职业生涯规划的教育与指导贯穿于大学教育的全过程就是值得我们借鉴学习的经验之一。具体做法表现为:针对不同年级,明确目标,突出重点,分步实施,各有侧重,逐渐形成比较完善的职业指导体系,使教育阶段既分出层次,又相互贯通,有机连接。

大学一年级学生重在适应生活,初步进行生涯规划。通过具体的问卷调查、职业兴趣测定、参加专场讲座等,系统了解专业与职业之间的关系,以及不同职业对大学生的素质要求,认清自己将来所要从事的工作和自己的不足,进而制定学习目标,确立职业目标。

大学二年级主要是进行职业道德和职业知识的教育,重在自我认知和做好从事职业前的心理准备。学生努力建立扎实的基础知识和合理的知识结构,在实习、兼职、暑期工作或志愿者活动中获得一些工作经验。

大学三年级学生主要是进行职业适应,落实职业规划。通过参加人才市场招聘、搜集求职信息、撰写简历、参加面试等实践活动进行职业分析、准备,有计划地学习一些职业技能,培养创新能力、创新精神,以及独立思考和继续学习的能力,完善自己的知识结构,全面提升个人的综合素质,为将来职业发展做好各项准备。

大学四年级进行就职前的培训,学生转变角色,适应社会,这是付诸行动的阶段。通过某些岗前技能培训,学生进一步认识了自我。与老师、同学探讨工作选择和职业发展,为即将从事的工作积极搜集信息和材料,利用所有可能的机会,参加面试。同时,强化毕业生的角色意识,教育他们坚守本职、虚心学习、勇挑重担、乐于奉献等,以便更快地适应社会,更好地实现由"校园人"到"社会人"的转变。

(5)可行性原则。

职业生涯规划要有事实依据,要根据个人特点和社会发展需要来制定,不做不切实际的幻想。大学生在进行职业生涯规划之前,要充分认识到职业对个体发展、社会进步所起的重要作用。在规划职业生涯时,大学生不能只考虑到工作的工资收入、工作条件、工作环境、工作地点等因素,更要考虑到自身的综合素质,还要考虑到职业是否适合自己的性格和处世态度、是否有发展潜力,以一种发展的眼光来审视这项职业能否帮助自己实现人生观、价值观和职业观。对于那些工作条件、环境不是太理想,但发展空间较大,并能让自己充分发挥作用的单位优先考虑;对于那些经济发展水平不太高,但发展潜力大、有一定发展空间、创业机会比较多的工作也要给予重视。

(6)长期性原则。

职业生涯规划一定要从长远来考虑,只有这样才能给人生设定一个大方向,使自己集中力量紧紧围绕这个方面做出努力,最终取得成功。

(7)清晰性原则。

职业生涯规划一定要清晰、明确,要能够把它转化为一个个可以实行的行动,人生各阶段的线路划分与安排一定要具体可行。

(8)挑战性原则。

职业生涯规划要在可行性的基础上具有一定的挑战性,完成规划要付出一定的努力,成功之后能有较大的成就感。

(9)适时性原则。

职业生涯规划是预测未来的行动,确定将来的目标,因而各项主要活动何时实施、何时完成,都应有时间和时序上的妥善安排,以作为检查行动的依据。

(10)适应性原则。

规划未来的职业生涯目标,牵涉多种可变因素,因而规划应有弹性,以增加其适应性。

(11)持续性原则。

人生每个发展阶段应能持续有序发展,各具体规划与人生总体规划一致,不能摇摆不定,浪费各发展阶段的人力资本。

3. 职业生涯规划的方法

自我规划法是国外职业专家推荐的一种简单易行的职业生涯规划的方法。它需要大学生自己独立地思考并回答 7 个问题,找出自己职业规划的优势和劣势。综合 7 个问题的回答,就可以设计出自己的职业规划。7 个问题的具体内容如下:

(1)我是谁?

应该对自己进行一次深刻的反思,有一个比较清醒的认识,优点和缺点都应该一一列出来。回答的要点是:面对自己,真实地罗列出每一个想到的答案;写完再想想有没有遗漏,认为确实没有了,按重要性进行排序。

（2）我想干什么？

这是对自己职业发展的心理趋向的检查。每个人在不同阶段的兴趣和目标并不完全一致，有时甚至是完全对立的。但随着年龄和经历的增长而逐渐固定，并最终锁定自己的终生理想。可将思绪回溯到孩童时代，从初次萌生想干什么的第一个念头开始，然后随年龄的增长，回忆自己真心向往过的想干的事，并一一地记录下来，写完后再想想有无遗漏，确实没有了，就进行认真的排序。

（3）我会做什么？

这是对自己能力与潜力的全面总结，职业定位最根本的出发点还要归结于他的能力，而职业发展空间的大小则取决于自己的潜力。把确实证明了的能力和自认为还可以开发出来的潜能都一一列出来，认为没有遗漏了，就进行认真的排序。

（4）环境支持或允许我干什么？

客观方面包括本地的各种状况，比如经济发展、人事政策、企业制度、职业空间等；主观方面包括同事关系、领导态度、亲戚关系等，两方面的因素应该综合起来看。有时我们在做职业选择时常常忽视主观方面的东西，没有将一切有利于自己发展的因素调动起来，从而影响了自己的职业切入点。要稍做分析：环境，包括本单位、本市、本省、本国和其他国家的情况，只要认为自己有可能借助的环境，都应在考虑范畴之内；认真想想，在这些环境中自己可能获得什么支持，搞明白后一一写下来，再按重要性排列一下。

（5）我的优势是什么？

自己学了什么？在大学期间，自己从专业学习中获取了什么收益？在社会实践活动中提高与升华了哪方面的知识和能力？努力学习好专业课程是职业设计的重要前提。要注意学习，善于学习，同时要善于归纳、总结，把单纯的知识真正转化为能力，为自己日后工作多做准备。

曾经做过什么？包括在大学期间担当的学生职务、社会实践活动中取得的成就及经验等。应该有针对性地选择与职业目标相一致的工作项目，坚持不懈地努力工作，这样才会使自己的经历有说服力。

最成功的是什么？自己做过的事情中最成功的是什么？如何成功的？通过分析，可以发现自己的长处，如善于与人沟通、善于理解他人、擅长推理等，以此作为深层次挖掘个人的动力之源，形成职业设计的有力支撑。

（6）我的弱势是什么？

性格的弱点是什么？安下心来，跟他人聊聊，看看别人眼中的自己是什么样子的，与自己预想的是否一致，找出其中的偏差并弥补，这将有助于自我提高。欠缺经验并不可怕，怕的是自己还没有认识到。正确的态度是认真对待，善于发现，努力克服和提高。

(7)我的职业与生活规划是什么?

明晰了前面6个问题,就会从各个问题中找到对实现有关职业目标有利和不利的条件,列出不利条件最少的、自己想做而且又能够做的职业目标,自己就有了最后答案了。可以3年为期限,提出近期、中期与远期的目标,再在近期的目标中提出今年的目标,将今年的目标分解为每季度目标、每月目标、每周目标、每日目标。这样,每天睡前就可以对照自己的目标进行反省,总结当日的成就与失误、经验与教训,修正明天的目标与方法,第二天醒过来后稍加温习就可以投入行动了。这样日积月累,就没有不能实现的规划。

实践训练

训练一:登录个人"学信网",进入学职平台完成自我测评,形成自我测评报告。

训练二:绘制职业花卉图。

当做好了各种准备工作以后,就要开始为选择什么职业操心了。那么,怎么知道自己该选择什么职业呢?这是困扰很多人的问题,也是我们现在就要研究、解决的问题。解决这个问题的方法似乎很简单,就是自己动手制作一幅职业花卉图。当这幅职业花卉图制作完成以后,个人应该或需要选择什么职业也就一目了然了。总体来说,职业花卉图类似于花卉模型,中间是花蕊,代表职业;周围是花瓣,每个花瓣代表与职业相关联的一个方面。

训练三:制订自己的职业道德素质提升方案。参考表1.2。

表1.2 职业道德素质提升方案

标题								
姓名			性别		年龄		身高	
我的目标	最终目标							
	第一阶段							
	第二阶段							
	第三阶段							
我的职业生涯目标对我的职业道德素质的要求								
我已具备的职业道德素质								
我还不具备的职业道德素质								
我准备这样去培养、提升我的职业道德素质								
教师点评								

第二章
Chapter 2

自我探索与认知

学习目标

1. 了解自我意识的概念、内容和结构，学会自我探索。
2. 通过探索对自我产生正确认知，塑造健全的自我意识。
3. 通过自我探索发现自我意识的偏差及其调适的方式。
4. 通过对气质类型的了解来选择适合自己的职业方向。

学习建议

"你的生命意义是什么？"北京大学徐凯文老师提出的大学生"空心病"现象引起了人们的热议。人是最复杂的生物，世界上最难的事情就是了解自我。大学阶段正处于自我的整合阶段，在不断探索自我的过程中，很多人都经历过迷茫、彷徨。现在，越来越多的人意识到，人不仅要追求生命的长度，也要追求生命的广度，人要有更高层次的心理需求。希望本章可以帮助大学生更好地了解和整合自我，对自我有正确的认知。

职场语录

对于成功的坚信不疑,时常导致真正的成功。——弗洛伊德

播下一个行动,收获一种习惯;播下一种习惯,收获一种性格;播下一种性格,收获一种命运。——威廉·詹姆斯

每个人都是一个海岛。只有他首先乐意成为自己,并得到允许成为他自己,他才能够同其他海岛架起桥梁。——卡尔·罗杰斯

不是因为你不好而有自卑感。无论看起来多么优秀的人,多少都会感到自卑。只要还有目标,当然就有自卑感。——阿尔弗雷德·阿德勒

第一节 自我意识概述

自我意识是大学生个性发展的核心。随着大学生自我评价水平的逐渐提高,其对自我意识的认识也逐步完善。

一、自我意识的定义

意识是心理活动的一种高级水平,为人类所独有。一般把意识定义为一个人对内部和外部刺激的知觉。

自我意识是对自己身心活动的觉察,即自己对自己的认识。具体包括认识自己的生理状况(比如身高、体重、体态等)、心理特征(比如兴趣、能力、气质、性格等),以及自己与他人的关系(比如自己与周围人们相处的关系、自己在集体中的位置与作用等)。

二、自我意识的内容

(一)从自我意识的定义来看

自我意识包括生理自我、心理自我和社会自我。

1. 对自己生理状态的认识和评价

对自己生理状态的认识和评价是指对自己的身高、体重、外貌、身材、性别等的认识,以及对生理病痛、温饱饥寒、劳累疲乏等的感受,称为生理自我。

2. 对自己心理状态的认识和评价

对自己心理状态的认识和评价是指对自己的知识、能力、情绪、兴趣、爱好、性格、气质等的认识和体验,称为心理自我。

3. 对自己与周围关系的认识和评价

对自己与周围关系的认识和评价是指对自己在群体中的地位、作用以及自己和他人的相互关系的认识、评价和体验,称为社会自我。

（二）从自我观念来看

自我意识包括现实自我、投射自我和理想自我。

现实自我是我们在现实生活中获得的自我感觉,就是按照我们自己的标准对自己的身心状况和社会关系的看法。投射自我是其他人对自己的评价和看法。而理想自我则是自我希望达到的完善形象,即自己希望能成为什么样的人。

三、自我意识的结构

自我意识的结构是指自我意识包含的成分。由于自我意识既是心理活动的主体,又是心理活动的客体,涉及认知、情感、意志的多层次、多维度的心理现象。因此,自我意识的结构表现在自我认知、自我体验和自我调控方面。

（一）**自我认知**

自我认知是主观自我对客观自我的认识和评价,包括自我感觉、自我观察、自我印象、自我评价等。自我认知让人对自己有一定的认识和了解,解决"我是一个什么样的人"的问题。自我认知是对自己身心特征的认识,自我评价就是在自我认识的基础上对自己做出的某种判断,是自我意识发展的主要成分和标志,是在认识自己的行为和活动的基础上产生的,是通过社会比较而实现的。正确的自我评价,对个人的心理活动和外在表现有较大影响。要学会用一分为二的观点评价自己。

（二）**自我体验**

自我体验是自我意识的情感成分,指主观自我对客观自我产生的情绪体验和持有的一种态度,是在自我认知的基础上产生的。自我体验的内容包括自我价值感、成功体验和失败体验、自卑、自信、自尊、自满、内疚等。自我体验的核心内容是自我价值感,自我认知决定自我体验,而自我体验又强化着自我认知,良好的自我体验有助于自我的发展。

（三）**自我调控**

自我调控也可以称为自我调节,是自我意识的意志成分,是伴随自我认知、自我体验而产生的各种思想倾向和行为模式。自我调控常常表现为对个体思想和行为的发动、支配、维持和定向,包括自我监督、自我检查、自我控制等,是主体对自身心理与行为的主动的掌握,是自我意识结构中的最高阶段,其核心是如何实现理想人生。

健康的自我意识的标准是要有正确的自我认知、良好的自我体验和有效的自我调控。

课堂互动

假如我是……

将全班同学分成每组10人以内的小组,每位同学独立填写下列句子。

- 假如我是一种花,我希望是_____,因为_____。
- 假如我是一种动物,我希望是_____,因为_____。
- 假如我是一种乐器,我希望是_____,因为_____。
- 假如我是一种水果,我希望是_____,因为_____。
- 假如我是一种颜色,我希望是_____,因为_____。
- 假如我是一种交通工具,我希望是_____,因为_____。
- 假如我是一种树,我希望是_____,因为_____。

扩展阅读

约哈里之窗

关于自我意识,心理学家约瑟夫·勒夫特和哈里·英格拉姆提出"约哈里之窗"(Johari Window)理论,"窗"是指人的自我意识,就像一扇窗户,包括了人心理的四个部分:公开区、盲点区、隐藏区、未知区,如图2.1所示。公开区也叫开放区,是别人和自己都看得到的;盲点区也叫盲目区,是别人看得到,但是自己毫不知晓的部分;隐藏区也叫隐秘区,是因为本性害羞或个人隐私而没有向外展示的部分;未知区是本人也无从知晓的、神秘莫测的潜意识或无意识。

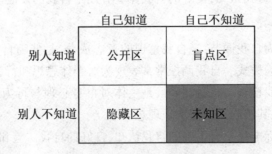

图2.1 "约哈里之窗"示意图

四、大学生自我意识发展的特点

(一)自我认识的矛盾性

青年期是大学生自我意识迅速发展并趋向成熟的关键时期,这个阶段学生正在经历着一个特别典型的矛盾和整合过程。从高中到大学,学习、人际和生活环境都发生了巨大的变化,大学生的自我意识也发生了巨大的变化,会显示出强烈的矛盾性特点,主要体现为"理想我"和"现实我"的矛盾。

理想我是自己在头脑中塑造的、自己所期望的自我形象。现实我是通过个人实践而形成的真实的自我形象。大学生富于理想、抱负高、成就动机强,对自己的未来充满了信心,通常会在脑海中构想一个理想我,并将这个理想我和现实我加以对照比较,一旦发现两个形象不一致,便产生很大的苦恼。对于这种矛盾,大学生通常会有两种不同的选择:一种是理想我占优势,寻求积极的统一,通过矛盾斗争转化为积极自我;另一种是理想我和现实我差距太大,经过努力仍无法接近目标,或距离虽不大,但主观上缺乏自我调控的能力,无法实现理想我,使得现实我更加痛苦。

(二)自我体验的情绪化

自我体验的情绪化是个体针对客观事物是否符合自己的需求而产生的心理体验。处于青春期晚期的大学生情绪常常表现出短暂、起伏、易变等特点,这些特点也表现在大学生自我意识的各个方面。他们的自我评价常常发生矛盾,对自我的态度常常是波动的。情绪好时对自我认同度高,对自我评价也高,对自己充满信心;情绪低落,尤其是遇到挫折时,自我认同度骤然下降,自我判断失准,认为自己什么都不会。大学生对自我的肯定与否定都时常随着情绪的变化而变化。

另外,情绪还容易走极端,考虑问题时易受到各种社会思潮与其他外部环境的影响,容易偏激、冲动。面对理想我、现实我,自我肯定、自我否定等矛盾,常常表现出心理的不平衡,情绪体验较强烈,易振奋,也易波动。

(三)自我调节的中心化

大学生们强烈地关注自我,他们从自己的角度和自我的标准去认识、评价事物和他人,并采取行动,因而很容易出现以自我为中心的倾向。虽然大学生自我意识的发展、能力的提高、活动范围的扩大、思维水平的提高以及知识经验的不断积累,使得大学生对社会、对人生的理解形成了自己的一套观念体系,但是,由于大学生的社会经验不足,对社会现象的认识往往有失偏颇,对事物的评价往往只拘泥于个人的某一个观点、立场,而不善于从他人的立场、不同的角度来分析问题,不善于理解别人,特别是父母、教师等长辈,再加上青少年情绪体验的深刻性和极端性,就表现出强烈的自我中心倾向。

(四)自我意识发展的阶段性

大学阶段自我意识的发展非常丰富,大学生已开始逐渐探索自我,建立自我同一性。在这个过程中，并非所有人都一帆风顺，很多人都经历过自我怀疑，因找不到方向而迷茫。一旦能够从这种怀疑和迷茫中重新找到自己，便会经历从"旧我"破碎到"新我"重建的过程。

关于自我同一性形成的年龄界线方面的研究，大部分国外的研究支持这个结果：18岁的学生大多数处于成就型和延缓型的同一性状态；在21、22岁这个年龄阶段，排他型和弥散型的学生人数相应减少。由此可见，随着年龄的增加，同一性由低状态向较高状态显著转变。

扩展阅读

自我同一性

自我同一性的概念最早由精神分析学家埃里克森在人格发展八阶段的理论中提出，它是一个很复杂的概念。本质上，它是指人格发展的连续性、成熟性和统合感。玛西亚等心理学家更加详细地界定了同一性的概念：同一性是指个体将自身动力、能力、信仰和历史进行组织，纳入一个连贯一致的自我形象中。它包括对各种选择和最后决定的深思熟虑，特别是关于工作、价值观、意识形态和承诺等方面的内容。如果青少年无法将这些方面和各种选择整合起来，或者说他们感到根本没有能力选择，那么角色混乱就产生了。

自我同一性混乱又称同一性危机，是埃里克森在其心理社会发展理论中提出的一个重要概念。埃里克森描述过具有一系列心理社会危机的八个发展阶段，其中第五个阶段，即青年期，主要任务是解决同一性对同一性混乱的冲突。在这一过程中，可能出现同一性危机。简单来说，自我同一性混乱就是不知道自己是谁，自己要做什么，不能认清自己的发展方向，没有一个整合的自我。

玛西亚以探索（是不是主动积极去探索自己）和承诺（是不是已经确定自己是这样的）为变量对自我同一性进行操作定义。由探索和承诺两个变量的组合提出了四种同一性状态。

1. 成就型同一性

成就型同一性指经历了一段可能性选择的探索并做出相对固定的承诺。同一性达成表明个体考虑了各种实际选项，做出了选择并实践选择。跨入大学校门的学生需要花一定的时间做出决定并实践。对个体而言，自我同一性一旦达成，并不意味着一成不变，有可能会摒弃前面形成的同一性，而形成新的同一性。

2. 延缓型同一性

延缓型同一性指正处于可能选择的探索过程中并积极考虑各种可能的选择，但没有达到最后的承诺。大学生在探索自己的过程中，不断地去发现新的自己，积极考虑各种选择，虽然没有达到最后的承诺，但也是建立牢固自我同一性的重要部分。这一部分不再称为危机了，因为对大多数人来说,自我同一性的达成是一个缓慢的探索过程,而不是外在的急剧变化。延期选择很正常,而且是健康有益的。

3. 排他型同一性

排他型同一性指从未经历同一性危机(探索)就对一定的目标、价值观和信念做出了承诺。描述的是个体过早地将自我意象固定化,没有考虑各种选择的可能,而停止了同一性的探求。排他型同一性的大学生往往缺乏主见,遵从他人的目标、价值观和生活方式。这里的他人主要包括父母、同伴群体等。同一性完成过早的人会显得刻板与肤浅,不会沉思,应变能力差,但很少会忧虑。这类人倾向于与父母保持密切的关系,并采纳父母的价值观。他们喜欢有组织、有秩序的生活,尊重权威。

4. 弥散型同一性

弥散型同一性指没有探索,也没有固定的承诺。个体很少"发现自己",不知道自己是谁,不知道想做什么,没有明确的发展方向。经历着同一性分散的青年无法成功地做出选择,或者他们会逃避去思考问题。对事物缺乏兴趣,孤独,对未来不抱希望,或者可能很叛逆。他们宁可塞着耳塞听音乐或者睡觉,也不愿意接触父母和老师。

从玛西亚对同一性的分类来看,排他型同一性和弥散型同一性都属于同一性混乱,或者是同一性达成较低的水平,这二者通常是联系在一起的。

五、大学生自我意识发展的偏差

(一)自卑

自卑是自我情绪体验的一种形式,是个体由于某种生理或心理上的缺陷或其他原因所产生的对自我认识的态度体验,表现为对自己的能力或品质评价过低,轻视自己或看不起自己,担心失去他人的尊重的心理状态。心理学家阿德勒认为,自卑并不是什么坏的情感,而是每个人在追求更加优越的地位和更美好的人生的过程中必然出现的心理反应。但是过度自卑就表现为对自己的强烈不满和否定,自尊心严重受挫。过度自卑的人自我认识不客观,往往只看到自己的缺点而忽略了自身的长处,不喜欢自己,不能容忍自己的缺点和弱点,否定、抱怨、指责自己,看不到自我的价值,或者夸大自身的不足,感到自己什么都不如他人,处处低人一等,丧失信心,严重的还可能发展为自我厌恶,甚至走向自我毁灭。

(二)自负

自负就是过高地估计自己,对自己的肯定评价往往过当。自负的人会夸大自己的优点,甚至把缺点也看成是优点或独特性。其人际关系模式具有"我好,你不好""我行,你不行"的特点。自负的人容易产生盲目乐观的情绪,自以为是,人际关系不良。往往还因为自视甚高,对自己容易提出过高要求,最后因承担无法完成的任务而带来失败。

自负不是真正的自信。自负是一种自我膨胀,即盲目的自信,对自己的认识以点带面,一方面好就认为自己光芒万丈,很了不起,孤芳自赏,瞧不起其他人,不接受他人的建议和批评,更缺乏自我批评。自负的人唯我独尊,自我中心,盛气凌人,总认为自己对而别人错,把自己的意志强加在别人身上,难以和他人心理相容,影响人际交往。自信则是建立在正确了解和评价自己的基础上,有客观基础的一种心理状态。

自负也不等于自尊。自尊自重是保持美好人格的正确态度,而自负则是自命不凡,轻视别人的不良行为。对己对人都不能恰如其分地评价,结果使自己陷入盲目的境地,别人也受到严重的压抑。夸大自我,轻视别人,远离实际,必然带来潜在的不满和行动的疏远,形成交际中的自我封闭。

(三)自我中心

自我中心就是从自我的角度、标准去认识、评价和行动。大学阶段是自我意识发展最强烈的阶段。大学生强烈关注自我,容易出现自我中心倾向。当自我中心与倾向于个人主义、自私自利的不良思想意识或与过度自我接受的心理特征相结合时,就会出现过分扭曲的自我中心。自我中心的人凡事从自我出发,不能设身处地地进行客观思考;只关心自己,首先考虑的是个人的利益,不顾及他人的需要和感受;甚至有时候盛气凌人,颐指气使,总认为自己是对的,别人是错的,并且把自己的意志强加于人。自我中心的人难以赢得他人的信任和好感,人际关系不和谐,为人处世容易遭受挫折。

第二节　大学生健全的自我意识的塑造

每个人都对自己有一定程度的了解和认识,健全的自我意识包括正确认识自我、积极悦纳自我和有效控制自我,这三者相辅相成。

一、培养健全的自我意识

(一)健全的自我意识的标志

(1)自我肯定、自我统合,能正确评价自我的人。

(2)自我认识、自我体验和自我调节协调一致,能较好地进行自我整合的人。

(3)独立的,同时又与外界保持协调的人。

(4)主动发展自我,且自我具有灵活性的人。

(二)健全的自我意识的培养及完善

我们怎么去了解自己?怎么去认识自己?怎么知道自己是否具有某种能力?通过什么标

准评价自己？人们了解自己的信息来源一般有三种：物理世界、社会世界和内部心理世界。

1. 物理世界

物理世界为我们了解自己提供了方法和途径，如一个人的身高、体重和饮食偏好都可以通过外在的物理世界来了解。但是通过物理世界了解自己有两个局限：一个局限是很多特点在物理世界中并不存在，尤其是一个人的心理品质，如一个人是否坚强，是无法通过物理世界来认识的，坚强无法通过物理世界观察和测量出来；另一个局限是即使这个特点可以测量出来，但所了解到的信息并不一定是个体想要的，比如一个人的体重可以测量出来，但是我们仍然不知道自己的体重在人群中所处的位置，是偏胖还是偏瘦。

2. 社会世界

想要知道自己在社会中是什么样子的，必须通过社会世界来了解自己。

社会比较：每个人几乎都会进行社会比较，即将自己的某些特点与别人进行比较，并由此对自己的这个特点进行判断，比如一个人的英语考试考了 90 分，只通过 90 分并不能让他知道自己考得好还是不好，还要通过和他人的比较，看别人都考了多少分才能做出判断。一个人想要知道自己真正是什么样的，就少不了与别人进行比较。

谁是合适的比较对象？在大部分情况下，与相似的人进行比较所获得的信息是最可靠的，如一个人想要知道自己学习是否努力，只有当他与相同专业、相同年龄、相同智力水平的人进行比较时，才能够更好地得出他是否努力的结论。

反射性评价（他人反馈）：人们认识自我的另一个方式是反射性评价，即通过观察他人对自己的反应来认识自己，如一个学生会干部组织一个活动，得到了老师的表扬，同时很多同学也积极踊跃地参加，他就可以从这些反应中了解到自己成功举办了这个活动，自己具有一定的组织能力。

3. 内部心理世界

内部心理世界对自我的认识主要是通过内省来进行的。内省是个体认识自我的一种常见方式，它指向个体内部来寻求答案，直接考虑个体的态度、情感和动机。一个人想要知道自己是不是喜欢吃香蕉，可以通过内省来发现，如自己是不是想吃香蕉、吃香蕉的感觉怎么样等。如果他非常想吃香蕉（动机），吃香蕉的时候觉得很满足、很开心（情感），那便可以得出他喜欢吃香蕉的结论。

正确认识自我的关键在于要全面认识自我，如果一个人只从物理世界去认识自己，那他对自己的认识就有可能产生偏差。如果一个人只是通过内省去认识自己，那他很有可能只沉浸在自己的内心世界，而忽略了别人对自己的看法。所以要想全面认识自己，就需要从物理世界、社会世界和内部心理世界三个方面去认识。不仅要看客观的情况，也要通过社会比较、他人的反馈以及自我反省来认识自己。

扩展阅读

体验 VS 分析——怎样用内省帮到自己

1. 内省的作用

内省是一种了解自己的可靠方式。安德森和罗斯询问大学生:如果让一些人知道他们一天的私密想法和感受,或者让这些人在几个月里对他们的行为进行观察,是否这些人就能更好地了解他们?多数学生相信,如果这些人能够走进他们的思想和情感的内心世界,这些人就会更好地了解他们。

安德森进而进行了一项调查来检验这个假设。他让被试者向陌生人描述他们自己,要么强调他们内心的思想情感,要么强调行为,或者两方面都强调。接着,观察者对被试者在很多维度上进行评分,然后安德森计算这些分数和被试者自我评估之间的关系。调查结果显示,当被试者向观察者描述他们的思想和情感时,两者的评分最为接近。这表明个体的思想和情感为他人提供了关于个体的特质的最有价值的信息,并且进一步说明当一个人考虑自己的思想和情感时能够对自我认识提供很有价值的帮助。

2. 有关内省的问题

适当的内省可以促进人的自我了解和觉察,但过分内省反而会降低自我认识的准确性。过分内省指个体对某些人、物或者问题的内在体验和想法过于关注,这样会使人陷入迷惑。威尔逊做了一项研究来说明过分内省的破坏作用。他鼓励一些被试者(内容条件下)在做出决定前仔细地思考他们为什么会这么想某人、物或问题。其他被试者(控制条件下)则在没有对他们的情感和想法进行分析的基础上就做出了决定。结果显示,比起控制条件下的被试者,内省条件下的被试者在预测他们未来行为的准确性上要差一些。因此,威尔逊得出这样的结论:对我们为什么这样想的原因想得太多,会降低自我认识的准确性。

结论:一方面思考自己的想法和情感能够帮助我们进行自我认识,另一方面对我们为什么这样想的原因思考太多会降低自我认识的准确性。因此我们在内省的时候,重点应放在体验和感受自己的内心想法和情感,通过体验去了解自己,而不是通过分析原因来了解自己。重点在于"我的想法是什么""我感受到了什么",而不是"我为什么这样想""我为什么会有这样的感受"。

技能学习

一个人想要全面地认识自己,就要从多个途径去了解自己,如果只是运用单一途径,就会产生自我认识的偏差。完成下表,可以帮助我们更好地了解自己。

希望了解的特点	物理世界	社会比较	他人反馈	内省
例如:是否喜欢读书	会忍不住购买书籍	跟其他同学相比,空余时间更喜欢阅读	同学们都说我是个书虫	读书令我快乐

课堂活动

完美一角

活动内容:
(1)活动以小组形式进行,组长分发缺一角的圆形纸片。每个组员一个,颜色各不相同。
(2)请组员在圆形纸片上写下自己目前所拥有的资源。
(3)组长分发圆形纸片的缺角给组员,并且说明这一缺角要写上自己目前最想追求的东西。
(4)请组员分享自己的作品。
(5)讨论:
①本身所拥有的资源是什么?
②想追求什么让自己的生命更趋于完满?
③你做了怎样的努力来追求自己想要的东西?
④得不到的时候你会如何面对?
(6)组长整理组员所分享的内容,鼓励大家勇于追求自己想要的东西并成为想成为的人,但不要忘记看看自己所拥有的东西,并且试着去接纳自己的缺陷。

二、正确认识自我

你认识你自己吗？你知道你是谁吗？表面上这是很简单的问题，但事实上很多人并不真正了解自己。"当局者迷，旁观者清"，说的就是这个道理。

（一）自我认识的内容

第一，认识自己的生理特点。

第二，认识自己的心理特点。

第三，认识自己的优势。

第四，认识自己的劣势。

（二）自我认识的途径

进行良好的自我认识不但需要以人为镜，也要进行较完善的自我分析。我们可以尝试合理地运用社会比较法。

三、积极悦纳自我

（一）什么是悦纳自我？

总体来说，悦纳自我包括三方面：第一，接受自己的全部，无论优点还是缺点，无论成功还是失败。第二，无条件地接受自己，接受自己的程度不以自己是否做错事而有所改变。第三，喜欢自己，肯定自己的价值，有愉快感和满足感。只有能够真正地做到如此，我们才能真正地悦纳、认识自我。

心理健康的人首先要有自知之明。对自己能做出恰当评价的人，既能了解自我，又能接受自我，体验自我存在的价值。一个悦纳自己的人，并不意味着他的一切都是完美的，而是说他在接受自己优点的同时，也了解自己的缺点，很坦然地承认了自己的不足之处。而后，不断克服缺点，注意自我形象塑造，把握自己做人的准则，不断完善自己，更加自信地面对生活，走向成功。这是一种修养，也是一种难能可贵的品质。

（二）悦纳自我与放纵自我

有的同学会担心如果什么事都悦纳自己了，是不是就是放纵自己呢？悦纳自己不等于放纵自己。放纵是指放任而不受约束，纵容自己想做什么就做什么，放纵更多是指行为。而悦纳自己是指愉快地接纳或者接受自己本来的样子，悦纳更多是指对待自己的态度。如果一个人害怕在公众面前讲话，但又想拥有好的人际关系，放纵自己的人可能会回避，因为害怕就不讲了，避免出现在公共场合，而悦纳自己的人会接纳自己的害怕，并且做出尝试。

（三）有条件的价值 VS 无条件的价值

我们很多人从小都接受了太多有条件的价值。一个好学生的标准就是学习好，听话，乖巧;一个人成功的标准是赚很多的钱或者当大官。在社会中不乏这样偏曲的价值标准,往往人们会用这样的标准来判断自己的价值。比如一个大学生学习成绩不好,由此他判断自己没有价值;一个大学生人际关系不好,由此他判断自己不被人喜欢。这些都是有条件的价值,一旦满足了这些价值,就会非常自信,充满自我价值感;一旦不能满足这些条件,立马就对自己失去了信心。

一个人的价值其实是无条件的,每个个体都是这个宇宙中的独特存在,每个个体都是一个特殊的个体,其作为人的价值是无条件的。了解自己的价值是无条件的,是积极悦纳自我的第一步。

(四)全面看待自己的优缺点

每个人都会有优点,也会有缺点。但是我们在学习生活中会发现,有的人只能片面地看待自己,要么只能看见自己的缺点,认为自己一无是处,活得自卑痛苦;要么觉得自己全是优点,问题和缺点都是别人的,这样的人充满优越感,并且极端自负。不管自卑还是自负,都会成为我们成长路上的阻碍。全面看待自己的优缺点,才能认识真正的自己。

四、自觉调控自我

(一)培养顽强的意志力

很多大学生为自己树立了远大的目标和理想,但在努力的过程中,没有足够的自制力和坚强的意志力,经受不住挫折和打击,也就无法实现自我的理想。

(二)培养自信心

美国思想家艾默生说:"自信心是成功的第一个秘诀。"自信心是个体对自己的认可、肯定、接受和支持的积极感受,就是相信自己,对自己的力量充分估计的一种自我体验。自信是自我意识的一个重要组成部分,属于自我意识的情感形式,是对自我的积极的情感体验。自信的人相信自己,相信自己的能力和价值,相信自己追求的目标是正确的,也相信自己有能力去实现目标,遇事有主动精神。

五、不断超越自我

认识自我,接纳自我,都是为了塑造自我,超越自我。对于大学生而言,超越自我更是终生努力的目标。人们常说,人最大的竞争对手就是自己。因此,我们只有理智地分析自我,不断地超越自我,才能在激烈的竞争中立于不败之地。

技能学习

活动——我是独一无二的

完成下面的句子,每天默念几遍。
- 我是独一无二的,因为我_____。
- 我是奇妙的,因为我_____。
- 虽然我有缺点,但是我_____。

学习从独特的角度去欣赏和接纳自己,而不是用好和坏的标准去评价自己。欣赏自己的独一无二,为自己的这份独特而感到自豪。

课堂活动

天生我才

活动目的:通过自我欣赏和聆听他人的自我欣赏,发现自己与他人的优点,增强自信和对他人的信任。

每位同学在下表中写出语句未完成的部分。

我最欣赏自己的外表是:	
我最欣赏自己对朋友的态度是:	
我最欣赏自己对学习的态度是:	
我最欣赏自己的性格是:	
我最欣赏自己对家人的态度是:	
我最欣赏自己做事的态度是:	
我最欣赏自己的一次成功是:	

5~8人一组,每人在小组中分享自己所写的内容和其原因。如果同学之间相互熟悉,还可以让其他同学补充。

第三节 大学生自我意识的偏差及其调试

一、自卑及其调试

(一)自卑及其表现

自卑是指自我评价偏低、自愧无能而丧失自信,并伴有自怨自艾、悲观失望等情绪体验的消极心理倾向。自卑的人常常表现出以下特点:情不自禁地过分夸大自己的缺陷,甚至毫无根据地臆造出许多弱点,喜欢拿自己的短处和别人的长处相比,不能冷静地分析自己所受的挫折,总将这些挫折、失败归因于自己的无能,不能客观地看待别人对自己的评价,认为自己一无是处,对那些努力就能完成的任务也轻易放弃等。

很多大学生都曾感到过自卑。上大学后,面对学习上的更强劲的对手,面对更加社会化的人际交往,面对新的环境,大学生容易产生自卑。自卑心理广泛存在于人们的日常生活当中,并影响着个体的生活、学习和工作。自卑是大部分人都有过的体验,自卑心理在大学生群体中尤为突出,也是大学生最常见的心理问题之一。

(二)从优点认识自己——积极评价自我

自卑的人习惯用放大镜看自己的缺点和别人的优点,用缩小镜看自己的优点和别人的缺点,夸大自己的失败和别人的成功,忽视自己的成功和别人的失败。所以要改变自卑就要改变认识自己的方式,从优点来认识自己,通过全面、客观的认识,辩证地看待别人和自己。

技能学习

我的优点

每天记录下自己的一个优点,或者一件成功的事情,无论多小的事情都可以,比如"我今天给同学带饭了""我今天学会做PPT了"。刚开始做的时候可能会不习惯,坚持记录两个星期,两个星期以后再回顾自己的这些优点,看看会有什么发现。

活动总结:自卑的人在生活中往往会聚焦于自己的缺点和不足,不习惯去看自己好的方面,尤其是让自卑的人去找自己的优点的时候,他们刚开始都会觉得非常困难。但是如果从点点滴滴的小事出发,他们会发现自己身上也是有很多优点的,只是这些优点平时都被自己忽略了。将这种习惯保持下去,自卑的心理会一点一点改善。

（三）积极自我暗示——练习肯定自我

暗示法就是个人通过积极的自我暗示、自我鼓励，消除自卑的方法。人的自我评价所起到的实际上就是人对自我的一种暗示作用，它与人的行为有很大的关系。消极的自我暗示导致消极的行为，而积极的暗示则带来积极的行为。

积极自我暗示不代表盲目自信，并不是说我告诉自己能吃掉一头鲸鱼就真的能做到。积极暗示对那些可以做到，但是没有信心做到的事情起作用。

扩展阅读

阿德勒——超越自卑的心理专家

阿尔弗雷德·阿德勒出生于奥地利维也纳郊区的小镇，家庭富裕。他的父亲是一名做谷物生意的犹太商人。在6个孩子中他排行老三，他的哥哥Sigmund是个典型的模范儿童。阿德勒是一个直到4岁才会走路的体弱多病的孩子。3岁时，睡在他身旁的弟弟去世。又因为他幼年有过2次被车撞的经历，他十分畏惧死亡。5岁时，他得了致命的肺炎，医生认为他快死了，家人也不抱任何希望，但是几天后，他竟然奇迹般地康复了。这2件事情导致他痊愈后萌生了做一名医生的想法。他成绩平平，数学成绩极差，甚至被老师建议去当一名制鞋的工人。在这件事情的刺激和父亲的支持鼓励下，他终于成了班上数学最好的学生。后来阿德勒如愿以偿进入了维也纳大学的医学院，最后取得了医学博士学位，成为了一名眼科医师。他特别注意身体器官，认为它们是驱使个人采取行动的真正动力。后转向精神病学，追随弗洛伊德探讨神经症问题。

自卑与补偿是阿德勒个体心理学的重要组成部分，也是个人追求优越的基本动力。阿德勒坚持认为自卑感是人的行为的原始的决定力量或向上意志的基本动力。在他看来人生本来并不是完整无缺的，一方面有缺陷（包括身体缺陷）就会产生自卑，而自卑能摧毁一个人，使人自暴自弃或发生精神疾病；另一方面它能够使人发奋图强，振作精神，从而解决原始缺陷和追求优越之间的矛盾。阿德勒认为，人对某些缺陷的补偿是自卑的重要内容和表现。他说一个器官有缺陷的人会产生自卑情结，这也令他尽最大的努力去补偿以取得优越。

二、自负及其调试

（一）自负及其表现

自负就是过高地估计自己。人评价自己要靠自我认知，有的人过高地评价自己，就表现出了自负;有的人过低地评价自己,就表现为自卑。自负往往以语言、行动等方式表现出来。自负实质上是无知的表现,主要表现在不自知而过高评价自己。

(二)自负与自信

自负是一种自我膨胀,即过度自信,对自己的认识以点带面,某一方面好就唯我独尊,舍我其谁,孤芳自赏,瞧不起其他人,不接受他人的建议和意见,更别谈自我批评了。总认为自己对而别人错,把自己的意志强加给别人,难以和他人心理相容,对人际交往有严重的负面影响。

自信则与自负不同。自信是相信自己,自负的人会过分相信自己。自信的人对自己的信任是建立在客观现实的基础上的,并不是盲目、过度地信任自己。

(三)打败自负的方法

1. 接受批评是根治自负的最佳办法

自负的致命弱点是不愿意改变自己的态度或接受别人的观点,接受批评即是针对这一特点提出的方法。它并不是让自负者完全服从于他人,只是要求他们能够接受别人的正确观点,通过接受别人的批评,改变过去固执己见、唯我独尊的形象。

2. 与人平等相处

自负者视自己为上帝,无论在观念上还是行动上都无理地要求别人服从自己。平等相处就是要求自负者以一个普通社会成员的身份与别人平等交往。

3. 提高自我认识

要全面地认识自我,既要看到自己的优点和长处,又要看到自己的缺点和不足,不可"一叶障目,不见泰山",抓住一点不放,未免失之偏颇。认识自我不能孤立地去评价自己,应该把自己放在社会中去考察。每个人生活在世上都有自己的独到之处,都有他人所不及的地方,同时又有不如人的地方。与人比较不能总拿自己的长处去比别人的不足,把别人看得一无是处。

4. 要以发展的眼光看待自己

既要看到自己的过去,又要看到自己的现在和自己的将来,辉煌的过去可能标志着你过去是个英雄,但是它并不代表现在,更不预示着将来。

心理训练

增强自信心

自卑心理案例分析。

吴某,男,某重点大学二年级学生。自从进入大学后,吴某一直很自卑。他的父母都是农民,家境贫寒,以前在中学时因为成绩拔尖,深受老师和同学的器重,自己也似乎因此忽视了家庭的贫困和普通。为了让他上大学,家里负债累累。进了大学后,他自己又借了不少钱以掩饰自己的贫困和普通。原以为到了大城市,会有很多机会打工来补贴自己,但实际上很难。他曾想了许多办法来提升自己的素质(比如参加社团、看书、参加展览会、考证书等),但实施之后往往都是半途而废。他感觉自己脱离不了贫穷,改变不了社会底层的地位,自己不会有好的前途,不可能光宗耀祖,甚至找女朋友成家都很困难。

思考:

吴某对自己的认识是否正确?

吴某的自卑心理是什么?

吴某的自卑心理是怎么产生的?

请同学们相互讨论一下自卑都有哪些危害。

第四节 人格与气质

一、人格

人格也称个性,这个概念源于希腊语 Persona,原来主要是指演员在舞台上戴的面具,类似于中国京剧中的脸谱,后来心理学借用这个术语用来说明:在人生的大舞台上,人也会根据社会角色的不同来换面具,这些面具就是人格的外在表现。面具后面还有一个实实在在的真我,即真实的自我,它可能和外在的面具截然不同。

(一)定义人格的类型

1."你这样是侮辱我的人格"

这里的人格通常等同于品格或尊严,是从道德和伦理的角度来使用"人格",对人做道德评价,如评价某人人格高尚、某人人格卑劣等。

2."别看他在外面像模像样的,其实在家里真实的性格才展示出来"

这里的性格是指人格特质,心理学家把特殊的、稳定的个性品质称为人格特质。人格特质是从行为观察中推论出来的,具有稳定性。同时,一个人可以拥有多种人格特质,彼此之间可能并不一致。

3."这人天生就这样的个性"

这里的个性通常是指气质类型。气质在心理学中与日常生活中所说的"气质"(特指行为举止、谈吐修养)不同,是指一个人生来具有的典型而稳定的心理活动的动力特点。气质较多受生物因素制约,是形成个性或人格的原料之一,是人格的先天遗传成分。即使在新生儿身上,也能发现他们气质的差别,如有的新生儿只要一醒就爱哭闹,有的则比较安静。

4."他是个什么样的人?"

通常这个问题是在问这个人的人格类型,如实干型的人重实际、研究型的人爱探究、艺术型的人喜自由等。属于同一人格类型的人具有若干共同的特质。

从上面的描述不难发现,人格的研究范围非常广泛。心理学家普遍认为,广义的人格等同于个性,是指稳定的行为方式和发生在个体身上的人际过程。所以人格是稳定的,我们可以预测今天活泼的人,明天也是活泼的。但是这并不意味着人格是一成不变的。另外,人际过程强调的是我们在与人沟通互动的过程中所思所想所感与人格差异之间的相互作用。同时也意味着外部环境对人格有着重要的作用。父母的教育方式、社会文化等因素都影响着我们个性的形成。从这个角度来说,人格是相对稳定和独特的认知、情感与行为模式,它体现了一个人独特的精神风貌,并没有直接的道德评价,更多地体现了一种倾向性。总之,人格是一个大家庭,它具有多种成分和特质,如能力、气质、性格、兴趣、价值观及行为习惯等方面都会表现出人格的差异。

(二)人格的特性

综合来看,人格具有以下特点。

1. 独特性

我们经常说的"千人千面""人心不同,各如其面"就是指的这个意思。不同的遗传因素、教育和环境的影响,使每个人形成了各自独特的心理特点。虽然你知道每个人都不一样,但还是会觉得自己和某些人更相似,与某些人更不同。这种相似性和差异性正是人格类型理论的基础,构成了人际互动的丰富多彩。

2. 稳定性

"江山易改,本性难移",人格的稳定性是指一个人经常表现出来的特点,是其一贯的行为方式的总和,一般表现为跨时间的稳定(今天的你和昨天的你大致一样)和跨情景的一致(性格外向的你在家里和学校都表现出与人交往的意愿和倾向)。但是,稳定性并不意味着人格不可改变,人格也一样具有可塑性。一般而言,儿童的人格正在形成中,还不稳定,容易受环境影响而发生变化;成年人的人格比较稳定,但是还可以自我调控。奥斯卡获奖影片《国王的演讲》中的主人公,经过心理疏导、后天努力和练习,最终克服了口吃。

3. 整体性

人格是人的各种人格倾向性和人格特征的有机结合。人格由气质、兴趣、爱好、性格、能力、需要、理想、信念等成分构成。这些成分或特征都不是孤立存在的,而是具有内在统一性的。正常人能够正确地认识和评价自己,能及时地调整在人的内部心理世界中出现的相互矛盾的心理冲突,使自己的动机和行为保持一致。一个人如果失去了人格的内在统一性,就会出现人格分裂的现象。

4. 功能性

人们常说"性格决定命运",人格决定了一个人的生活方式,进而决定了一个人的命运,这就是人格的功能性。一个人的人格功能发挥正常的时候,个体表现为健康而有力;人格功能受损时往往会影响一个人的社会功能和生活,表现出怯懦、无力、失控或病态。

扩展阅读

人格是在何时"定型"的?会不会变化?

第一个时期是12岁左右。这个时期,人正要准备从童年迈入青春期,而且开始有最基本的是非分辨能力,会根据过往有记忆的历史判断父母以及自己所处的社会的基本环境。

第二个时期是24岁左右。这个时期,人所处的环境会帮助确立最后的人格。这个时候人会在青春期/少年期与青年期之间进行转换。

一般而言,人过了30岁以后,不论你迁居到哪个城市,还是改变了职业和新的朋友,基本的人格特点都不会改变。30岁时是什么样的人,到了60岁仍然会是什么样的人。

二、人格的影响因素

(一)遗传因素

心理学家往往用对同卵双生子的研究来探讨遗传因素,结果发现即使同卵双生子被分开抚养,他们之间的相似性也大于异卵兄弟姐妹,这意味着遗传的作用显著。某些人格特质中,遗传的变异贡献量占到20%~45%。这个比例是非常高的,智商的遗传影响也只是在50%左右。但是,人格也是可以通过环境加以改变的,对同卵双生子的研究表明,他们被分开抚养的时间越长,两人之间的差异也越大。每个人都是一块先天、后天相互影响的合金,我们的一些选择可能受遗传倾向的影响,比如妈妈焦虑,孩子出生后就会表现出敏感、焦虑的气质特点;外向开朗的家长,孩子也普遍外向活泼。但是我们不是机器人,不能按照编写好的程序进行,我们一生的发展其实是我们每个人自己选择的结果,遗传并不能决定我们的命运。

(二)社会文化因素

社会文化具有塑造人格的功能,这反映在不同文化的民族有其固有的民族性格,不同的地域有着不同的文化传统,不同的文化发展时期有着不同的文化认同,例如,中国文化中"人性本善"一直占据上风,而西方文化中则一直是"人性本恶"占据上风。因此,如果西方人在言行中表露出"恶"的一面,由于他们认为人性本恶,他们的防御也会比较少;而如果中国人在言行中表露出"恶"的一面,由于我们认为人性本善,我们必须说明这个"恶"并非自己的本意,这样才能维持自尊和良好的社会适应,因此对行为的防御会更强烈。

(三)家庭环境因素

家庭是"制造人类性格的工厂"。家庭是个体最早接受教化的场所,社会和时代的要求,往往是通过家庭对儿童产生影响的。许多精神分析学家认为,一个人从出生到五六岁,是人格形成的最主要阶段,父母的教养态度对于其人格的形成和今后的发展起着重要作用。不同的依恋关系、父母对子女的态度、家庭氛围都对一个人的人格有着较大的影响。特别是童年经验的影响更是受到精神分析学家的重视,"早期的亲子关系定出了行为模式,塑造出一切日后的行为",这是麦肯侬有关早期童年经验对人格影响力的一个总结。斯毕兹对孤儿院里的儿童进行了研究,发现这些早期被剥夺母爱的孩子,长大以后在各方面的发展均受到影响。但是这种早期的创伤经验并不是单独对人格产生影响,早期儿童经验是否对人格造成永久性影响因人而异。对于正常人来说,随着年龄的增长、心理的成熟,童年的影响会逐渐缩小、减弱,其效果不会经久不衰。

(四)自然环境因素

生态环境、气候条件、空间拥挤程度等这些物理因素都会影响人格。例如,热天会让人烦躁不安,对他人采取负面的反应,炎热的地方也是攻击行为相对较多的地方。人格特质和环境之间相互作用,外部环境同样影响着人格特质的表现方式。

三、气质

(一)气质的概念

公元前5世纪古希腊的一位医生希波克拉底提出体液学说这一概念。他认为人体含有4种基本的体液,每种体液与一个特定的气质类型相对应。个体的人格是由体内何种体液占主导所决定的。详见表2.1。

表2.1 希波克拉底体液学说解析

体液类型	生理特点	心理特点
血液占优势	热与湿的配合	喜欢活动
黏液占优势	冷与湿的配合	冷静,善于计算
黄胆汁占优势	热与干的配合	易怒,动作激烈
黑胆汁占优势	冷与干的配合	神经过敏,易郁闷

盖伦最先提出了气质这一概念,用气质代替了希波克拉底体液理论中的人格,形成了4种气质学说,此分类方式在心理学中一直沿用至今。

气质是表现在心理活动的强度、速度、灵活性与指向性等方面的一种稳定的心理特征。人的气质差异是先天形成的,受神经系统活动过程的特性所制约。孩子刚一出生时,最先表现出来的差异就是气质差异,有的孩子爱哭好动,有的孩子平和安静。

气质不能决定一个人的成就,任何气质的人经过自己的努力都可能在不同实践领域中取得成就,也可能成为平庸的人。

气质是人的个性心理特征之一,它是指在人的认识、情感、言语、行动中,心理活动发生时力量的强弱、变化的快慢和均衡程度等稳定的动力特征。主要表现在情绪体验的快慢、强弱,表现的隐显以及动作的灵敏或迟钝方面,因而它为人的全部心理活动表现染上了一层浓厚的色彩。

气质在社会上所表现的是一个人从内到外的一种人格魅力,是一个人内在魅力的质量的升华。它所指的人格魅力有很多,比如修养、品德、举止行为、待人接物的方式、说话的感觉等等,所表现的有高雅、高洁、恬静、温文尔雅、豪放大气、不拘小节、立竿见影等。所以,气质并不是自己说出来的,而是自己长久的内在修养以及文化修养的一种结合,是持之以恒的结果。

(二)气质的类型

人的气质可分为4种类型:胆汁质(兴奋型)、多血质(活泼型)、黏液质(安静型)、抑郁质(抑制型)。古代所创立的气质学说用体液解释气质类型,虽然缺乏科学根据,但人们在日常生活中确实能观察到这四种气质类型的典型代表。直率、热情、精力旺盛、易冲动、心境变换剧烈等等,是胆汁质的特征。活泼、好动、敏感、反应迅速、喜欢与人交往、注意力容易转移、兴趣容易变换等等,是多血质的特征。安静、稳重、反应缓慢、沉默寡言、情绪不易外露、注意力稳定且难于转移、善于忍耐等等,是黏液质的特征。孤僻、行动迟缓、体验深刻、善于觉察别人不易觉察到的细小事物等等,是抑郁质的特征。因此,这4种气质类型的名称曾被许多学者采纳,并一直沿用。

(三)气质的应用

气质本身并没有善恶、好坏之分,每种气质都有其积极的一面,也有消极的一面。气质并不能决定一个人活动的社会价值和成就的高低。每一种职业领域都可以找到不同气质类型的代表,同一气质的人在不同的职能部门都能做出突出的贡献。人们所从事的职业中,不同的岗位对从业人员的气质有不同的要求。某种气质特征往往能为胜任某项工作提供有利条件,而对另一些工作又表现出明显的不适应。研究和实践都表明:气质特征是选择职业的重要依据之一。

1. 胆汁质气质与职业选择

胆汁质的主要特征是直率、热情、精力旺盛、脾气急躁、情绪兴奋性高、易冲动、反应迅速、心境变化剧烈。择业时主动性强,具有竞争意识,通常倾向且适合于选择竞争激烈、冒险性和风险性强的职业或社会服务型的职业,如运动员、改革者、探险者等。

2. 多血质气质与职业选择

多血质的主要特征是活泼、好动、敏感、反应快、善于交际、兴趣与情绪易转换。择业时积极主动、热情大方,善于推销自己,适应性强,很受用人单位欢迎。通常适合于交际方面的职业,如记者、律师、公关人员、秘书、艺术工作者等。

3. 黏液质气质与职业选择

黏液质的主要特征是安静、稳定、反应迟缓、沉默寡言、情绪不易外露、善于忍耐。择业时沉着冷静,目标确定后,具有执着追求、坚持不懈的韧性,从而弥补了其他素质的不足。一般适合于医务工作者、图书管理员、情报翻译员、教员、营业员等工作。

4. 抑郁质气质与职业选择

抑郁质的主要特征是情绪体验深刻、孤僻、行动迟缓、感受性强、敏感、细致。择业时思虑周密,有步骤、有计划,一般较适合从事理论研究工作等。

以上只是从气质典型的角度论及各种气质与职业选择的关联。每一个求职者都应从自己的实际气质特征出发,认真考察职业气质要求与自身特征的对应关系,选择那些能使自己气质的积极方面得到发挥的职业与岗位,避开消极的一面。

心理训练

气质类型测试

下面60道题,可以帮助你大致确定自己的气质类型,请根据自己的情况在"很符合、比较符合、不太确定、比较不符合、完全不符合"5个答案中选择一个适合自己的。"很符合"记2分,"比较符合"记1分,"不太确定"记0分,"比较不符合"记-1分,"完全不符合"记-2分。

1. 做事力求稳妥,一般不做无把握的事。
2. 遇到可气的事就怒不可遏,想把心里话全说出来才痛快。
3. 宁可一个人做事,不愿很多人在一起。
4. 到一个新环境很快就能适应。
5. 厌恶那些强烈的刺激,如尖叫、噪音、危险镜头。
6. 和人争吵时总是先发制人,喜欢挑衅。
7. 喜欢安静的环境。
8. 善于和人交往。
9. 羡慕那种善于克制自己感情的人。
10. 生活有规律,很少违反作息制度。

11. 在多数情况下情绪是乐观的。
12. 碰到陌生人觉得很拘束。
13. 遇到令人气愤的事,能很好地克制自我。
14. 做事总是有旺盛的精力。
15. 遇到问题总是举棋不定,优柔寡断。
16. 在人群中从不觉得过分拘束。
17. 情绪高昂时,觉得干什么都有趣;情绪低落时,又觉得什么都没意思。
18. 当注意力集中于一事物时,别的事很难使我分心。
19. 理解问题总比别人快。
20. 碰到危险情境,常有一种极度恐怖感。
21. 对学习、工作、事业怀有很高的热情。
22. 能够长时间做枯燥、单调的工作。
23. 符合兴趣的事情干起来劲头十足,否则就不想干。
24. 一点小事就能引起情绪波动。
25. 讨厌做那种需要耐心、细致的工作。
26. 与人交往不卑不亢。
27. 喜欢参加热烈的活动。
28. 爱看感情细腻、描写人物内心活动的文学作品。
29. 工作学习时间长了,常感到厌倦。
30. 不喜欢长时间谈论一个问题,愿意实际动手干。
31. 宁愿侃侃而谈,不窃窃私语。
32. 别人总是说我闷闷不乐。
33. 理解问题常比别人慢些。
34. 疲倦时只要短暂休息就能精神抖擞,重新投入工作。
35. 心里有事宁愿自己想,不愿说出来。
36. 认准一个目标就希望尽快实现,不达目的,誓不罢休。
37. 学习、工作一段时间后,常比别人更疲倦。
38. 做事有些莽撞,常常不考虑后果。
39. 老师讲授新知识时,总希望他讲得慢些,多重复几遍。
40. 能够很快地忘记那些不愉快的事情。
41. 做作业或完成一件工作总比别人花的时间多。
42. 喜欢运动量大的剧烈体育运动或参加各种文艺活动。
43. 不能很快地把注意力从一件事转移到另一件事上去。
44. 接受一个任务后,就希望能把它迅速解决。

45. 认为墨守成规比冒风险强些。
46. 能够同时注意几件事物。
47. 当我烦闷的时候,别人很难使我高兴起来。
48. 爱看情节起伏跌宕、激动人心的小说。
49. 对工作抱着认真严谨、始终一贯的态度。
50. 和周围的人总相处不好。
51. 喜欢复习学过的知识,重复做能熟练做的工作。
52. 希望做变化大、花样多的工作。
53. 小时候会背的诗歌,我似乎比别人记得清楚。
54. 别人说我"出语伤人",可我并不觉得这样。
55. 在体育活动中,常因反应慢而落后。
56. 反应敏捷、头脑机智。
57. 喜欢有条理而不甚麻烦的工作。
58. 兴奋的事情常使我失眠。
59. 老师讲新概念,常常听不懂,但是弄懂了以后很难忘记。
60. 假如工作枯燥无味,马上就会情绪低落。

记分:

胆汁质型得分:第2、6、9、14、17、21、27、31、36、38、42、48、50、54、58题得分之和。

多血质型得分:第4、8、11、16、19、23、25、29、34、40、44、46、52、56、60题得分之和。

黏液质型得分:第1、7、10、13、18、22、26、30、33、39、43、45、49、55、57题得分之和。

抑郁质型得分:第3、5、12、15、20、24、28、32、35、37、41、47、51、53、59题得分之和。

确定气质类型的标准:

1. 如果某类气质得分明显高出其他三种,均高出4分以上,则可定为该类气质。如果该类气质得分超过20分,则为典型;如果该类得分在10~20分,则为一般型。

2. 两种气质类型得分接近,其差异低于3分,而且又明显高于其他两种,高出4分以上,则可定为这两种气质的混合型。

3. 三种气质得分均高于第四种,而且三种气质得分接近,则为三种气质的混合型,如胆汁-多血-黏液质混合型或多血-黏液-抑郁质混合型。

第三章
Chapter 3

职业资格与职业世界

学习目标

1. 消除对专业的刻板印象，认识到一个专业可以对应多种职业。
2. 意识到了解职业信息的意义，有意愿行动起来，开始进行职业信息的探索。

学习建议：对自己所学的专业进行职业信息的探索，能够利用职业分类帮助自己探索工作世界。

学习建议

经济发展和科技进步使社会职业岗位的技术含量日益增加，各企业对从业人员素质的要求也不断提高，高校大学生应了解并重视我国现行职业资格证书认定制度，能够在大学期间获取职业资格证书，不但说明了大学生的考试能力，而且也说明了大学生的职业能力得到了正规部门的认可。在校大学生要根据个人需要，考取和个人专业相关的职业资格证书，注重自身内在能力的培养，为以后的实际工作夯实良好的专业素养，为今后的职业发展打下良好的基础。

职场语录

对你有严格要求的领导,才是真正能帮助你成长的好领导,使我痛苦者,必使我强壮!

生活是公平的,哪怕吃了很多苦,只要你坚持下去,一定会有收获,即使最后失败了,你也获得了别人不具备的经历。

素质拓展

行业演出

目的:以直观的形式展示行业情况,增加学生对职业类型的理解。

操作:

(1)第一轮全体学生围成一圈,每位学生用动作展示一种职业,其他同学说出职业类型。

(2)第二轮专业相近的人组成一组,每组5~6人。通过集体合作展现某一职业的工作情况。

(3)分享:通过此活动你对自己的专业是否有了进一步的理解?

第一节 职业资格证书

一、职业资格证书

【案例3.1】

无证人员操作起重机致1人重伤

宋先生(化名)是一家商贸公司的老板,常在码头装卸货物。2009年5月13日下午,船上有剩余的石头需要吊上岸装车,宋先生的妻子到附近找来持有起重机操作证的临时工邹先生帮忙。

工作到傍晚时分,邹先生的弟弟邹某到码头来找他,由于弟弟也会操作起重机,邹先生便让邹某帮他吊石头,并将此事告诉了宋先生。19时左右,天色渐渐变暗,邹某想趁着还有最后一点光线抓紧做完。于是,宋先生按邹先生的提议,让一名清仓工去寻找照明设备。

清仓工绕到起重机后部时，邹某正吊起一车石头，谁知就在起重机转动时，挤压到了这名清仓工。听到喊叫声后，邹某立即停止操作下车查看，发现清仓工脸上流着血，捂着胸口躺倒在地。邹某急忙和一旁的几个人将清仓工送往医院急救。经抢救，清仓工保住了性命，但是却留下了终身残疾。检察官在依法讯问时，邹某承认自己会开起重机，但没有起重机操作证。经相关部门查证，无证操作起重机是这起事故发生的直接原因。

为什么国家要求持证上岗？上述案例可以说明，持证上岗不仅是国家规范的需要，也是个人安全和社会稳定的需要。

1. 职业资格证书

职业资格证书是劳动就业制度的一项重要内容，也是一种特殊形式的国家考试制度。它是指按照国家制定的职业技能标准或任职资格条件，通过政府认定的考核鉴定机构，对劳动者的技能水平或职业资格进行客观公正、科学规范的评价和鉴定，为合格者授予相应的国家职业资格证书。

2. 职业资格证书的作用

职业资格证书是表明劳动者具有从事某一职业所必备的学识和技能的证明。它是劳动者求职、任职、创业的资格凭证，是用人单位招聘、录用劳动者的主要依据，也是境外就业、对外劳务合作人员办理技能水平公证的有效证件。

3. 实施职业资格证书制度的法律依据

《中华人民共和国劳动法》（简称《劳动法》）第八章第六十九条规定："国家确定职业分类，对规定的职业制定职业技能标准，实行职业资格证书制度，由经过政府批准的考核鉴定机构负责对劳动者实施职业技能考核鉴定。"《中华人民共和国职业教育法》（简称《职业教育法》）第一章第八条明确指出："实施职业教育应当根据实际需要，同国家制定的职业分类和职业等级标准相适应，实行学历证书、培训证书和职业资格证书制度。"这些法规确定了国家推行职业资格证书制度和开展职业技能鉴定的法律依据。

4. 国家推行职业资格证书制度的意义

开展职业技能鉴定，推行职业资格证书制度，是落实党中央、国务院提出的"科教兴国"战略方针的重要举措，也是我国人力资源开发的一项战略措施，这对于提高劳动者素质，促进劳动力市场的建设以及深化国有企业改革，促进经济发展都具有重要意义。

5. 职业资格证书的办理

根据国家有关规定，办理职业资格证书的程序为：职业技能鉴定所（站）将考核合格人员的名单报当地职业技能鉴定指导中心审核,再报同级劳动保障行政部门或行业部门劳动保障工作机构批准后,由职业技能鉴定指导中心按照国家规定的证书编码方案和填写格式要求统一办理证书,加盖职业技能鉴定机构的专用印章,经同级劳动保障行政部门或行业部门劳动保障工作机构验印后,由职业技能鉴定所(站)送交本人。所以,办理职业资格证书一定要去正规的机构,否则就有可能出现花了钱却拿不到合格证书的情况。例如,为了增加"含金量","学业证书+职业资格证书"的双证组合目前已成为应届毕业生的必要装备。

调查发现,目前在职业资格考试市场上,资格证培训考试费用一次动辄几千元:烹饪、美发等技能型培训的费用为 2 000~3 000 元;企业信息管理师、人力资源管理师、企业培训师等的培训费用为 2 000~4 000 元;一些国际通用的职业资格证书,如物流师证、会计师证等,培训费用就更高,为 3 000~8 000 元。更让人难以招架的是,不少资格证书并非拿到手就行,在使用过程中还要交费。

同一职业,各个部门、协会颁布的各类认证书,最多达十几种,标准各不相同,收费有高有低,让"考证族"眼花缭乱。可喜的是,国家已开始整顿随意组织与职业资格相关的考试、乱发证、滥收费等行为。

6. 国家对实行就业准入的具体规定

所谓就业准入是指根据《劳动法》和《职业教育法》的有关规定,从事技术复杂、通用性广,涉及国家财产、人民生命安全和消费者利益的职业(工种)的劳动者,必须经过培训,并取得职业资格证书后,方可就业上岗。实行就业准入的职业范围由中华人民共和国人力资源和社会保障部确定并向社会发布。

职业介绍机构要在显著位置公告实行就业准入的职业范围;各地印制的求职登记表中要有登记职业资格证书的栏目,用人单位的招聘广告栏中也应有相应的职业资格要求。职业介绍机构的工作人员在工作过程中,对国家规定实行就业准入的职业,应要求求职者出示职业资格证书并进行查验,凭证推荐就业,用人单位不能免证招聘用工。

从事实行就业准入的职业的新生劳动力,就业前必须经过一到三年的职业培训并取得职业资格证书;对招收未取得相应职业资格证书人员的用人单位,劳动监察机构应依法查处,并责令其改正;从事个体工商经营的人员,要在取得职业资格证书后,工商部门再为其办理开业手续。

对于从事制造业和服务业的应届毕业生来说,将来求职的时候技能证书必不可少。我们在学习了本节之后,应该咨询一下本专业想在将来的求职中取得优势应该取得哪些资格证。

二、国家职业资格目录

登录"中华人民共和国人力资源和社会保障部"的网站查看国家职业资格目录,可以了解到在校大学生可以报考的国家职业资格类别,详见表3.1。

表3.1 国家职业资格目录

种类	主要考核内容	发证部门
电子商务师	电子商务涉及的法律法规、网络技术的特征、计算机基础知识、数据处理基础知识、电子商务网站设计、网页制作的技术分析、电子交易基础知识、电子商务的安全性	中华人民共和国人力资源与社会保障部
人力资源管理师	劳动法与劳动保障政策、人力资源管理、劳动经济学、统计学、写作知识、现代企业战略管理的环境分析、绩效管理系统、培训管理的需求、培训方案的制订等	中华人民共和国人力资源与社会保障部
公共营养师	基础营养、食物营养、营养与疾病、食品卫生及其管理、营养咨询与营养教育、营养评价、营养食谱设计、技术管理以及相关政策法规等	中华人民共和国人力资源与社会保障部
理财规划师	理财规划原理、财务和会计基础知识、金融基础知识、理财计算基础知识、现金规划、消费支出规划、风险管理、保险规划、投资规划、退休养老规划、综合理财规划、理财规划流程等	中华人民共和国人力资源与社会保障部
物流师	现代物流管理基础与实务、物流机械操作、物流软件操作、国际货运代理基础知识、运输商务运作的分类和具体实施、运输过程的控制及运输的合理化实施途径等	中华人民共和国人力资源与社会保障部
心理咨询师	出诊资料的收集、整理,一般临床资料的整理与评估,初步诊断,建立咨询关系,制订个体心理咨询方案,心理测试的技能等	中华人民共和国人力资源与社会保障部
公关员	公共关系职业道德,接待、筹划与谈判、组织,内外公众关系处理的计划制订,新闻媒介、调查与评估,人力资源与社会保障评估,专题活动的若干组织技巧,危机管理,公共管理与咨询	中华人民共和国人力资源与社会保障部
导游	导游业务、旅游政策与法规、文化基础知识、导游技能、个别问题处理、中国地理、中国古代历史、古代园林建筑、中国饮食文化	省、自治区或直辖市旅游局
会计从业资格证	财经法规与会计职业道德、会计基础、初级会计、电算化会计	财政部

续表 3.1

种类	主要考核内容	发证部门
教师资格证	教育心理学、普通话	各地教育厅
法律职业资格证书	理论法学、现行法律规定、法律实务和法律职业道德	司法部

三、职业的热门与冷门

对于广大的大学毕业生而言,选择什么样的职业一直是一件非常纠结的事情。在进行具体的职业选择前,有些问题需要搞清楚:

1. 什么是热门职业?什么是冷门职业?

大家可能经常从不同的渠道了解到关于将来热门职业的预测。衡量一个职业是不是"热门",最主要的应该看它在社会上的受欢迎程度。但所谓的"冷"与"热"也都是相对而言的。没有永远的"冷门",也没有永远的"热门"。如果某个职业长期后继乏人,那就极有可能成为将来的热门;如果某个职业大家都来挤,反而会成为以后的冷门。其实,这本身就体现了职业人才市场的变化规律。所以,职业的热门和冷门应因时而异地判断。20 世纪 90 年代初,国际金融、国际贸易、经济管理类的职业是相当"热门"的,可是随着社会经济发展的变化,特别是国际经济危机的爆发和蔓延,原来的这些热门职业现在已不那么热了,有的甚至变成了冷门职业。而随着国家对教师绩效工资的改革和社会对教师职业整体评价的提高,教师职业成为很多大学毕业生追求的热门职业。

2. 只有适合自己的职业才是最好的职业

职业的选择应该从自己的兴趣、爱好开始,并结合自身的气质类型、性格特征及职业能力等诸方面科学进行考量,不要因为大众的选择而判定热和冷,很多时候因为稀少所以才珍贵。

毕业时希望选择一个"行情"好的热门职业,这是合情合理的,但一定不要盲从,要冷静,要因人而异。每个人都有自己的特点,人与人没有绝对相同的,要考虑自己所选择的职业是否切合实际。

广大求职者应该明白:获得职位只是工作生涯的第一步,只有不断学习、不断提高自己的核心竞争力才是职场不败的唯一法宝。

四、职业与专业

在就业市场上,每年都有一部分大学生面临"是专业重要,还是职业重要"的两难选择。也有一部分学生因为盲目填报高考志愿或是选择服从志愿调剂,上大学时所学的专业并不对自己的"胃口"。面对个人兴趣、所学专业与职业的矛盾,大学生应该怎样进行职业规划才能避免延误职业生涯的发展呢？

（一）专业对职业的影响

专业是指高等学校根据国家建设及社会专业分工的需要而设立的学业类别，各个专业都有独立的教学计划以实现专业的培养目标和要求。目前我国共分设哲学、管理学、教育学、经济学、法学、文学、历史学、理学、工学、医学、农学、军事学、艺术学13个学科门类。丰富的学科门类较好地体现了拓宽专业口径、增强社会适应性的特点，为毕业生择业就业奠定了坚实的基础，对提高人才培养的质量、增强毕业生的职业发展适应能力等具有十分重要的意义。大学的专业学习对未来职业发展的影响具体如下：

1. 大学的专业学习是获得相应职业发展所需专业知识技能的最有效途径

专业知识技能是指通过学习专业课程获取的相应的专业知识和能力。专业知识技能不能够迁移，需要经过有意识的、专门的学习才能掌握。现代社会职业发展对专业知识技能的要求越来越高，要求具有系统性、完整性和前瞻性。大学系统的专业学习为职业发展和专业知识技能的需求提供了保障。

2. 大学的专业学习能够帮助大学生科学地确定自己职业发展的目标

大学的专业学习是一个人实现由学生向职业人转变的连接点。大学生要通过专业知识的学习充实自己的专业技能、开阔自己的眼界、提升自我的素质、确定自己的职业发展目标，以达到社会对职业素质的要求，成为一名合格的职业者。理性、科学地进行职业规划，是大学生学好专业知识、搞好大学生活规划的重要组成部分。

3. 大学生通过专业的学习学会学习的方法和技巧，树立终身学习的理念

这为职业发展对员工专业知识技能的需求的更新提供了可持续的动力，同时职业发展要求员工要学会学习、学会做事、学会合作、学会发展，从而实现自己的发展目标。

（二）专业与职业选择

在学业规划与升学决策中，学什么（即专业的选择）是第一等重要的战略问题。这就像企业在开办之前首先要考虑生产、经营什么一样。生产什么取决于经营者在分析市场及自身资源优势之后对销售什么的判断。同样，学什么专业也取决于求学者对毕业后人才市场的态势及现有自身资源及优势的判断。

在这里有两种观点需要纠正。一种观点是认为专业不重要，大学主要是对综合素质和学习能力的培养，所以专业的选择对个人发展并无大的影响，只要综合素质强，随便什么专业都可以成功，这也是许多职业规划专家都认同的看法。首先，职业规划专家说得并没有错，条条道路通罗马，成功的道路千万条，但须知其中必然有最短的一条。学业规划就是寻找这最短的一条路，即以最小的代价和投入实现自身的职业理想。其次，职业规划也并不是说设立职业目

标(理想)就行了,如果从现实到理想没有切实可行的路线支撑,这种职业规划很容易流于形式,理想也将成为空中楼阁。最后,在许多情况下,从现实至理想的路线并不是笔直的,也不是可以一步跨越的。这时就需要考虑每一个步骤或阶段性目标如何实现。为了实现这个步骤或阶段性目标,当然就需要选择合适的学业(专业)。比如,有的学生的理想是成为企业家,创建自己的实业,但在成长的道路上,他只能凭借自己的奋斗。这时,他就需要先成为雇员,那么就要考虑首先成为什么行业的雇员,然后再选择相应的学业。毕业后用自己的专业知识去获取职位,等自己在雇员的职位上有了一定的经验积累后,可以开辟自己事业的时候,再考虑向职业理想(企业家)迈进。那么,要成为雇员,就必须要考虑在现有条件下,选择什么样的专业进行学习才相对比较容易就业,而不是盲目地随便选什么专业都行。

另一种观点是对热门专业从一而终,认为只要选择了好专业,将来能投身于热门行业,也就别无所求。因此失去了奋斗目标和人生理想,整日沉湎于琐碎而庸俗的现实生活中,随波逐流,这类人也终将无法实现自身的职业理想和人生抱负。

如果说,职业理想和就业目标是目的地,那么专业选择就是路线的主要内容。不同的职业需要不同的知识、技能及德、体条件,而不同的知识和技能则是专业的主要内容。从经济和效率的角度来看,我们所选择的专业学习的当然应该是职业目标所需要的知识和技能。然而从专业与职业的相关性来讲,它们并不都是一一对应的关系,而是呈现出一对一、一对多、多对多等非常复杂的关系。比如数控机床专业所对应的职业最适合的也只有企业中的数控机床的设计操作与维护工,最后发展成为高级工程师(技师)。烹饪专业的学生在毕业后最合适的也只是成为一名厨师。同时有些专业其职业范围比较宽泛,比如经济学专业的学生可以从事企业管理、经济学研究、新闻记者、营销策划、经济分析、高校教师等多种职业。而对于某一职业,比如新闻记者,它可以接收经济学、新闻、中文、哲学、历史等许多专业的学生。那么我们在学业规划的时候,就首先要研究和分析专业与职业的相关性。到底是一对一,还是一对多,或是多对一? 在确定了这些问题以后,我们具体来讨论这3种情况的专业选择。

1. 一对一

这种情况最为简单。一个专业方向对应一个职业目标,这类专业一般都存在于中职类学校或高职院校,培养目标单一明确。此类职业的技术含量比较高,也比较单一。它属于学业规划中比较主动的一种态势,可以让我们先定目标,后选路线,在各种路线中选择求学成本最低的一条。这类专业和职业一般都适合于专业技术人员。

2. 一对多

这类专业一般都存在于普通高校中,人们常说的宽口径、厚基础就是描述这类专业。它们所对应的职业目标有多个,从职业的人格特征来看,对应了2种以上,甚至6种人格类型的职业都有涉及。比如前面所说的经济学专业,从职业人格来看,它可以对应研究型人格职业,比如经济学研究,也可以对应管理型人格职业,比如企业管理者或新闻记者,也可以对应社会型人格职业,比如营销策划,还可以对应事务型人格职业,比如企业信息管理等。这样,我们在确定了专业方向后,还要确定适合于自己发展的职业目标。这里要注意的是,确定职业目标时一定要和自己的职业人格一致(比如你属于管理型的人格,你就要选定管理型人格的职业,如企业管理者或新闻记者),并根据具体职业目标的标准要求来有针对性地学习和开发其他必要的知识和技能。比如还是经济学专业,你确定自己毕业后要从事新闻记者这一职业,那么你在学经济学知识的同时,还要根据新闻记者所需要的其他知识和技能有针对性地开发和学习,如写作能力、社交能力、新闻敏感度的培养、驾驶技术等。此种类型适合于在学业规划时先确定专业,后确定职业目标。应该说,先定专业,再定职业目标是一种比较被动的人生发展态势。然而,它可以让学生比较顺利地由被动转化为主动。因此,作为大学新生,一定要抓住这一关键时机,从被动走向主动,否则自己的人生发展将陷入更大的被动。

3. 多对一

就是多种专业都可以发展到某一种职业的情形。这类职业一般属于管理型人格的职业,比如新闻记者、政府公务员、营销主管、企业管理等。这种类型也适合于先确定职业目标,后确定职业方向的情形。它其实和第一种比较类似,在学业规划时处于比较主动的态势,能够比较好地找到一条求学成本最低的学业路线。

上面从宏观上论述了专业与职业之间的对应关系,但我们在选择专业时还要了解具体的专业与职业对应关系,比如某个专业毕业后能做哪些工作、这些工作做什么、职业前景如何等。

第二节 认识工作世界

一、了解工作世界的意义

1. 促进做出正确的生涯决策

如果学生能够清晰、全面地了解工作世界,知道尽管毕业生众多、竞争激烈,只要自己了解了企业的用人要求及工作发展的普遍路径和规律等,就能够结合自己的特点在社会中找到属于自己的工作,从而做出合理的生涯决策,而不是盲目跟风追逐所谓的"好工作",最后却迷失在求职大军中。在探索工作世界的过程中,有的同学往往会陷入两难的境地。比如,留在大城市找一份不稳定,目前也不很理想的工作,但是未来的学习、发展机会可能会很多;回到家乡小城镇有个待遇不错、稳定的工作,但是自己将来的发展前景非常有限。缺乏挑战性的事没有完美的,外部条件总给我们设立这样或那样的限制。看上去似乎很难,也会令人有些沮丧,但是深入地思考,就会发现我们正是在这种两难的选择当中,越来越知道什么是对自己真正重要的,也越来越了解自己是谁,从而调整自己的行动,选对属于自己的生涯道路。

2. 培养和提升能力

很多学生寄希望于学校、职业辅导老师或其他专业的职业辅导工作人员能告诉他们工作世界是什么样的,但结果常常令人失望。每个人(包括专业的职业指导人士)由于个人知识、经验的局限不可能完全掌握所有工作世界的信息,因此工作世界的探索更多地需要学生自己来完成。在这个探索的过程中,同学们可以培养和提升自己的能力,比如自我管理能力中的为自己负责任的能力,可迁移技能中的沟通、搜集、观察等能力。

二、工作世界的主要内容

1. 相关概念

职位(Professional Position):是和分配给个人的一系列具体任务直接相关的。此职位和参与工作的个人相对应,有多少参与工作的个人,就有多少个职位。

工作:是由一系列相似的职位所组成的一个特定的专业领域。

职业(Occupation):是不同的专业领域中的一系列相似的服务。

对这些概念的理解可以帮助我们更好地决定可能按照职业、工作、职位、职责等顺序去探索了解工作世界,也才能更详细地了解你探索的意图,面对目标职业所能提供的岗位、所需具备的能力。

2. 就有关工作世界的一些基本事实进行练习

请学生用头脑风暴法思考与手机相关的尽可能多的职业,并将所有提到的职业都记录下来进行讨论。

你从这个活动中得到了什么启发?

通过这个活动,学生可以了解到一件物品的制造涉及许多的人和职业,比如从管理到制造,从研发到销售,需要设计师、工程师等,这说明有很多专业与技能是可以变通的,因此,同一个专业的学生可以从事多种职业,比如机械设计专业毕业的学生,可以从事助理等与人打交道的工作,也可以做研发等相关的工作。因此,学生在探索工作世界时,应了解与自己专业相关的职业有哪些。学习专业知识的目的是帮助人更好地发展自己,而不是限制人的发展。当我们用更广阔的思路来看工作世界时,会更容易理解下面的一些基本事实。

目前工作世界中有 20 000 多种职业,对于大多数人来说,都有多种职业适合他们。

调查表明,各个收入阶层和各种行业领域中都有人热爱自己的工作。

没有哪一种工作能够完全满足我们所有的需要,所有工作都有其局限性。我们需要通过其他活动来平衡自己的人生,才有可能感觉到圆满。

工作场景和经济形势都时常发生变化,甚至是急剧的变化,有的行业目前可能有机会,但可能会在数年后饱和。

所以在工作世界中,每个学生都有可能找到属于自己的那份工作,只是需要做好心理准备:这是一个过程,对于不同的人,过程也会有长短;变化是其中必然要面对的,一个决定可能不会持续一生,也常常伴随着风险,因此需要个人不断调整和变化才能保持满意度。面对工作世界,我们需要学会如何应对工作的变动,而不是一味去回避它。

3. 职业生涯趋势

职业生涯包括传统职业生涯与新兴职业生涯,二者有不同的信念,具体比较见表3.2。

表3.2 传统职业生涯与新兴职业生涯的信念比较

传统职业生涯的信念	新兴职业生涯的信念
重视忠诚和工作任期 接受工作稳定的职业生涯模式 忠于公司,公司将以延长工作任期作为奖励 经常需要个人为公司利益做出贡献	重视承诺和绩效 接受实现个人理想的职业生涯模式 忠诚于理想 人生的价值是做贡献和适应新的要求 认为团队协作和彼此忠诚是重要的
成长相当于晋升 逐级晋升就等于成功	成长与个人发展和人生意义有关,尤其要扩大知识面,提高技能水平 充实个人认为有意义的技能就等于成功
员工发展 组织重视员工发展 个人重视组织所提供的职业生涯道路,通过获得组织认为重要的技能寻求保障 组织对员工的职业发展负责	个人发展 组织重视个人发展 最成功的工作环境会激励员工不断学习和进步 个人对自己的职业发展负责
绩效 工作时间越长越好 个人保障与受雇时间长短有关 个人应该在同一家单位长久任职	暂时性 个人保障与个人能力和适应性挂钩 一个人可能不会在同一家公司待很长时间
组织模式 组织相当于一个小家庭,"妈妈和爸爸"(高级管理人员)会照顾我们 组织体制 以职位等级为基础,由具体的工作组成	组织模式 组织相当于一个大家庭,重要的是伙伴关系和关系网络,服务是共享的 组织体制 以要做的工作为基础,由合同、联盟和网络组成

传统职业生涯的信念与新兴职业生涯的信念最大的区别在于:前者认为组织应当为员工的职业生涯发展负责;而后者认为员工应当为自己的职业生涯负责。在传统的职业生涯信念

中,员工是从属于组织的,组织好像父母一样应当照顾员工,同时员工应当以组织为家,以组织利益为第一,以被组织认可获得升职为成功。在新兴职业生涯的信念中,组织和员工的关系更像是合作关系,组织向员工提供横向的职业发展,而员工在接受新的工作或任务时能够不断学习新的技术与知识,以适应组织的需要,同时提升自己的专业能力和就业竞争力。新兴职业生涯的理念是经济和技术快速发展的产物,日趋激烈的竞争要求企业有更灵活和快速的适应能力,因此组织更愿意采取一种期限更短、双方承诺更少的"交易型"心理契约。在这种契约下,因为雇用的不稳定性、竞争的不确定性,员工更需要为个人的职业生涯规划负责,以便能够把握机会和主导个人的发展。新兴职业生涯的信念提醒学生应更主动地为自己的职业生涯规划负责,以新视角看待职业生涯规划,无论在哪个组织中工作都应该注意培养个人的就业竞争力,以便更有效地把握个人的发展。

三、职业对人才的要求

现在的企业对人才的渴求越来越迫切,对有职业道德的人的需求更迫切。尽管不同的职位对人才有不同的要求,但是,所有的岗位、企业,都需要有职业道德的人才。随着社会经济的发展,企业(职业)对人才的素质要求也在逐步提高。

1. 职业道德素质

作为影响企业未来的人才,首先应以诚信为本,这是对企业人才最基本的职业道德素质要求。在市场竞争激烈的今天,一个掌握着公司大量的技术或其他信息的人才如果缺乏职业道德,会对公司造成极大的威胁。

2. 专业技术素质

企业人才的专业技术素质是形成企业竞争力的源泉之一。因为一个企业不仅需要高精尖的人才,更离不开大批的具有核心专长与技能的人才。

3. 人际交往素质

随着世界经济的发展,社会分工越来越细化,需要人才有较强的人际交往素质,既要明白自己的工作目标,也要知道别人在考虑什么、关心什么,相互理解和支持。在工作中如果能常常进行有效的沟通,就能避免误解和失误,达到共同的目标。在协作性很强的工作中,沉默寡言和固执己见都会影响团队的工作效率。如今社会竞争激烈,不仅人与人联系密切,企业间联系也非常紧密,人的协调和沟通能力越来越重要。

4. 良好的文化素质

人才如果具备良好的文化素质,可以加快对企业文化的认同感,可以增强对企业的向心力、凝聚力。企业要引导员工不断加强文化修养,升华自己的人格,培养就业精神、自律意识和责任感。企业要为生产、经营营造良好的人文环境,提高企业内部的活力,增强人才在市场竞争中求生存、谋发展的后劲。

5. 更新知识素质

知识经济时代是知识爆炸的时代,知识更新的速度越来越快,不断培训是企业和人才学习的主要方式,是提高人才岗位胜任能力和企业绩效的重要手段。作为企业人才,只有不断学习,才能使企业和个人保持持续的竞争力。

6. 身心健康素质

人才的生理健康和心理健康对企业来说都是非常重要的。面对繁重的工作、复杂的关系,人才如果善于调节自己的身体和心态,便能应对工作中的各种挑战。

7. 抗挫折素质

成功的路上充满着困难与挫折、成功与失败,人们要有坚强的意志、良好的心理素质,才能在竞争中谋求发展。克服失败的坚定信念是成就事业的重要素质。对于当今的企业来说,经营风险大,但最大的危险莫过于员工失去了面对失败的勇气和自信。失败是一本大书,研究透了为什么失败,才能找到成功的窍门。只有经历过磨炼,有头脑、有胆识的人,才能屹立在市场经济的浪潮中。也只有那些经得起失败,并能从失败中吸取教训的优秀人才,才能与企业共创大业。

第三节 探索工作世界的方法与途径

大学生在充分地自我探索之后,就要进行深入的工作世界的分析和探索,了解各种职业、行业分类,通过对比分析找到适合自己发展的位置,确定自己的职业发展方向。只有将我们所选的职业放在具体的环境中去分析,才能坚定职业目标和职业方向。

一、形成自己预期的职业库

很多学生不知道如何进行工作世界的探索,其中一个很重要的原因就是工作世界信息浩如烟海,根本搞不清楚从哪里入手。如果有一个探索范围则会容易很多。自我探索中的兴趣、性格探索,每一部分最后都有相应适合的职业出现。此外,每个人都有自己心仪的职业,也可以把它们列出来。这样就获得了一个职业清单,看看这些职业有什么共同点,就可以启发自己想到更多值得探索的职业。结合自己的能力和价值观再次从职业清单中进行筛选,最终就能得到预期的职业库。简单举例来说,学生小 A 期待做商业方面的工作,但是具体选择什么工作,因其对社会还不太了解,就难以决定。性格探索的结果是他适合做人力资源管理、咨询顾问、教师等工作,兴趣探索的结果是他适合做社工、教师、培训人员,能力探索的结果是他可以做教育、销售、客户服务等工作,价值观探索的结果是他适合做服务、自由职业、护理等工作。从小A职业探索得出的各种选择,我们可以看到,教师职业、教育工作出现的频次最高,社工、客户服务、服务、护理等虽然名称不同,但都明显体现了帮助他人的特点。所以最适合小A的职业首先具有与人打交道、帮助他人的特点,其次还有沟通性、商业性等特点,由此他可以列出或搜索一些符合这些特点的职业,比如培训、咨询顾问、客户服务等,然后进行详细调查。

研究表明,在做决策时,太多的信息容易让人迷失,反而拿不定主意;而过少的信息又起不到让当事人了解客观事实的作用。所以,在形成预期职业库的时候,库的大小根据自己的情况要有适当的平衡,通常5~10个职业是比较适中的。在信息探索过程中,抛开自己固有的想法,保持开放的心态,就容易获得客观的信息。

二、探索工作信息的方法

工作信息探索的方法有很多,一定的规律可以提高效率,例如由近至远地探索。所谓近和远,是指信息与探索者的距离。通常,近的信息比较丰富,远的信息更为深入;近的信息较易获得,远的信息则需要更多的投入和与环境的互动才能了解。所以,由近至远地探索是一个范围逐渐缩小、了解逐渐加深的过程。

非正式评估是探索者有意、无意得到的对某个信息的最初评估。正式评估是指各种正式的职业测试,如朗途职业测试等。获得信息的渠道比较广泛,报纸、杂志、电视、书籍都有可能提供职业信息。生涯影子指跟着某个特定的工作角色观察其工作内容。建立合作关系、暑假打工和专业实习都是实践性很强的方式,获得的信息更为真实,但是所耗费的时间、精力也比较多,机会也有限。

1. 网络咨询

网络咨询如今已经成为越来越主要的获得大量信息的途径,与职业相关的网站有很多,如:中国教育在线。中华人民共和国教育部网站上的《普通高等学校本科专业目录》对学生很重要,对培养目标、培养要求、毕业生应获得的能力、主要课程、开设该专业的高校等都做了详细介绍。

有些网站在发布招聘信息时,按职位或职能进行分类,比如职位类:"销售经理""客户经理""前台""文员""人事助理";职能类:"销售管理""行政/后勤""人力资源"等,这样我们就可以比较快速地掌握某类职位对求职者的通用技能要求。

如前程无忧、智联招聘、中华英才网、中青在线人才频道等网站提供的相关职业信息也较多;还有专门服务大学生的网站,如全国高等学校学生信息咨询与就业指导中心的网站和各高校的就业信息网;另外还有一些论坛也值得关注,如天涯社区中的职业交流版块,交流的都是在职、在岗人士的真实想法;还有一些由人力资源经理组成的论坛,了解他们的需求,了解他们的工作状态对我们也是极有帮助的。

2. 职业生涯人物访谈

职业生涯人物访谈处于近与远的中间,在效率和信息的真实性上有比较好的平衡。这种方式是指同学们对自己感兴趣的人进行采访。接受采访者最好是在这个职业上已经工作了3至5年,甚至更长时间。为防止访谈中的主观因素的影响,应至少访谈两个人物以上,如既与成绩卓越者谈,也与默默无闻者谈,则效果会更好。访谈时,同学们应明确访谈的目的是收集供职业生涯决策的信息,而不是利用职业生涯人物来找工作,以免让双方尴尬。建议同学们在正式进行访谈前为自己准备一个30秒的"广告",这样有助于访谈的深入进行,能够取得较高的效率。

(1)生涯访谈的流程。

第一,找到人。找人被大学生认为是很困难的一件事,但仔细想想其实这也是不难的,比如请自己院系的老师推荐,还可以请父母、亲人及他们的朋友帮忙。各种职业QQ群、专业论坛、博客、网站等,只要是可以提供交流的平台,里面就有已经工作的人,只要多问,就可以很轻松找到人,只不过让他们马上答应你的访谈有点难。

第二,确定人。其实确定人远远比找人难,因为你找到的很多人都是陌生人,如何运用技巧让他们接受你的访谈才是能力的体现。

第三,准备好访谈提纲。当受访者答应做15分钟或1小时的采访时,你要做好充分的准备,不能浪费别人宝贵的时间。所以,制定一个访谈提纲很重要,具体内容可以参照下文里的访谈内容的介绍,但一定要注意的是,访谈最好不要超过你所约定的时间,除非受访者愿意并主动提出延长时间。

第四,正式访谈。正式访谈时,准时是第一要求,包括准时开始与准时结束。在访谈中如果受访者明确表示不愿意或不耐烦,那你一定要及时结束。正式访谈前的预演很重要,如果可能最好找个伙伴做一下演习。

第五,汇报与感谢。无论你是以什么样的心情和状态结束访问,事后都要将访问的记录和个人的心得提交给受访者,一方面是对别人的肯定,另一方面也是让他们给你提出具体的建议与评价,同时也是自己有礼貌的表现。要注意的是,一定要把自己的心得写下来,还要表示对人家的感谢。

(2)访谈内容。

第一部分是访谈对象的基本情况。包括他现在在哪个单位工作、什么岗位、什么职务,以及他的其他个人基本信息。

第二部分是他的工作状态。包括他是怎样找到这个岗位的,他平常的工作是怎样的,岗位的核心工作内容和职责是什么。

第三部分是入职的资格。包括他认为这个岗位或职业的核心知识、技能及经验是什么,什么样的证书、培训是做这份工作所必需的,个人什么样的素养和品质是此岗位必需的,个人在大学期间如何准备才能更容易进入这个工作领域(前提是让访谈对象充分了解你)。

第四部分是职业的发展前景。包括这个职业的一般收入标准和潜在收入,这个职业的一般发展路线是什么,这个职业在我国及全球的发展前景怎样,和这个职业相关或相似的职业有哪些等。

(3)访谈的注意事项。

找人是个问题,但不是影响你做不做职业访谈的决定性因素,其实当你做了之后就会发现,如何找到你想要的答案才是最难的。

对于你提出的问题要仔细思考。如果在假期进行访谈,你最少要访谈10个人。访谈不一定就是见面聊,电话、邮件都可以。整理录音或记录的文字很烦琐,但这是你必须要做的。你最好找个伙伴,这样访谈时会有个照应,更重要的是有人能够鼓励你完成此次职业生涯人物访谈的作业。

以下是一些问题举例:

在这个工作岗位上,每天都做些什么?

你是如何找到这份工作的?

你是如何看待该领域工作将来的变化趋势的?

你的工作是如何为实现总体目标贡献力量的?

你所在领域有"职业生涯发展通路"吗?

该职业需要什么样的人?

到该领域工作所需的基本前提是什么?

就你的工作而言,你最喜欢什么?最不喜欢什么?

什么样的初级工作最有益于学到尽可能多的知识?

这份工作有发展机会吗?

这份工作的哪部分让你最满意,哪部分最有挑战性?

什么样的个人品质或能力对这份工作的成功来讲是最重要的?

你认为将来该工作领域潜在的不利因素是什么?

你在该领域工作遇到过什么样的问题?

对于一个即将进入该工作领域的人,你愿意提出特别的建议吗?

这份工作需要特别的知识、技能和经验吗?

这种工作需要什么样的教育或培训背景?

公司对刚进入该工作领域的员工提供哪些培训?

还有哪些方法能帮助我深入了解该工作领域?

你的熟人中有谁能做我下次的采访对象吗?

当我打电话给他的时候,可以报你的名字吗?

根据你对我的教育背景、技能和工作经验的了解,你认为我在做出最终决定之前还应对哪个领域、什么样的工作进行深入的调查研究呢?

对于以上这些问题同学们可以根据自己的需要再次整理,但职业生涯人物关于工作的主观感受还是应该问一下。比如,可以问:"就你的工作而言,你最喜欢什么?最不喜欢什么?"这种问题常常能让你更立体地了解一种工作。

我们身处一个信息发达的时代,搜寻工作信息的方法有很多。但对工作世界的探索,光讲方法是不够的,关键还要做到有心,随时留意周围的信息。一次谈话、一个身边的广告,都可能帮助你逐渐建立起对工作世界的了解。另外,对工作世界的探索只有太晚,没有太早。

三、团体专业探索

1. 团体专业探索的概念

专业探索,其实就是在调研中了解本专业毕业后能从事的职业,从而有效地规划大学生活。专业探索分为对本专业的探索和对自己喜欢的专业的探索,其目的都是有效地利用大学时间来有针对性地为就业学好专业知识。团体专业探索是指对某专业有共同探索需求的同学组成小组,大家分工来探索,目的就是在相互促进中将专业探索工作最快完成。

2. 专业探索的作用

(1)不要在自己不喜欢的专业上投入太多。

大学期间如果努力学习一个自己不喜欢或者毕业后不会从事的专业,那毕业后的回报就是零,看似充实的大学生活其实对未来的工作、理想没有做一点充分而有针对性的准备,这会直接导致毕业时所学非所做,所做非所能,专业和工作的不对口就产生了。

(2)有效地学习专业。

知道今后要做的工作需要掌握哪些专业知识,那就可以有针对性地学习专业,其努力和钻研的动力就不仅仅是奖学金了,而是为了实现今后的目标。

(3)加深对自己的了解。

我们成长中的很多错位、不适合的选择就是因为对自己不了解。因为不了解自己,我们选择了自己不喜欢的专业和学校,因为对自己不了解,我们在大学漫无目的地虚度。在专业探索中,我们会进一步了解本专业及其所决定的职业、我们的兴趣是怎样的、我们的期望是怎样的。

3. 专业探索的价值

(1)明确本专业自己是否喜欢和适合。

在研究自己所学的专业时,可以知道这个专业自己是否喜欢、是否适合。如果不喜欢那就要赶紧探寻自己喜欢的专业。

(2)明确本专业毕业后的就业出路。

不能学完了大学的专业,还不清楚毕业后能干什么工作,而经过专业探索后就会知道本专业今后的就业出路。如果这些工作都不是自己喜欢的,那就没有必要再进一步学习本专业,而要全力学习自己想从事的工作所要求的专业(当然,由于学籍的问题,转学或转专业难度较大,所以即使发现自己不喜欢现在的专业,也要在保证能拿到毕业证的前提下学习感兴趣的专业)。

(3)确定自己可能喜欢的专业。

当知道自己不喜欢某一专业后,就要去探寻自己所喜欢的专业,而专业探索的目的就是寻找自己喜欢的专业。

(4)明确如何有效学习专业知识。

找到了自己喜欢或者可能喜欢的专业后,接下来就要去努力学习。但每个专业的学习思路和学习资源是不一样的,所以经过专业探索后就会明确如何学习。

(5)明确专业和要从事的职业间的差距。

专业是直接对应就业的,但很多大学生,尤其是没有经过专业探索的大学生并不知道专业所对应的职业,就更不用说职业的要求了。而经过专业探索后,就可以很快地进入职业探索流程,更重要的是可以为寻找专业和职业间的差距做好准备。

4. 团体专业探索的流程

经小组讨论确定小组核心工作和具体分工,每周进行一次交流修正。小组成员分头进行调研和访谈,6周后提交专业调研报告。

5. 专业探索的核心任务

专业十项调研是整个专业探索的核心任务，了解一个专业都是应用这种方法，包括最后形成的专业报告也是对它的拓展，所以无论是个人还是小组，都要将完成专业十项调研作为第一目标。专业十项调研具体包括：

(1) 这个专业是什么？

你要调研的是专业的定义，专业的定义是精炼地介绍专业的内容，每个字都很重要，你会发现不同的人、机构对专业有不同的看法。在你搜集到多种关于专业的定义后，你也要把自己的看法写上，这样才算是你对这个项目的总结。

(2) 这个专业都学什么？

学什么是指这个专业应掌握哪些知识，在学校里就表现为所设置的课程，每个课程都是一个专业领域，但是并不是每个学校都会完整开设课程，所以你要通过互联网进一步验证和明确专业都有哪些课程。

(3) 这个专业有哪些名校和名师？

该专业国内外的一流名校、名师都有哪些？这种盘点是让你进一步明确自己专业的研究方向，而且对你未来的考研有帮助。需要注意的是，你不但要列出名校、名师，而且要对其进行详细的调研，如学校的具体状况，名师的具体介绍和专业成果，及其个人奋斗轨迹等。

(4) 与该专业相关的专业有哪些？

你还要了解与你所学专业相关的专业有哪些，了解这些可以加深你对本专业的认识，而且为今后转换专业做了铺垫。

(5) 这个专业对社会和生活有什么用？

专业的价值在哪里？体现在其在社会中的作用和对生活的影响。毕业后你所记得的知识都是对社会和生活有用的方面，这也是让你学有所用、对专业产生兴趣的有效手段。

(6) 这个专业毕业后都能从事什么工作？

了解自己专业的毕业出路是很迫切的，每个专业都是和社会的职业相对应的，因为专业的设置是相对根据社会的需求而产生的，所以专业和职业的对应是相对固定的，我们可以通过国家发布的专业描述来了解日后的职业，也可以根据上几届学长的就业去向来了解。

(7) 学这个专业的成功人士都有谁，成就怎样？

了解专业领域的成功人士、一流人物的成功轨迹对自己的发展方向是很有参考价值的。看看他们是怎样成功的，他们遇到的困难是什么，现在的成就是什么，他们现在的发展方向是什么，对自己的学习和发展都是有借鉴意义的。如果你能在其中确定一个学习榜样，那你的进步也会是很快的。

(8)在这个专业领域权威的企业、机构有哪些?

每个专业领域都有一流的研究机构、一流的企业,研究它们可以让自己保持专业上的领先,并且可以了解一些未来可能就业的企业。

(9)学这个专业的上几届学长的目前状况怎样?

了解本校本专业学长的就业出路和目前状况对自己的未来发展方向是有参考价值的,因为在同样的大环境下,个人的发展轨迹是差不多的。

(10)怎样才能学好这个专业,学习的内容和资源都有什么?

你要明白如何才能学好这个专业,包括要重点学习的专业内容,专业的学习资源,如网站、论坛等,还有学习的圈子有哪些,如一些学术沙龙等。

6. 专业探索成功的标准

熟悉专业的通用教材;能写与专业相关的文章;知道在本专业领域最活跃的学者是谁;明确专业的毕业出路是什么;喜欢该专业方面的书;能够分享对此领域的看法和见解。如果你具备这其中的3条,那你就有资格说你已确定你所喜欢的专业了。

四、团体职业探索

1. 团体职业探索的概念

职业探索,是对你喜欢或要从事的职业进行理论分析和实际调研的过程,目的是对目标职业有充分的了解,并在明确自己和职业的差距后制订求职策略,从而有效地规划大学生活。职业是每个人就业时必须面临的选择,企业是我们的舞台,专业是我们的基础,职业则是我们的阵地。职业影响人生,职业决定人生,你的知识、学历、能力都是通过职业体现的,人、职应该匹配,因为每个人都有天赋,所谓的天赋背后就是天职(最适合我们、最能体现我们自身价值的职业)。在我们充分了解自我的情况下,要找到自己的天职。天职是让我们安身立命、自我实现的基础。

2. 职业探索的必要性

(1)社会职业的广泛性。

据最新统计,中国目前有1 481个职业,要知道自己适合什么职业,不能仅依据自己学什么专业来定。因为每个专业都有多种职业相对应,所以应该进行探索,以便找到适合自身的职业。

(2)人生的有限性。

人的时间、经历是有限的,不可能做过几百种职业后再确定喜欢什么职业,而且中国人职业生涯的开始大多是仓促的,即当你没有准备好工作时,你就不得不工作了;在大学四年里时间是相对自由的,而且大学也是步入工作世界前的最后一个集中学习阶段,花上几年时间了解职业、探索职业,为今后择业、就业而准备也是值得的。

(3) 探索职业的可能性。

职业是可以通过探索而确定是否适合自己的,尤其是很多职业都是可以通过理论分析就能得出结论的,不必每个职业都要亲身实践,这也是间接经验的好处。职业探索更多的是通过理论探索来了解职业世界,但仍有必要进行实际调研以保证理论分析的准确性。

(4) 规划学业的有效性。

大学怎么过？很多人是因为没有目标而导致迷茫,而对职业进行探索后就有可能发现你所喜欢的职业,而自己的能力与胜任工作一定是有差距的。当你把缩短差距作为大学努力的目标时,你就有了努力的内在动力,也就能有效地规划大学生活。

3. 团体职业探索的流程

经小组讨论确定 2 个职业进行调研,明确小组的核心工作和具体分工,每周交流修正一次。小组成员进行调研和访谈,6 周后提交调研报告。

4. 职业探索的核心任务

职业十项调研是整个职业探索的核心任务,具体包括:

(1) 职业描述。

职业描述,就是定义这个职业的内涵。具体包括职业名称、各方对其的定义。在罗列完别人对这个职业的看法后,你也要自己给这个职业下一个定义,为自己的职业报告做好第一手准备。职业描述是对职业最精炼的概括和总结,是理解职业和调研职业的基础。对于给职业定义的每个字你都是要仔细思考的,因为今后你要做的事情全是对定义的拓展而已。如果不是最新的职业,一般来说都有固定的对此职业的定义,可以参照联合国国际劳工组织,美国、加拿大的《职业展望手册》,中华人民共和国人力资源和社会保障部对职业的定义,很多职业分类大典都有对职业的详细介绍。

(2) 职业的核心工作内容。

每个职业都有核心的工作职责,职责背后对应的就是工作内容,直白地说,就是这个职业一般都做什么,什么工作是这个职业必须要做的。了解职业的核心工作内容,有利于了解完成工作内容所必需的工作能力,这样就很容易找到自己和职业之间的差距,从而有目的地补充相关能力以完成工作内容。在多大程度上了解工作内容,是衡量一个人对工作的熟悉和喜欢程度的重要标准。成熟的企业都有权威的人事部门为员工确定岗位的核心工作内容,一些企业的招聘广告中也有对工作内容的描述。也可以请教一些行业协会,或是从事这个职业的资深人士,一般企业的人事部门经理也有对职业的具体感悟。

(3)职业的发展前景及其对社会和生活的影响、作用。

职业的发展前景是国家、社会对这个职业的需求程度,具体包括3个方面:职业在国家社会经济发展中的作用、职业对社会和大众的影响、职业对生活领域的影响。也就是说,不仅仅要知道这个职业对国家、社会、行业的作用,也要知道这个职业对大众、生活的影响,以及人们对其的依存度怎样。职业的发展前景,尤其是国家的导向是促进职业发展的黄金动力,知道你今后所从事职业的发展轨迹就能更好地判断自己是否能胜任,尤其要注意对大众及生活的影响。职业在国家发展中的作用一般都有劳动人事部门的权威预测,但对社会和生活的影响是真正要自己去调研的,要去访问这种职业的资深人士。

(4)薪资待遇及潜在的收入空间。

职业是社会分工的产物,职业根据参与社会分工的量来确定相应的报酬,在不同的行业、企业、岗位上还有一些潜在的收入空间。能赚多少钱是大家都关心的话题,很多人也会把钱多少作为择业的关键因素,所以在考量职业时要重点调研职业的薪资状况。其实每个职业起薪都差不多,能力不断提升的背后就蕴藏着高薪。

(5)岗位设置及不同行业、企业间的差别。

岗位设置,一般来说是指一个职业是有一系列岗位划分的,如人事工作的岗位就分为招聘、考核等很多具体岗位,而不同行业、不同性质、不同规模的企业对岗位的划分和理解也是有很大不同的。了解职业的岗位设置,能加深对职业外延的理解。知道职业的具体岗位后,就可以有针对性地与自己比较,这也是了解职业需要什么专业技能的重要方式。不同行业对职业(岗位)的理解和要求是有差异的,而具体的企业就更是千差万别了。一般来说,人事权威网站、职业分类大典、业内资深人士是比较了解这个职业的具体岗位设置情况的。

(6)入门岗位及其职业发展道路。

入门岗位是指针对应届毕业生的工作,职业的一些中低端岗位是面向大学生开放的。还要了解一个岗位对应的今后职业发展道路是什么样的,这个岗位有哪些发展途径、晋升渠道是什么。即使你很看好这个职业,但你最终也是要从基础工作做起,而入门岗位就是提供给我们毕业生的敲门砖。所以,你一定要知道你能通过哪些岗位进入到这个职业。从企业的每年校园招聘的情况就能看到哪些岗位是针对应届生的。

(7)职业标杆人物。

职业标杆人物,就是在这个领域做得最好的人。我们要了解他是怎么做到的、他都取得了什么成绩、遇到了什么困难、具备什么素质等。每个职业都有一流的人物,无论是国内的,还是国外的。研究职业标杆人物,可以让自己了解他的奋斗轨迹,加深对职业的了解,也会让自己找到在这个职业领域奋斗的途径。当你在网上搜索这个职业时,一般就会找到职业标杆人物,图书馆也会有这方面的书,业内的资深人士都会知道。

(8)职业的典型一天。

了解职业的典型一天,更多是在访谈中完成的。你要知道这个工作的一天都做什么,从早上出门到晚上回家之间的这段时间都是怎么安排的。了解职业的典型一天是判断自己是否适合这个职业的重要依据,如果你不想过这个职业那样的一天,就不用再为之而努力去学习、去准备了,所以这个过程是很关键的。尤其是这个工作对个人生活的影响,你要看自己能否接受。职业典型的一天,在职业的核心工作内容中会有涉及,但具体到个人资料就不多了,所以更多还是要你去访谈做这个职业的人,这样也才更真实。

(9)职业通用素质的要求及入门的具体能力。

职业通用素质的要求是指从事这个职业的一般的、基本的要求,主要是个人通用能力,就是把这个工作做好要具备的能力。通过对职业的外在素质要求的了解,对比自己是否能够胜任,还有哪些要加强和补充的能力,从而可以将之规划到大学生活里。其实每个岗位的描述中关于任职资格都有解说,只是这次要把其整理出来,尤其要加上职业访谈中的内容,列出10项最常用的能力,然后与自己的能力一一对照,可以促进发现和认识自我。

(10)工作的思维方式及其对个人的内在要求。

优良的工作方式和思维方式是你做好、做精工作的保证,有些工作对人的内在要求是很高的,如态度等,这些是从你的内在来判断你是否适合和喜欢一个职业的核心标准。职业是客观的,只是因为你选择了该职业才会有是否愿意做、是否适合做等问题的产生,所以当对职业的方方面面都考量之后,最后一关就是对职业所要求的内在素质的盘点。岗位描述中的任职资格也会有对其内在素质的要求,此外还有业内普遍认为有需要的个人素质,还要考虑不同行业、不同类型企业的差异。

五、关于职业探索的注意事项

第一次探索职业时,一定要保质保量地完成。你做好它并不是为了要达到对职业有多高的了解程度或一定要去从事这个职业,而是在探索过程中掌握了解职业(未来可能从事的任何职业)的方法,所以一定要认真对待。

时间的效率和效用对于每个人来说是不一样的,所以每个人的用时也是不一样的,但最少需要一个月时间,请注意,是有效时间,否则你从第一次探索中获得的收益会是很少的。

你自己是可以完成这个探索的,但前提是你想做。拿出期末备考的精神,你完全可以做完它,而工作任务也仅仅是10个方面而已。

找到你需要的信息是一项本领、一种能力,网上也好,图书馆也好,或者你要请教的人,他们都不会,也没有义务为你提供现成的资料供你使用,尤其在职业探索上,我们还都是刚刚起步,所以你要大量地浏览、整理资料。

按部就班地逐项完成"职业十项调研",遵循先搜集,再整理,接着写自己看法的原则,而且要保留好你整理前与整理后的材料,以便在对比中再次完善。

如果你没有参与职业探索,没有付出一个月的时间,等一个月后你会发现自己好像还是和上个月一样,甚至会后悔"还不如去探索呢"。也就是说,当初你以"我这个月有别的更重要的事情要做"来作为拒绝参加活动的理由,但实际上你并没有有效利用这个月的时间。

第四章
Chapter 4

大学生活与职业生涯规划

学习目标

1. 了解大学生活与职业生涯发展的关系。
2. 学会使用职业生涯规划常用工具。
3. 熟悉职业生涯规划的方法与步骤。
4. 学会撰写大学生职业生涯规划书。

学习建议

根据实际情况撰写一份大学生职业生涯规划书。

职场语录

人无远虑,必有近忧。——《论语》

业精于勤,荒于嬉;行成于思,毁于随。——《进学解》

第一节　大学生活与职业生涯发展的关系

大学时期正处于职业生涯的探索阶段,在大学里大学生的人生观和价值观逐渐形成,由于专业的影响,大学生的职业兴趣也逐渐稳定,对职业生涯有了一定的认识。通过对大学生活的深入了解,从职业角度对大学生活进行必要的规划,对未来职业的选择和事业的发展有着重要的意义。

一、认识大学生活

大学是人生的一段重要旅程,在大学里我们完成了人生中的两大转变:从中学到大学、从学校到职场。很多毕业的大学生往往会说一句话:"如果再给我一次机会重新上一次大学的话,我一定要这样做……"可惜对我们每个人来说,大学只有一次,只有更多地了解大学生活,更快地融入大学生活,规划好大学生活,才会让我们在毕业的时候少一些遗憾。

进入大学,你会发现,无论是教学管理办法,还是生活作息时间,很多事情都和高中有着非常大的差别。新鲜事物层出不穷,有人这样形容大学生活:丰富多彩而又懵懂的大学一年级,意气风发而又忙碌的大学二年级,成熟而又矛盾的大学三年级,充满期待而又茫然的大学四年级。大学生活到底是什么样的呢?

学习目标发生变化。高中阶段,学生唯一的目标就是成绩,为了高考获得好成绩,全力以赴地把几门功课学习好、考高分就是学习的目标;而到了大学阶段,专业方向确定,按学校要求各门各类课程成绩合格就能毕业,求职与成绩关联度不高,很多人就误以为大学学习简单,曾经有大学生喊出过"六十分万岁"的口号。殊不知,课内学习只是大学学习生活的一部分,甚至是一小部分。大学知识的宽度和广度都增加了很多,要了解一个行业、学好一个专业,光靠课堂和书本上的知识是远远不够的。大学生活要求我们必须学会自学,掌握搜集材料和信息的能力,利用各种渠道获得知识,通过各种方法锻炼专业的能力,掌握科学的学习方法,培养独立思考的能力,能够自主地分析问题、解决问题都是在大学阶段我们要学会的。更重要的是,要通过大学的学习建立初步的职业生涯观念,确立学习目标和职业目标,为未来就业做好充足的准备。

随着生活水平不断提高,现在的大学生从小学到高中,基本都是过着依靠父母安排生活的日子。到了大学,很多人才正式开始过独立生活和集体生活,要自己计划好每月的生活费,要自己解决好一日三餐,要自己记好要做的每一件事,还要适应与来自五湖四海的同学的集体生活。所以,大学生必须要尽快适应新环境,调整好自己的作息时间,能够独立自主解决生活中的实际问题,又能与同学互相帮助建立友谊,共同努力度过美好的大学生活。

在大学,集体生活要求每个人必须学会处理好与同班、同寝室同学的人际关系。大学里社会活动增加，班委会、学生会、党组织、各种社团组织让大学生与其他人接触的机会大大增加，如何处理好这些关系也成为大学生活不可缺少的一课。大学毕业之后就要步入职场，学习处理好多样的人际关系也是为未来处理职场人际关系进行实践，所以，高中那种两点一线、埋头学习的日子不再适合大学生活。积极参加各类活动，通过各种组织找到志同道合的朋友，提高自己的沟通能力，是大学生活中不可或缺的内容。

到了大学，听课有课堂的管理要求，住宿有公寓的管理规定，毕业有学位授予制度，申请加入各类党组织也都有相关的要求。大部分的大一学生刚刚度过了十八岁生日，作为成年人，国家的法律法规也需要严格遵守。大学生活对自己的行为有了更高的要求，大学生必须树立法律意识，践行公民守则，遵守学校的各项规章制度，以道德为行为底线，积极践行社会主义核心价值观，成为一名合格的大学生。

作为新一代大学生，我们应该努力适应大学生活，一是要了解专业领域的相关内容，制订行之有效的专业学习计划，从知识、能力、素质几个方面全面发展自己。涉猎各方面的知识，通过学习和实践不断开阔视野，提高自己的通识能力，为未来就业做好准备。二是要计划好自己的生活，不攀比，不浪费，合理安排大学的学习生活。三是要熟悉学校有关的规章制度，通过规章制度了解大学对学生各方面的具体要求，顺利完成学业。

二、职业生涯发展与大学生活的相互影响

大学是绝大多数大学生职业生涯的起跑线，大学生活与职业生涯发展相互联系，相互作用，规划好大学生活，就是规划好职业生涯发展的初始阶段。根据自己的职业倾向，确定最佳的职业奋斗目标，进行自我认识、自我定位，为实现所定目标做出行之有效的努力。完成制订计划、执行计划和调整计划的过程，是大学生开始有独立自主意识，真正开始掌握自己人生的开始。

20世纪初，职业生涯规划的概念在美国就已经诞生。十几年前我们的大学毕业生由国家负责分配，然而在大学生就业推向市场十几年之后，职业生涯规划在我们大学里的应用仍然很少，职业生涯规划仍然停留在大学课本中和学生的作业里。我们身边很多人在大学以前唯一的任务就是参加高考，从来没有接触过职业生涯的相关内容，导致他们进入大学后或者随波逐流边玩边学，或者专注于学习，没有更多的想法。职业生涯发展对大学生活的影响微乎其微，结果就会出现前文举例所说的情况，到了大三才发现自己很茫然，不知道未来要做什么。

如果在大学入学的时候就能思考我喜欢从事什么样的职业、我可能从事什么样的职业、这样的职业有哪些要求、应该如何提高自己的职业竞争力，如果在学习的过程中找到了这些问题的答案，我们的大学生活会比现在更加精彩，丰富的大学生活也会为我们职业生涯的发展提供更多的可能。我们为一个既定的目标一件事一件事地去努力了，在未来的职场中选择才会更多更好，才能更加主动地发展自己的职业生涯，事业发展也会更加顺利。

第二节 了解大学生的职业生涯规划

一、大学生职业生涯规划的内容

大学生职业生涯规划是指学生在大学期间在掌握自己职业兴趣、爱好、特长的前提下,在分析自己性格、能力、特点和内外部环境因素的基础上,结合自己所学专业及知识技能结构,以实现个人发展为目的,对大学的学习生活和职业发展进行持续的系统的计划的过程。它包括大学期间的学业规划、社会实践规划和职业规划。职业生涯规划会直接影响到大学期间的学习生活质量,直接影响到求职就业,甚至未来职业生涯的成败。大学阶段主要是职业的准备期,它是在为未来的就业和事业发展做好准备。

职业生涯是有关工作经历的过程和结果,从某种程度上说,这不仅是客观推动发展的结果,也可能是主观选择的过程,只要我们有足够的动力,拿出足够的精力,掌握足够的知识,就能在进入大学的时候对我们的未来发展做出计划和选择,规划好自己的职业生涯。

马斯洛著名的需求理论与职业生涯规划也密切相关,它把需求分成生理需求、安全需求、社交需求、尊重需求和自我实现需求五类,依次由较低层次到较高层次。职业生涯规划是个人价值和个人需求的体现,追求更好的生活状态是职业生涯规划的基本依据,所以马斯洛的需求理论能让我们更深入地了解职业生涯规划的内容。

职业生涯规划中的就业的规划主要是基于生理需求和安全需求。生理需求即对食物、水、空气和住房等的需求,这类需求的级别最低,人们在转向较高层次的需求之前,总是尽力满足这类需求。人们为报酬而工作,主要包括收入、舒适度等等,所以企业常常利用增加工资、改善劳动条件、给予更多的业余时间和工间休息时间、提高福利待遇等来激励员工。安全需求包括对人身安全、生活稳定以及免遭痛苦、威胁或疾病等的需求。和生理需求一样,在安全需求没有得到满足之前,人们唯一关心的就是这种需求。对许多员工而言,安全需求表现为安全而稳定的工作环境,以及有医疗保险、失业保险和退休福利等。企业强调规章制度、职业保障、福利待遇,并保护员工不致失业。

职业生涯规划中职业发展的需求是基于社交需求和尊重需求的。社交需求包括对友谊、爱情以及隶属关系的需求。当生理需求和安全需求得到满足后,社交需求就会突显出来,进而产生激励作用。在马斯洛需求层次中,这一层次是与前两层次截然不同的另一层次。这种需求如果得不到满足,就会影响员工的精神,导致高缺勤率、低生产率,员工会对工作不满,情绪低落。工作被人们视为寻找和建立温馨、和谐人际关系的机会,能够提供同事间社交往来机会的职业会受到重视。尊重需求既包括对成就或自我价值的个人感觉,也包括他人对自己的认可与尊重。有尊重需求的人希望别人按照他们的实际形象来接受他们,并认为他们有能力,能胜任工作。他们关心的是成就、名声、地位和晋升机会。

职业生涯规划中事业的规划基于自我实现需求。自我实现需求的目标是自我实现,或是发挥潜能。达到自我实现境界的人,接受自己,也接受他人。解决问题的能力增强,自觉性提高,善于独立处事,要求不受打扰地独处。要满足这种尽量发挥自己才能的需求,这个人应该已在某个时刻部分地满足了其他的需求。

二、大学生职业生涯规划的意义

一直以来,由于经济发展阶段不同、信息传播渠道不同,大学生做职业选择时常常会出现这样几种类型:一是子承父业型,家庭依靠某种技术或管理生存,并世代相传;或者父母从事某种职业,享有一定的社会声誉和资源,教导子女也从事同行业,比如小商品生产、医生世家等等。二是服从分配型,在计划经济时代,大学生毕业后由国家统一协调分配工作,大学生的职业生涯规划主要是依靠国家、依靠学校,服从分配。三是临阵磨枪型,当就业市场走向"自主择业,双向选择"时,很多人没有太多规划,就在毕业前临时准备个人资料,奔向人才市场,有什么选择什么。随着市场经济不断发展,又出现了一些新的类型:如父母规划型,即父母在子女很小的时候,就为子女设计好了职业生涯规划,并有步骤地实施。比如学习音乐、体育。也有学生因从小接受的教育而自主产生职业理想,在成年后自主做出职业选择,比如表演。还有一种就是从众型,到了快毕业的时候,看别人做什么,自己就去做什么。更有甚者,一些大学毕业生好高骛远,执着于某种职业,比如非大公司不去、非公务员不干或非考研究生不可,又缺少必要的规划和付出,最终成为新时代的"啃老一族"。

自1999年大学扩招以来,大学规模越来越大,大学毕业生人数逐年增加。教育部公布的数据显示,2018年大学生毕业人数已经达到820万。高校毕业人数不断创历史新高,加上上年未就业人数,就业形势越来越严峻,每年毕业季都成为最难就业季。大学从精英教育走向大众教育,大学生也不再是用人市场的"抢手货",提早规划好大学生涯和未来职业发展规划就是抢占先机。科学地安排好大学的学习生活,在求职时才能争得一席之地。

大学期间是职业生涯规划的黄金时期,大学生在上大学期间进行职业生涯规划可以提前确定努力的目标,不断激励自己为目标努力,所以具有特别重要的意义。

一是职业生涯规划可以督促学生关注自身,关注能力培养。高三学生最常听的一句话就是:再拼这一年,到大学就自由了。这使很多学生误以为进入大学就是进入了保险箱,就业难都是听说而已,离自己还远,便把大把的时间花在吃喝玩乐、打游戏、谈恋爱上。一些上进的学生也只是上课认真听讲,积极参加社团活动。而职业生涯规划会让学生迅速从大学心态转向职场心态,根据职业生涯规划的相关要求,开始关注自我,认识自身的个性特质,分析自己的兴趣,对自己的优势和劣势进行对比,在学与玩的同时关注个人能力的发展和提高,从而促进个性发展和综合素质提升。

二是职业生涯规划可以确定阶段目标,提高大学效率。职业生涯规划能让学生从专业的视角关注未来的工作岗位,关注可能涉及的行业的发展,能够找到专业和岗位的区别,针对具体的岗位,明确未来的奋斗目标;不再盲目悲观,也不再盲目乐观,能够脚踏实地地设计职业规划,认清形势,准确定位,合理安排大学的学习生活。

三是职业生涯规划引导学生关注职场,提升求职竞争力。在就业难的大环境下,很多人把求职困难归咎于学校的知名度、关系背景和专业差别,这些因素固然会起到一定作用,但我们要认清的一个事实是,大学毕业生求职时的竞争主要在同层次院校间或同大类专业中展开。未来招生录取政策改革后,这种情况会继续加强。职业生涯规划能够帮助大学生提前确定用人单位的需求,更有针对性地开展学习和实践,提升职业品质,认清就业形势,转变就业观念,从而实现"人职匹配",提高就业满意度。对企业人力资源来说,也更愿意聘用对自己成长有规划的人,这样企业能够有的放矢地给员工提供成长空间。

三、大学生职业生涯规划常用的工具

职业生涯规划在实践和发展过程中形成了很多经典的理论,美国著名的职业指导专家约翰·霍兰德(John Holland)是美国约翰·霍普金斯大学的心理学教授,他于1959年提出了具有广泛社会影响的职业兴趣理论。他认为人的人格类型、兴趣与职业密切相关,兴趣是人们活动的巨大动力,凡是具有职业兴趣的职业,都可以提高人们的积极性,促使人们积极地、愉快地从事该职业,且职业兴趣与人格之间存在很高的相关性。霍兰德认为人格可分为现实型、研究型、艺术型、社会型、企业型和常规型6种类型,称之为RIASEC模型。经过多年发展,他编制的兴趣量表——职业自我探索量表(Self-Directed Search),已在教育、培训、企业管理等领域有了越来越多的应用。他的理论对于个人升学、就业具有重要的指导作用,已成为职业生涯规划的重要工具。

(一)R 现实型

共同特点:愿意使用工具从事操作性工作,动手能力强,做事手脚灵活,动作协调。偏好于具体任务,不善言辞,做事保守,较为谦虚。缺乏社交能力,通常喜欢独立做事。

典型职业:喜欢使用工具、机器,需要基本操作技能的工作。对要求具备机械方面才能、体力或从事与物件、机器、工具、运动器材、植物、动物相关的职业有兴趣,并具备相应能力。如:技术性职业(计算机硬件人员、摄影师、制图员、机械装配工)、技能性职业(木匠、厨师、技工、修理工、农民)。

(二)I 研究型

共同特点:思想家而非实干家,抽象思维能力强,求知欲强,肯动脑,善思考,不愿动手。喜欢独立的和富有创造性的工作。知识渊博,有学识才能,不善于领导他人。考虑问题理性,做

事喜欢精确,喜欢逻辑分析和推理,不断探讨未知的领域。

典型职业:喜欢智力的、抽象的、分析的、独立的定向任务。具备智力或分析才能,并将其用于观察、估测、衡量,形成理论,最终解决问题。如科学研究人员、教师、工程师、电脑编程人员、医生、系统分析员。

(三)A 艺术型

共同特点:有创造力,乐于创造新颖、与众不同的成果,渴望表现自己的个性、实现自身的价值。做事理想化,追求完美,不重实际。具有一定的艺术才能和个性。善于表达,怀旧,心态较为复杂。

典型职业:喜欢的工作要求具备艺术修养、创造力、表达能力和直觉,不善于事务性工作。如艺术方面(演员、导演、艺术设计师、雕刻家、建筑师、摄影家、广告制作人)、音乐方面(歌唱家、作曲家、乐队指挥)、文学方面(小说家、诗人、剧作家)。

(四)S 社会型

共同特征:喜欢与人交往,不断结交新的朋友,善言谈,愿意教导别人。关心社会问题,渴望发挥自己的社会作用。寻求广泛的人际关系,比较看重社会义务和社会道德。

典型职业:喜欢要求与人打交道的工作,能够不断结交新的朋友。喜欢从事提供信息、启迪、帮助、培训的工具,并具备相应的能力。如:教育工作者(教师、教育行政人员)、社会工作者(咨询人员、公关人员)。

(五)E 企业型

共同特征:追求权力、权威和物质财富,具有领导才能。喜欢竞争,敢冒风险,有野心、抱负。为人务实,习惯以利益得失、权力、地位、金钱等来衡量做事的价值,做事有较强的目的性。

典型职业:喜欢要求具备经营、管理、劝服、监督和领导才能,以实现政治、社会及经济目标的工作,并具备相应的能力。如项目经理、销售人员、营销管理人员、政府官员、企业领导、法官、律师。

(六)C 常规型

共同特点:尊重权威和规章制度,喜欢按计划办事,细心、有条理,习惯接受他人的指挥和领导,自己不谋求领导职务。喜欢关注实际和细节情况,通常较为谨慎和保守,缺乏创造性,不喜欢冒险和竞争,富有自我牺牲精神。

典型职业:喜欢要求注意细节、精确度,有系统、有条理,根据特定要求或程序组织数据和文字信息的职业,并具备相应的能力。如:秘书、会计、图书馆管理员。

霍兰德的理论认为职业兴趣是职业选择中最重要的因素,是一种强大的力量。职业选择是人格的一种表现,某一类型的职业通常会吸引具有相同人格特质的人,这种人格特质反映在职业上,就是职业兴趣。实际上,大多数人都并非只有一种类型。霍兰德认为,这些类型越相似,相容性越强,则一个人在选择职业时所面临的内在冲突和犹豫就会越少。人格特质中显示出的主导类型可以为个人在选择职业和工作环境上提供方向。

除霍兰德的类型论外,还有很多职业生涯规划理论衍生出来的工具,其不断丰富和发展职业生涯规划的实践,大学生们可以选择其中的一项或几项,用于对自己的职业倾向进行测试。对职业生涯进行分析和判断,从而更加科学地完成大学的职业生涯规划。

生涯彩虹图是舒伯(Super)为了综合阐述生涯发展阶段与角色间的相互影响,而创造性地描绘出的一个多重角色生涯发展的综合图形,如图4.1所示。他认为一个人一生中扮演的许许多多角色就像彩虹同时具有许多色带。他将显著角色的概念引入了生涯彩虹图。他认为角色除与年龄及社会期望有关外,与个人所投入的时间及情绪程度都有关联,因此每一阶段都有显著角色。

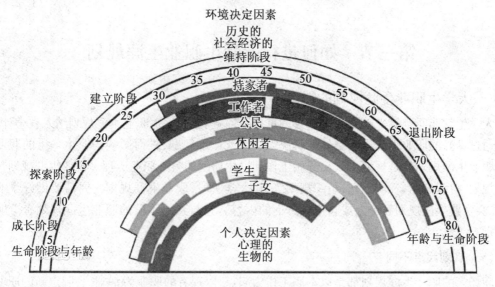

图4.1 生涯彩虹图

"生涯彩虹图"形象地展现了生涯发展的时空关系,更好地诠释了生涯的定义。在生涯彩虹图中,纵向层面代表的是纵观上下的生活空间,是由一组职位和角色所组成的,分成子女、学生、休闲者、公民、工作者、持家者6个不同的角色,他们交互影响交织出个人独特的生涯类型。

他认为个人在发展历程中,随年龄的增长而扮演不同的角色,图的外圈为主要发展阶段,内圈阴暗部分的范围,长短不一,表示在该年龄阶段各种角色的分量;在同一年龄阶段可能同时扮演数种角色,因此彼此会有所重叠,但其所占分量则有所不同。

在生涯彩虹图中,横向层面代表的是横跨一生的生活广度。彩虹的外层显示人生主要的发展阶段和大致估算的年龄:成长阶段(约相当于儿童期)、探索阶段(约相当于青春期)、建立阶段(约相当于成人前期)、维持阶段(约相当于中年期)以及退出阶段(约相当于老年期)。在这5个主要的人生发展阶段内,各个时期的年龄划分有相当大的弹性,应依据个体的不同情况而定。

在生涯彩虹图中,纵向层面代表的是纵贯上下的生活空间,由一组职位和角色所组成。舒伯认为人在一生当中必须扮演9种主要的角色,依次是:儿童、学生、休闲者、公民、工作者、夫妻、家长、父母和退休者。各种角色之间是相互作用的,一个角色的成功,特别是早期的角色如果发展得比较好,将会为其他角色提供良好的关系基础。但是,在一个角色上投入过多的精力,而没有平衡协调各角色的关系,则会导致其他角色的失败。

大学生正处于探索阶段和建立阶段,职业生涯规划将对一生产生积极的影响。所以,大学生要对自己未来的各阶段进行调配,做出各种角色的计划和安排,使自己成为自己的生涯设计师。

第三节 如何进行大学生职业生涯规划

一、大学生职业生涯规划的特点

大学生就业问题越来越引起全社会的重视,各高校把大学生职业生涯规划纳入教学计划,力求通过良好的职业生涯规划更好地解决大学生就业难问题,进而影响毕业生一生的职业发展。职业生涯规划就是规划个人从开始工作到退休期间的整个职业历程。职业生涯规划包括职业规划、自我规划、环境规划、组织规划等,在大学阶段,职业生涯规划主要需要做好学业规划、社会实践生涯规划和个人成长规划方面的内容。它与其他阶段的职业生涯规划有着明显的区别。

(一)规划起点不同

职场人的职业生涯规划都是以本职工作为起点,以现有的职业为基础,去制定新的职业发展目标,并根据这个目标确定一系列的学习计划、技能提高计划、人力资源积累计划,通过一定的培训或其他途径迅速开展相关活动。大学生主要的任务是学习,以现有的专业为基础,制订职业生涯规划主要是探索可能从事的职业,开展的活动更多的是通用知识的学习和基本素质的提高。

(二)规划时段不同

职场人的职业生涯规划包括短期规划、中期规划、长期规划和人生规划。根据自我评价情况和环境评估情况,参考现在企业和岗位的情况,可制订或长或短的计划。大学生由于在学校学习,时间是固定的,规划时间一般都与在校时间相重合,直接以大学年级的划分规划时段。

(三）规划目标不同

职场人的职业生涯规划以现有职业为基础，因为有一定的职场经验，有一定的薪资水平，职业生涯规划一般以获得某个职位或业绩为目标。大学生职业生涯规划最直接的目标就是毕业时的求职成功。由于很多专业不对应未来某个行业的岗位，因此大学生职业生涯规划的主要目标是确定某个或某类岗位，通过分析判断个人的综合情况获得职场通行证。

二、大学生职业生涯规划的原则

由于大学阶段的特殊性，大学生职业生涯规划除了要遵循职业生涯规划的一般通用原则，比如目标清晰、实事求是、切实可行、具有一定的挑战性、可操作、可测评等等，还有一些特定的原则要遵守。

（一）大学生职业生涯规划要以所学专业为前提

大学生入学时就有一个具体的专业确定，即使现在有一些大学开始大类招生，一个大学生在专业大类里可选择的专业也非常有限。一个大学生要用学习能力最强的4年或更长的时间来学习一个专业，这个专业的各门课程必须合格才能毕业，必然要花费巨大的时间和精力，所以大学生的职业生涯规划首先要确定是不是要依据所学专业进行规划。虽然现实的情况是很多人在毕业的时候因为各种客观原因或主观原因并没有从事所学习的专业，但我们在大学，尤其是在大学低年级进行规划的时候仍要先确定专业与未来职业目标的关系。

各大学的招生专业是依据当年院校拥有的师资、设备和社会需求等。若干年后，社会需求会不断地变化，就会产生热门专业和冷门专业。新专业因为社会急需，也会出现各大院校纷纷上马的情况，所以，专业的冷与热是相对而言的。大学生新入学的时候所学专业是社会热门专业，毕业的时候也可能会有变化。入学时的冷门专业也可能会因社会的变化而需求增加。有的专业在某些行业就业不好，到另一些行业就业情况就好。有的专业在某些地域就业难，但在另一些地域就会容易。

如果对自己所学专业不喜欢，不想从事所学专业，那么就要在大学期间选择其他专业，通过自学或第二学历的方式进行研究学习，否则在毕业后也要花费大量的时间和金钱投入到新职业的学习当中，或者从事具备基本素质的大学生就能胜任的一般初级岗位。如果所学专业是自己喜欢的，专业却没有对应某个行业或岗位，就要通过分析，选择与现有专业相符合的行业或岗位，再制订相关的职业生涯规划开展相应的活动。当然，最理想的情况是专业是自己喜欢的，正对应着自己喜欢的行业和岗位，比如法学、医学。

（二）大学生职业生涯规划要以岗位要求为参照

通过社会实践和互联网等途径，我们了解到企业由一个一个部门、机构、项目组和岗位组成。而专业和岗位是有一定差距的，只掌握课堂的知识是不能胜任一个岗位的。随着社会不断发展,同一个岗位在不同的时期对员工的要求也不一样。所以,大学生职业生涯规划必须要关注社会需求,只有紧跟社会需求,熟悉企业对自己目标岗位的整体要求才能更好地设计自己的各项活动,把知识转化为能力,增加必要的学习培训,满足企业对岗位的需要。

(三)大学生职业生涯规划要以能力提高为依托

随着市场经济的发展、互联网技术的不断进步,各个企业对员工能力的要求都在不断提高。大学生在大学里不仅要学习专业知识,还要注重综合能力的提高。任何一个岗位都不只是考验大学生的专业水平,还需要大学生具备足够的沟通能力、文字水平、人文知识、合作精神、道德修养和使用互联网的能力。所以大学生在进行职业生涯规划时,不仅要规划学业生涯的发展,还要关注综合素质的培养、实践技能的训练,除了上课,还要通过党团活动、社团活动、社会实践活动、志愿活动等积累自己各方面的经验,提高个人能力,以更好地适应未来的发展。

三、大学生职业生涯规划的方法与步骤

在大学毕业生人数逐年增加的情况下,用人单位招聘时可选择的机会增加,对新员工的要求就会越来越高,仅仅是大学课堂所学、专业所学的知识已经远远满足不了目前的就业。管理大师查尔斯·汉迪认为,工作不仅仅是就业,人的一生要承担的工作,可以分成四种类型,除了维持生计的有偿工作,还包括家庭工作、志愿性工作、学习性工作。有偿工作包括工资制工作、依据时间和努力获得报酬的工作、依据工作结果获得报酬的工作。随着互联网技术的不断发展,各种新的职业和工作方式不断出现,这也给大学毕业生提供了各种新的选择。不管怎样,在就业压力越来越大的现实情况下,能够提前按照企业的要求规划好大学四年,建立起职业生涯理念,对未来职业定位和获得更强的职场竞争力有很大的帮助。

一般来说,大学职业生涯规划可以参照如下步骤进行。

(一)自我评估

大学生职业生涯规划的第一步就是要通过对自身的认识,分析判断自己有哪些优势和劣势。如何利用优势寻找未来相契合的职业,这是大学生职业生涯规划的基础。通过对自身的全面分析、评价,我们可以了解"我有什么""我能干什么"。

1. 了解自身优势

对于大学生来说,自身优势首先是专业优势。我学到了什么?我的专业给我带来了什么?我有什么兴趣特长?我喜欢做什么?哪些是我擅长的?我有过哪些成功的经验?我有哪些社会实践?我的性格有哪些优点?等等。也可以借助霍兰德职业测试等分析一下自己是哪种或哪几种个性类型。

2. 了解自身劣势

一般来说,大学生的劣势主要体现在社会经验的缺失。因为大学生主要的任务是学习,社

会实践无论从内容上、时间长度上,还是深度上讲,都非常有限。而现在的中小企业没有系统的员工入职培训,往往需要毕业生有一定的工作经验,这就直接造成了用人单位和毕业生之间的不对等。劣势还包括性格的弱点,人际沟通能力弱,某种通用技能的明显欠缺,比如书面表达能力、语言表达能力等等。

(二)环境评估

1. 家庭环境

现在的大学生入学时一般刚成年,大部分又是独生子女,父母对学生成长的影响非常重要,在学生职业选择中的作用也非常重要。一种情况是年轻人缺少对未来的思考,不知道自己到底能做些什么,在职业生涯规划的时候就显得迷茫,愿意征求父母的意见;另一种情况是父母在自己所从事的行业里积累了一定的人脉资源和个人实力,希望子女沿着父母的职业成长道路去发展;还有一种情况是主要家庭成员里有在某个行业发展比较好的人士,愿意提供在职业选择方面的帮助。家庭财富的支持、家庭关系和睦程度、家庭居住地等原因都会给大学生职业生涯规划形成环境方面的影响。

2. 社会环境

社会环境主要是国家政治制度、法制环境、经济发展情况、各地区用人政策变化等对大学生职业生涯规划的影响。我们国家政治稳定,市场经济步入正轨,南北方经济、东西部经济虽然仍然存在着巨大的差异,但都在持续发展。社会经济环境的变化会导致不同行业的企业发展各有起落,这对大学生职业生涯规划会造成直接的影响。各省、市、地区不断推出新的吸引人才的优惠政策,为各级各类人才都提供了前所未有的发展机遇,这些都是我们在制订职业生涯规划时需要考虑的大环境。需要提示的是,大学生就读院校所在地的社会环境,尤其是大学生在制订职业生涯规划时要着重了解的地方。

3. 职业环境

职业环境主要是指大学生所选择的行业、企业总体环境,有人说选择一个职业就是选择了一种生活,不同行业随着社会需求不断发展,新行业、新岗位不断出现,原有的就业情况必然发生变化,就业数量和质量也会变化,企业要求也会根据社会需求发生改变。研究职业环境就是要不断紧跟社会需求对企业的要求,随时了解企业对新员工的要求,调整个人规划,直至调整职业目标。

(三)职业定位

职业定位,就是清晰地明确一个人在职业上的发展方向,它是人在整个职业生涯发展历程中的战略性问题,也是根本性问题。要弄清楚自己是谁、自己适合做什么工作,根据自己的爱好、特长、能力以及个性将自己放在一个合适的工作(生活)岗位上。通过对职业定位的分析,实际上是对生涯机会的评估,通过对社会环境和职业环境的分析,结合本人的具体情况,评估有哪些长期的发展机会,有哪些短期的发展机会。

我们对自己和环境有了一定的了解之后,就要明确自己的发展方向。我们可以使用SWOT分析模型(SWOT Analysis)首先对自己进行一次全方位的盘点。SWOT分析法即态势分析法,20世纪80年代初由美国旧金山大学的管理学教授韦里克提出,SWOT分析是比较常见的战略规划分析工具。来自麦肯锡咨询公司的SWOT分析,包括分析企业的优势(Strengths)、劣势(Weaknesses)、机会(Opportunities)和威胁(Threats)。因此,SWOT分析法实际上是对企业内外部条件各方面内容进行综合和概括,进而分析组织的优劣势、面临的机会和威胁的一种方法。我们把它用在规划职业上,就是用来分析大学生个体的优劣势、面临的机会和威胁。SWOT分析可以帮助大学生把资源和行动聚集在自己的强项和有最多机会的地方,并让职业规划方向变得明朗。如图4.2所示。

图4.2 SWOT矩阵图

我们在进行职业定位的时候还要考虑一些问题,一是地域的选择,是在大学所在地工作、在小城市工作,还是去经济发达地区,还是选择新兴的一类城市。大城市机会多,待遇相对高一些,但竞争激烈;中、小城市竞争压力小,但发展有限。二是企业的选择,去大企业,还是去中小企业,去大企业做个小职员,但有良好的薪酬体系、培训体系,起点高,但分工明确,得不到全面锻炼;中小企业发展机会多,提升快,能够身兼数职,但工作流程往往不规范。三是专业的选择,虽然我们在大学有了自己明确的专业,但因为很多人在选择专业的时候并没有做太多的调研,或者因为高考成绩不高而并没有考取自己喜欢的专业,所以在选择职业时是从事本专业对应的职业,还是选择其他专业对应的职业就是很多人需要思考的问题。其他诸如求稳定,还是求发展;去朝阳行业,还是去传统行业;等等,都是我们在进行职业生涯评估,明确职业定位的时候需要考虑的问题。

（四）制定职业生涯目标

职业生涯目标的确定包括人生目标、长期目标、中期目标与短期目标的确定，它们分别与人生规划、长期规划、中期规划和短期规划相对应。首先要根据个人的专业、性格、气质和价值观以及社会的发展趋势确定自己的人生目标和长期目标，然后再把人生目标和长期目标细化，根据个人的经历和所处的组织环境制定相应的中期目标和短期目标。这是职业生涯规划中重要的一环，确定目标可以让我们有个明确的努力方向，可以制订具体可行的计划向这个方向去努力，因为目标明确可以坚持得更持久。在这一环节，我们可以设定一个方向性目标，可以是未来从事哪个行业的工作，在哪个领域发展，也可以是概念性的，以指引我们对整个职业生涯进行规划。还要设置一个具体的目标，比如一个具体的行业、一个具体的工作岗位，这样会有具体的要求。通过目标的要求可以衡量行动的有效性，能够随时看到差距，从而来调整我们的行动计划。制定职业生涯目标要考虑如下因素：

1. 择己所爱

从事一项你所喜欢的工作，工作本身就能给你一种满足感，你的职业生涯也会从此变得妙趣横生。兴趣是最好的老师，是成功之母。调查表明：兴趣与成功概率有着明显的正相关性。在设计自己的职业生涯时，务必注意：考虑自己的特点，珍惜自己的兴趣，择己所爱，选择自己所喜欢的职业。有人喜欢大城市，喜欢大城市竞争的活力；有人喜欢安稳，愿意在小城市慢慢生活。择己所爱，包括城市地域、企业规模等的选择。

2. 择己所长

任何职业都要求从业者掌握一定的技能，具备一定的能力条件。而一个人一生中不能将所有技能都全部掌握，所以你必须在进行职业选择时择己所长，从而有利于发挥自己的优势。运用比较优势原理充分分析别人与自己，尽量选择冲突较少的优势行业。

3. 择世所需

社会的需求不断演化着，旧的需求不断消失，新的需求不断产生，新的职业也不断产生。所以在设计自己的职业生涯时，一定要分析社会需求，择世所需。最重要的是，目光要长远，能够准确预测未来行业或者职业发展的方向，再做出选择。不仅仅是现在有社会需求，并且这个需求要长久。

有位中学校长说过，教育不应当仅仅是生存技能的训练，它的宗旨和使命应当是引导和教会人们去追求幸福的生活，追求有质量的生活，追求有价值的生活，追求有意义的生活。这里所谈的生活，包括个人生活、家庭生活、职业生活和社会生活等等。对于大学生来说，制定职业生涯目标就是选择某种自己期待和追求的生活方式，因此要深入地思考，做出选择。

（五）制订行动方案

制订行动方案，就是把目标转化成具体的方案和措施。大学生制订职业生涯目标规划的行动方案,先要有总体职业发展方向,然后全面规划4年总体的计划,接着分别定出大学期间每一年的计划,并制订最近一个月的计划和现在每天要做的几件事的计划。制订完计划,就按照每天、每周、每月来执行计划,直到实现毕业后的目标。

大学每一年的计划:这是对大学整体的设计,要制定出每一年要达到的目标,计划要有时间表,内容要切实可行。

每月计划:这是近期要达到的目标,每月计划要包括学业任务、活动任务、个人成长任务,也可以包括财务分配和人际关系发展设想。

每日计划:这是为实现目标迈出的第一步,要选出对实现职业生涯目标最重要的几件事,除了日常必要的学习生活外,着重把这几件事情规划好、做好。万事开头难,只有把眼前的事情做好才有可能一步一步实现最后的目标。

四、大学生职业生涯规划书的撰写

大学生的职业生涯规划主要解决3个问题:一是想往哪里走,分析自己的职业兴趣、职业理想、成就动机,对自己的人生目标进行分析,得出自己的目标取向;二是适合往哪里走,分析自己的知识、技能,与他人进行优势、劣势对比,得出自己的能力取向;三是可以往哪里走,分析社会环境、组织环境、家庭环境,对机会和挑战有一定的认识,得出自己的机会取向。解决好这3个问题,就能够规划出个人职业生涯规划路线。大学生职业生涯规划书没有固定的格式,但大体包括的内容基本相同,这里给出其中一种格式作为参考。同学们也可以根据个人的情况进行个性化的设计和调整,学以致用,只要能取得对实际学习生活的指导,就不失为一份合格的职业生涯规划书。一般大学生职业生涯规划书分为6个部分:

(一)引言

主要写明对大学生活的认识,对职业生涯规划的认识与思考,撰写职业生涯规划书的目的和意义,等等。内容简洁即可。

(二)认识自我

这部分也可以叫自我评估、自我分析等,可以通过职业生涯规划工具人才测评报告、本人对自己的认识、周围人对自己的评价来对本人进行客观的分析。主要有以下几个方面:

1. 个人基本情况

包括性别、年龄、政治面貌、外语水平、家庭所在地、专业、毕业院校等个人情况的列举,主要选择与职业生涯相关的个人因素。本部分也可以放在引言后,认识自我前。

2. 职业兴趣

兴趣在职业方面的表现是指人们对某种职业活动具有的比较稳定而持久的心理倾向,使人对某种职业给予优先注意,并向往之。有些人的职业兴趣很明显,有些人对自己的职业兴趣没有明确的认识,可以使用职业测评工具分析自己的职业兴趣。

3. 职业能力

职业能力是人们从事其职业的多种能力的综合,指个体将所学的知识、技能和态度在特定的职业活动或情境中进行类化迁移与整合所形成的能完成一定职业任务的能力。可以结合自身的专业知识、技能、其他知识储备分析个人与职业相关的能力,并进行评估,也可以通过职业能力测试工具获得测评结果。

4. 个人特质

个人特质是指一个人在不同的情境下均表现出的一些特点,如害羞、积极进取、顺从、懒惰、忠诚、畏缩等,是一个人相对稳定的思想和情绪方式,可以看出它对职业的影响。个人特质也可以通过测评工具进行测评。

(三)环境分析

1. 家庭环境

可以分析父母所从事的职业、受教育程度、家庭经济条件、家庭人力资源、家庭氛围等等。

2. 学校环境

可以分析所在院校的类型、社会影响力、地理位置、校友分布情况,以及所学专业在毕业院校中的位置、专业发展程度等。

3. 社会环境

可以分析国家目前的政治、经济发展情况,主要分析毕业院校所在地,职业生涯发展目标城市或城市群的政治、经济发展情况,以及对毕业生的政策等。

(四)职业目标定位

对于大学生来说,大学所做的职业生涯规划基本上都是人生的第一次职业选择,主要有以下几个方面:

1. 直接就业

随着大学生毕业人数逐年增加,就业压力增大,考研压力一样逐年增加,很多人选择先找工作。毕业就找工作,自谋职业,尽早进入职场成为大学毕业生的主要选择。

这就要求大学毕业生提前做好求职的充分准备,将自己的择业与社会需要、个人优势、社会就业形势、未来目标等紧密结合,明确自己的起点,准确选择求职的行业、地区和层次,注重与自己的职业能力、职业素质相匹配,做好求职的心理准备,有针对性地积极参加各种类型的招聘会,抓住机会及时就业。

2. 通过参加公务员考试就业

随着国家公务员招考人数不断增加,专业逐渐放宽,有一定数量的大学毕业生愿意通过参加国家公务员考试获得就业机会。通过公务员考试可以进入国家各级机关工作,工作稳定性强,社会声誉高。当然,公务员工作弹性小、考试难度大,这也是大学毕业生要考虑的问题。

3. 考取研究生

考研究生可以提高自身的学历层次,在专业学习上深度、广度增加,知识储备增加,能够提高就业的竞争力,增加就业竞争机会。同时,考研究生将错过大学本科毕业可能有的就业机会,考研究生本身也要付出大量的时间和精力。随着考研人数逐年增加,研究生毕业时的竞争压力一样存在。选择考研究生一定要从实际出发,综合自己的优势,充分评估自己的实力,不要为了逃避现有的求职压力而去考研。

4. 出国留学

去国外留学深造,既长见识,又能进一步提高自己的智商和情商,的确是一条不错的职业人生路。不过"条条大路通罗马",选择这条路,首先还是要符合自己的实际情况。毕竟出国留学要远离亲人、远离祖国,除受到经济条件、外语水平等客观条件的限制外,还需要有更强的心理承受能力。事实上,随着我国改革开放的进一步深入,出国已经成为很常见的一种职业规划的选择。但我们也要注意到,去国外发展成本增加,难度增大,大批出国人员无法在国外发展,回国后,还要适应新的职业环境。如果没有相应的职业规划,出国所学不能与国内企业的要求相衔接,也存在着巨大的风险。

5. 自主创业

"大众创业,万众创新",在大学毕业生中,自主创业成为一种新的选择。大学毕业生自主创业不但解决了自身的就业问题,而且能为他人创造更多的就业机会。这已经成为国家和地方各部门重视和鼓励的一种重要就业路径。国家和各相关部门不但出台了相应的配套政策,而且频繁举行全国性或地区性大学生创业大赛,建立大学生创业实习基地,设立大学生创业基金,为大学生自主创业打开了方便之门。

6. 灵活就业

灵活就业是最近几年新兴的职业形式,它不同于朝九晚五的公司上班族,也不同于自主创业,是指在劳动时间、收入报酬、工作场地等方面有别于传统的标准全日制就业形式的各种就业形式的总称,这种职业形式一般与互联网密切相关,比如网络写手、网络主播。

随着互联网的发展,越来越多新的职业类别和工作形式将不断出现,丰富了大学生的职业生涯。

(五)具体行动计划

根据以上各种分析和职业目标的选择,要制订出切实可行的行动计划,重点是计划好大学在校期间要开展的各类活动、要完成的每一项具体的任务。可以分年度、分任务类型写明具体的行动计划,计划要可操作、可衡量、可评价。可以按不同的时间段做好计划,可以列表,包括计划类别(短期计划、中期计划);时间跨度(从哪年到哪年的计划);目标(要达到的目的或要完成的任务）；计划内容（具体的任务内容等）；措施（完成任务的保障办法等）。计划越详细越好，对每一年、每个月、每一天都要列出详细的任务，要具有很高的执行性、可操作、可衡量，以便自我监督计划的执行情况。

（六）计划评估与调整

根据各阶段计划完成情况，不断评估目标实现的程度，并根据现实情况的变化，不断调整职业目标和执行计划，以更好地完成职业生涯规划。对职业目标进行评估，是否要选择新的职业？对职业发展进行评估，是否要调整发展方向？对措施进行评估，是否能够保障计划的顺利进行？对其他因素进行评估，是否有新的情况出现？是否有意外发生会影响职业生涯规划的进行？评估与调整是个人对自己的不断认识过程，也是对社会的不断认识过程，是使职业生涯规划更加有效的有力手段。

第四节 大学生职业生涯规划的误区与管理

一、大学生职业生涯规划的误区

大学生刚刚从高中走入大学，对专业和职业还不了解，对未来没有想法。对于职业生涯规划，有人寄予厚望，认为规划完了就离成功不远了；有人认为"计划不如变化快"，计划早了也没用。大学生职业生涯规划常见的误区有以下几种：

（一）职业生涯规划就是找工作

职业生涯规划是贯穿一个人一生的过程，职业生涯规划的主体是自己，职业生涯规划的功能在于为职业生涯找出目标，并制订出为达到目标应该做的各种活动和任务的计划。职业规划就是对职业生涯乃至人生进行持续的系统的计划的过程。因此，职业生涯不等于工作，职业生涯规划不等于找工作。大学生职业生涯规划就是为了找到适合自己的职业，大学阶段为以后的职业发展做充分的准备，可以避免以后不停地进行各种职业尝试，也会促进职业生涯的快速发展。

（二）毕业生才需要职业生涯规划

这是很多大一学生的观念。一般来说，职业生涯是从大学毕业才开始，大一的新生并没有就业的压力。但任何事情都不是一蹴而就的，"罗马不是一天建成的"，如果没有从大一开始规划自己的学业、社会生活、人际关系，不接触职业生涯规划理论，不去实践，我们很难到大学毕业的时候明确自己的职业理想和职业目标。我们只有在实际的学习和探索中选择自己最喜欢、最适合的专业来学习，客观地评价自我，为职业能力与职业素质的培养做好准备，才能寻找到适合自己的工作模式。

(三)专业、行业、岗位混为一谈

大学开设的很多专业都是对某类知识、学问的汇总,并不对应着工作单位的某个行业,更不用说某个岗位。一个专业可以对应着各个行业的同一岗位,一个专业也可以对应着同一行业的不同岗位,因此我们必须在进行职业生涯规划时,根据自己所学的专业分析可以应用到哪些行业、哪些具体的岗位,这样才能在进行职业规划时,有明确的目的,制订可执行的计划。

(四)职业目标不够明确

我们从小都有理想,这可以说是我们对职业的理解的最初阶段。当我们在大学选择了一个具体的专业或者对未来职业有了更成熟的想法的时候,我们便有了职业理想和职业发展方向,但这都不是我们的职业目标。大学生所做的职业生涯规划里的职业目标一定是一个具体的切实可行的职业岗位,我们能够通过努力去一步步积累这个职业目标所需要的职业知识、能力和素养。还有一种对职业目标的认识误区是把过程当目标,比如学英语,我知道我背了多少单词、通过什么方式背下来的、怎么样才能背更多的单词,却说不清楚我背这些英语单词是为了什么,这样的计划把职业目标与学习过程混淆,很难达到好的效果。

二、大学生职业生涯规划的管理

作为一个准职场人,大学生要对自己的职业发展规划负责,除了制订职业生涯规划外,还要持续地进行管理和反馈,需要每个人都清楚地了解自己的知识、技能、能力、兴趣、价值观等。而且,还必须对职业选择有较深入的了解,这样才可能确定新的目标,在职业发展的道路上不断完善职业生涯规划。

1. 确定职业生涯规划实现的标准,树立正确的职业理想、明确的职业目标

职业生涯规划是理想和现实的结合,是职业理想和职业目标的结合。职业理想在人们职业生涯设计过程中起着调节和指导作用。一个人选择什么样的职业,以及为什么选择某种职业,通常都是以其职业理想为出发点的。任何人的职业理想必然要受到社会环境、社会现实的制约。社会发展的需要是职业理想的客观依据,符合社会发展需要的职业理想才是正确的,并具有现实的可行性。大学生的职业理想更应把个人志向与国家利益和社会需要有机地结合起来,以此确定职业目标、确定明确的目标实现的标准。

2. 对职业生涯规划进行诊断,正确进行自我分析和职业分析

通过科学的方法和手段,对自己的职业兴趣、气质、性格、能力等进行全面认识,清楚自己的优势与特长、劣势与不足。避免设计中的盲目性,达到设计适宜。现代职业具有自身的区域性、行业性、岗位性等特点。要对该职业所在的行业的现状和发展前景有比较深入的了解,比如人才供给情况、平均工资状况、行业的非正式团体规范等;还要了解职业所需要的特殊能力。

3. 确定职业发展策略,构建合理的知识结构,培养职业需要的实践能力

根据职业生涯规划的执行情况,不断总结和反馈,调整和确定新的职业发展策略,使职业生涯发展所需要的知识水平和实践能力得到不断的提高。知识的积累是成才的基础和必要条件,但单纯的知识数量并不足以表明一个人真正的知识水平。人不仅要具有相当数量的知识,还必须形成合理的知识结构,没有合理的知识结构,就不能发挥其创造的功能。

综合能力和知识面是用人单位选择人才的依据。一般来说,进入岗位的新人,应重点培养满足社会需要的实际操作能力、组织管理能力和自我发展的终身学习能力,还要有必要的人际交往能力、心理调适能力等。同时,可以通过"三下乡"活动、大学生"青年志愿者"活动、毕业实习、从事社会兼职、模拟性职业实践、职业意向测评、校园创业等进行职业训练。

做好职业生涯规划管理,有明确的职业规划以及清晰的职业目标时,就会知道我为什么学习和工作,是为了积累经验,还是为了提升技能。对于一个希望未来有所发展的人来说,明确知道自己想要的,可以让大学生活更加有意义。做好职业规划管理,职业定位就会更清晰,目标会更明确,才会努力寻找提高学习效率和工作效率的方法。对于自己来讲,哪些是需要提升的,哪些是需要锻炼的,哪些是自己比较有竞争力的,心里会非常清楚。

"不积跬步,无以至千里;不积小流,无以成江海。"无论多么完美的计划,行动才是关键。大学只是我们职业生涯的起点,只有不断地对职业生涯进行科学的管理,采取一系列行动,才能保证我们的预期目标得以实现。只有我们不停地努力,才能迎来职业生涯的辉煌。

【案例4.1】

李明是某大学三年级的学生,大一、大二是班里的大忙人,因为不太喜欢自己的专业,学习兴趣不高,一入学就入选院学生会,大二成功竞选为部长,参加辩论赛、摄影比赛,组织了系里的联欢会、专业比赛,眼看到大三了,看着寝室的同学纷纷考了专业资格证书,他自己却面临着两门功课挂科的窘境。

王军是李明的同班同学,高考不如意的他一心想在大学把成绩提高上去,每天就是上课、学习,业余时间都泡在图书馆,功夫不负有心人,他的成绩一直在专业名列前茅,年年拿奖学金。看到其他同学在为就业做准备,他也想利用业余时间找个兼职打工,积累些工作经验,可几次面试都不理想,一些小公司根本不看学习成绩。他很苦恼,工作不好找,要考研吗?读完研究生工作会好找吗?要怎么办才好?

【案例4.2】

某本科学校的毕业生小韩向一家设计公司递交了一份简历,申请设计师岗位。小韩大学学的是环境设计专业,在大学期间各门功课成绩优秀,管理能力比较强,是系里的学生会主席,成功组织过多次大型活动。毕业后,他认为房地产销售比较赚钱,就去了一家房地产公司。工作3年后又到一家知名的商场担任管理工作。由于线上电子商务经营的冲击,商场发展停滞。

眼看着同班同学在室内设计行业都发展得不错,小韩想起了自己的专业,想试一试设计师岗位。招聘公司看了他的简历之后,发现他毕业后主要从事的是销售和管理工作,综合能力很强,但是没有实际的设计工作经验,最后遗憾地告诉他不能录用他。小韩又开始了新的求职征程。

【点评】

大学期间就要做好职业生涯规划,选好自己的职业发展道路,确定自己的职业目标,这样才能一步一步地积累专业知识和工作经验,提高专业技能,不断地成长发展。李明、王军如果提早做好职业生涯规划,就会更加有效率地利用大学时间;小韩如果从一开始就进入设计公司,沿着设计师的道路规划发展,就不会出现换了几个行业的工作,再进入新的领域,却因为没有工作经验而错失工作机会的事情了。

第五章
Chapter 5

职业生涯决策

学习目标

1. 确立生涯目标，掌握职业生涯决策的基本理论和方法，特别是要熟练掌握生涯决策平衡单的使用方法。
2. 树立决策的风险与责任意识，了解职业决策的基本策略。
3. 学会对职业生涯规划进行反馈与评估。
4. 能够结合自身实际情况，科学进行职业生涯的规划和设计。

学习建议

1. 编制一份生涯决策平衡单，并以此判断自己应该选择的职业。
2. 给自己的职业生涯规划订立评估标准。

职场语录

只有积极主动的人才能在瞬息万变的竞争环境中赢得成功，只有善于展示自己的人才能

在工作中获得真正的机会。——李开复

忠诚是一个人的品格,对雇主的忠诚并不是从一而终,而是在你服务于一家公司的时候,你得全身心地投入。——唐骏

正确的工作态度:不要指望着公司给你带来什么,首先问你能给公司带来什么。也就是说你所做的一切不要马上去追寻一种很短暂的回报,你应该寻求更长期的回报。——唐骏

素质拓展

未来我的职业目标和成就

我的短期目标(1~3年)是:_____

我的中期目标(3~5年)是:_____

我的长期目标(5~10年)是:_____

我的长远目标(10年以后)是:_____

我理想的生活方式:_____

我未来要创造的成就:_____

我将要从事的主要行业:_____

第一节 生涯决策

一、决策的内涵和分类

(一)决策的内涵

"决策"一词的意思就是做出决定或选择。生涯决策是指对生涯事件的选择和决定的过程。做决定是人成长过程中的重要环节,一些重要决定甚至可能成为一生的里程碑。随着年龄的增长,我们不得不自行决定一些重大的事情,例如考试、升学、交友、就业、婚姻等,甚至日常生活中的琐事也都充满着抉择。

职业生涯决策是一个复杂的认知过程,通过这个过程,决策者收集有关自我和职业环境的信息,仔细考虑各种可供选择的职业前景,做出职业行为的公开承诺。从这个概念我们可以看出:职业决策是一个过程,而不单单是一种结果。

(二)生涯决策风格的分类

美国职业生涯专家斯科特(Scott)和布鲁斯(Bruce)认为,决策风格是在后天的学习经验

中逐渐形成的,其将决策风格划分为5种类型:理智型、直觉型、依赖型、回避型和自发型。

1. 理智型

理智型以周全的探求,对选择的逻辑性评估为特征。理智型的决策者具备深思熟虑、善分析、逻辑性强的特性。这类决策者会评估决策的长期效用,并以事实为基础做出决策。理智型决策风格是比较受到推崇的决策方式,强调综合全面地收集信息、理智地思考和冷静地分析判断,是其他决策风格的个体需要培养的一种良好的思考习惯。但理智型的决策风格也并不是理想的、完美的决策方式,即使采用系统的、逻辑的方式,也会出现因为害怕承担决策的后果而不能整合自己和他人观点的困扰。

2. 直觉型

直觉型以依赖直觉和感觉为特征,比较关注内心的感受。直觉型的决策风格以自我判断为导向,在信息有限时能够快速做出决策,当发现错误时能迅速改变决策。由于以个人直觉而不是理性分析为基础,这类决策发生错误的可能性较大,因此,易造成决策不确定性。

3. 依赖型

依赖型以寻求他人的指导和建议为特征。依赖型的决策者往往不能够承担自己做决策的责任,允许他人参与决策并共同分享决策成果,会受到他人的正面评价,但也可能因为简单地模仿他人的行为导致负面的反应。依赖型的决策者需要评估生活中关键人物对自己的影响程度。

4. 回避型

回避型以试图回避做出决策为特征。回避型的决策风格是一种拖延、不果断的方式。面对决策问题会产生焦虑的决策者,往往因为害怕做出错误决策而采取这样的反应。由于决策者不能够承担做决策的责任,而倾向于不考虑未来的方向,不去做准备,不知道自己的目标,也不思考,更不寻求帮助。这样的决策者更容易受到学校等支持系统的忽略。所以,这些学生需要意识到自身的决策风格及其可能造成的危害,努力调整,增强职业生涯规划的意识和动机,这样才能从根本上得到帮助。

5. 自发型

自发型以渴望即刻、尽快完成决策为特征。自发型的个体往往不能够容忍决策的不确定性以及由此带来的焦虑情绪,是一种具有强烈即时性,并对快速做决策的过程有兴趣的决策风格。自发型决策者常会基于一时的冲动,在缺乏深思熟虑的情况下做出决策,此类决策者通常会给人果断或过于冲动的感觉。

请回想迄今为止你在人生中所做的3个重大决定,按以下几个部分进行描述并记录在纸上:当时的目标或情境是什么?你所拥有的选择是什么?你做出了什么样的选择?你做出该选择的依据是什么?现在的你对当时的选择有什么评价?当你完成对3个重大决定的描述之后,再综合地分析一下,上述3个决策有什么共同之处,从中可以看出你在做决策时有什么特点。

(三)对决策风格的正式评估

请根据你对自身的了解,判断下列表述与你是否符合。

(1)我会仔细检查我的信息来源,以保证在决策之前了解正确的事实。

(2)我用一种逻辑化的、系统化的方式来做出决策。
(3)我会根据我的感觉来做出决策。
(4)我相信直觉会告诉我该做什么选择。
(5)如果没有跟别人商议,我很少做出重要的决策。
(6)在做重要决策时,我采纳他人的建议。
(7)除非有很大的压力,否则我尽量不做重要决策。
(8)我通常在最后一刻才做出重要决策。
(9)我经常做出冲动的决策。
(10)我经常受某一时刻的刺激而做出决策。

结果说明:(1)(2)为理智型;(3)(4)为直觉型;(5)(6)为依赖型;(7)(8)为回避型;(9)(10)为自发型。你和哪个类型的题目最符合,说明你最倾向于哪个类型。

二、生涯决策的基本理论与方法

(一)CASVE 循环决策法

CASVE 循环决策法是职业生涯规划中一种有效的决策方法。职业生涯规划决策是一种问题解决活动,你对有关职业问题的解答,如同你对数学问题或科学问题的解答一样。你的职业生活质量是以你怎样进行职业决策和怎样解决职业问题为基础的。学习生涯决策技术中的 CASVE 循环,可以帮助你提高这方面的能力。

CASVE 循环包括 5 个阶段:沟通、分析、综合、评估和执行,CASVE 就是这五个词的英文单词首字母。它可以在整个职业生涯问题解决和决策制定过程中为你提供指导。这一循环如图 5.1 所示。

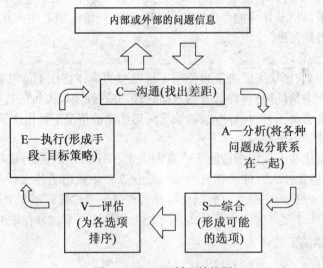

图 5.1　CASVE 循环结构图

1. 沟通(Communication)

在这个阶段,我们收到了关于职业理想与现实之间存在差距的信息。这个信息可能通过内部或外部交流途径传达给我们。内部沟通包括情绪信号,例如不满、厌烦、焦虑和失望,还有身体信号,如昏昏欲睡、头痛、胃部疾病等。外部沟通包括父母对你的职业规划的询问,同事、朋友对你的职业评价,或者是杂志上关于你的专业正在逐渐过时的文章。这是意识到自己需要做出选择的阶段。

2. 分析(Analysis)

分析是通过思考、观察和研究,对兴趣、能力、价值观和人格等自我知识以及各种环境知识进行分析,从而更好地理解现存状态和理想状态之间的差距。

自我知识包含了兴趣:我喜欢做什么?做什么事情的时候我最能够投入?做什么事情能让我得到享受?能力:我擅长做什么?什么事情是我能做得比别人做得好的?我都掌握了哪些专业知识?价值观:我看重什么?我希望达到的目标是什么?我希望工作可以带给我什么?人格:我是内向的,还是外向的?我关注宏观抽象的事物,还是具体细节?我倾向理性思考,还是感性体验?我习惯于有条不紊,还是随机应变?

在这个阶段,问题解决者需要花时间去思考、观察、研究,从而更充分地了解自己的差距,了解自己有效地做出反应的能力。好的生涯决策者反对用冲动行事来减小在沟通阶段所体验的压力或痛苦,因为他们知道这是无效的,甚至可能令问题恶化。需要弄清楚要解决这个问题我需要了解自己的哪些方面、了解环境的哪些方面,需要做些什么才能解决问题,为什么我有这样的感受,家庭会怎样看待我的选择等。这是了解自己和做出各种选择的阶段。这一阶段,生涯问题解决者通常会改善自我知识,不断了解职业世界和家庭需要。简单来说,在分析阶段,生涯决策者应尽可能了解在第一阶段造成差距的原因。

分析阶段还需要把各种因素和相关知识联系起来,例如,把自我知识和职业选择联系起来;把家庭和个人生活的需要融入职业选择中。

3. 综合(Synthesis)

主要是综合和加工上一阶段提供的信息,从而制订消除差距的行动方案。其核心任务是,确定我可以做什么来解决问题。

这是一个扩大再缩小选择清单的过程。首先,尽可能多地找到消除差距的方法,发散地思考每一种办法,甚至采用"头脑风暴"进行创造思维。然后,缩小有效方法的数量,通常缩减到3~5个选项,因为这是我们头脑中最有效的记忆和工作容量的数目。

4. 评估(Valuing)

评估是对综合阶段得出的3~5个职业进行具体的评价,评估获得该职业的可能性,以及这个选择对自身及他人的影响,从而进行排序。比如,可以问:①对我个人而言什么是最好的?

②对我生活中的重要人员而言什么是最好的？③大体上,对我所处的环境而言什么是最好的?

5. 执行(Execution)

执行是整个 CASVE 的最后一部分,前面的步骤只是确定了最适合的职业,还不能带来职业选择的成功,需要在执行阶段将所有想法付诸实践,如:开始具体的求职过程;为再一次回到沟通阶段提供线索,以确定沟通阶段所存在的职业问题是否得到了很好的解决。在执行阶段,需要制订计划,进行实践尝试和具体行动。如果没有解决可以再次回到沟通阶段,重新开始一次 CASVE 循环,直到职业生涯问题被解决为止。

这是实施选择的阶段,把思考转换为行动。很多人都觉得在执行阶段制订行动计划是令人兴奋的和有价值的,因为他们终于可以积极采取行动去解决问题了。

(二)SMART 分析法

SMART 分析法是指在制定目标的时候所应该遵循的 5 项原则。

S—Specific,目标一定要确定,不能模糊。

M—Measurable,目标的可度量性。制定的目标一定是可以度量的,如某人制定的目标是"成为成功人士",这个目标就是不可度量的。什么是成功人士,包含的因素太多。而"成为年薪 10 万的成功人士"这个目标相对来说就是可以度量的。

A—Attainable,目标的可实现性。

R—Result–based,目标应该是结果导向型的。

T—Time–based,目标是有实效性的。

目标管理是制定职业生涯目标的手段,实施目标管理有利于我们高效地工作,也为未来的自我评估确立了标准。制定目标看似是一件简单的事情,每个人都有过制定目标的经历,但是如果上升到技术层面,我们就需要学习并掌握 SMART 原则。制定生涯目标必须符合上述原则,5 项原则缺一不可。制定具体可达的目标是我们确立职业生涯的基础。

(三)平衡单分析法

"决策平衡单"(decision–making balance sheet)经常被应用于问题解决模式和职业咨询中,协助咨询者系统地分析每一个可能的选项,判断执行各选项的利弊得失,然后依据其在利弊得失上的加权计分排定各个选项的优先顺序,以执行最优先或偏好的选项。其在职业咨询中实施的程序主要有下列步骤:

(1)列出可能的职业选项。

咨询者首先需在平衡单中列出 3~5 个有待深入测评的潜在职业选项。

(2)判断各个职业选项的利弊得失。

平衡单中提供咨询者思考的重要得失,集中于 4 个方面,分别是:自我物质方面的得失、他人物质方面的得失、个人精神方面的得失、他人精神方面的得失。咨询者可依据重要的得失方面,逐一检视各个职业选项,并以"+5"至"-5"的十一点量表(+5,+4,+3,+2,+1,0,-1,-2,-3,-4,-5)来衡量各个职业选项。

(3)各项考虑因素的加权积分。

咨询者在各个方面的利弊得失,会因身处于不同情境而有不同的考量。因此,在详细列出各项考虑层面之后,须再进行加权计分。即对个人当时而言,重要的考虑因素可乘以一到五倍分数,依次递减。

(4)计算出各个职业选项的得分。

咨询者须逐一计算各个职业选项"得"(正分)与"失"(负分)的加权计分与累加结果,并计算各个职业选项的总分。

(5)排定各个职业选项的优先顺序。

依据各职业选项在总分上的高低,排定优先次序(表5.1)。职业选项的优先次序即可作为咨询者职业生涯决策的依据。

表5.1 生涯决策平衡单(样表)

选择项目 加权分数 考虑因素		重要性的权数(1~5倍)	选择一		选择二		选择三	
			+	-	+	-	+	-
自我物质方面的得失	1. 收入							
	2. 工作的难易程度							
	3. 升迁的机会							
	4. 工作环境的安全性							
	5. 休闲时间							
	6. 生活变化							
	7. 对健康的影响							
	8. 就业机会							
	其他							
他人物质方面的得失	1. 家庭经济收入							
	2. 家庭地位							
	3. 与家人相处的时间							
	其他							

续表 5.1

考虑因素	选择项目	重要性的权数 (1~5倍)	选择一		选择二		选择三	
	加权分数		+	-	+	-	+	-
个人精神方面的得失	1. 生活方式的改变							
	2. 成就感							
	3. 自我实现的程度							
	4. 兴趣的满足							
	5. 挑战性							
	6. 社会声望的提高							
	其他							
他人精神方面的得失	1. 父母							
	2. 师长							
	3. 配偶							
	其他							
	加权后计算							
	加权后得失差数							

【案例 5.2】

小丽的生涯决策平衡单

基本情况：小丽，女，湖南某大学的教育技术学专业三年级学生，性格外向，开朗活泼，喜欢与人交往，口头表达能力很强，是学院学生会干部，组织能力强。还有一年就要毕业了，她考虑自己的职业有3个发展方向：中学信息技术教师、市场销售总监、考取计算机专业硕士研究生。以下是她的具体想法，见表5.2。

1. 中学信息技术教师

小丽认为这个职业对应她的本专业，存在着最大的专业优势，工作也比较稳定，但目前社会需求量并不大。

2. 市场销售总监

小丽希望用10年的时间实现这个目标，认为这个职业符合自己的性格、兴趣，同时她也有暑期和课余时间兼职做过销售的经历，她认为可以利用自己的专业来帮助自己更好地辅助销售工作。

3. 考研

小丽的父母都是高校的老师,他们希望小丽能够继续深造,以后到大学任计算机专业的教师。但小丽认为虽然高校教师工作稳定,收入也高,但她不喜欢计算机专业的教学工作,且考研也有一定的困难。

表5.2 小丽的生涯决策表

考虑因素	选择项目 加权分数	重要性的权数(1~5倍)	中学信息技术教师		市场销售总监		考研	
			+	−	+	−	+	−
自我物质方面的得失	1.符合自己的理想生活方式	5		3(15)	5(25)		1(5)	
	2.适合自己的处境	4	5(20)		5(25)		3(12)	
	3.有较高的社会地位	3	2(6)			1(3)	5(15)	
	4.工作比较稳定	5	5(25)			5(25)	5(25)	
他人物质方面的得失	1.优厚的经济报酬	4	2(8)		4(6)		5(20)	
	2.足够的社会资源	5	5(25)		3(15)		5(25)	
个人精神方面的得失	1.适合自己的能力	4	5(20)		5(20)		3(12)	
	2.适合自己的兴趣	5	2(10)		5(25)		4(20)	
	3.适合自己的价值观	5	3(15)		4(20)		1(5)	
	4.适合自己的个性	4	4(16)		5(20)		2(8)	
	5.未来的发展空间	5		3(15)	4(20)		5(25)	
	6.就业机会	4	1(4)		4(16)		5(20)	
他人精神方面的得失	1.符合家人的期望	2	3(6)		2(4)		5(10)	
	2.与家人相处的时间	3	4(12)		1(3)		5(15)	
加权后计算			167	30	199	28	192	25
加权后得失差数			137		171		167	

下面是小丽利用生涯决策平衡单做出的职业决策的结果:

她的决策方案的得分分别是:市场销售总监 > 考研(计算机专业硕士研究生)> 中学信息技术教师,综合平衡之后,市场营销总监较为符合小丽的职业生涯目标。在进行职业选择时,小丽最为看重的是是否符合自己的兴趣、职业价值、职业是否有发展空间、是否是自己的理想生活的需要等几个方面。

三、职业选择的策略

(一)职业选择的过程

1.全面理解职业内涵

首先列出你所希望的3种工作,从工作内容、工作方式、工作角色和工作要求4个方面,看看自己对想做的工作能理解多少。如果有许多内容自己都不甚了解,那就应该回过头去对工作内容进行深入探究,免得将来走弯路。上面列出的4个方面对某些工作而言,其联系是非常紧密的,相关性比较大。拿现在比较热门的咨询行业来讲,通过与人接触、交涉、谈话,甚至辩论的工作方式,来给人提供意见、建议作为决策的参考,这是一种在与人交往的过程中给人提供帮助的工作,要求咨询者本身具备广博的知识结构、不断更新的知识层次、提炼最新科学知识的能力、与人沟通协调的技巧、分析问题解决问题的能力等,对综合素质的要求非常高。再如金融证券行业,它的工作内容是与数值打交道,并进行分析判断,观察、分析、思考、判断与决策是它的工作方式,工作角色体现在经常要独立操作,有时需要与人配合和联络,甚至要对他人进行考察、监督或监管,这样的工作内容、工作方式和工作角色要求金融从业人员有较高的自律精神、高度的金融敏感性、果断的决策作风、准确的判断能力等。工作内容、工作方式、工作角色、工作要求有时是交叉的,它们互不相同,又互相联系。即使相同的工作岗位,工作角色分配和要求也各不相同。如同样是软件编程员,有的地方需要细节的处理能力,有的地方需要宏观的控制能力,有的是单独工作角色,有的是与人配合的工作角色,这就有赖于对工作的全面理解。

2. 理想职业与现实职业的选择

明确了你所希望的工作,下一步就是看哪些工作真的适合你。你干一份工作勉强不勉强?现实可能性如何?你的愿望与社会现实是否有距离?等等。为了分析你所希望的工作的现实可能性,下面列出了几个方面,你可以据此知道你最希望从事的两种工作。

能力可能性和价值观可能性:自己有能力干吗?仅仅靠自己的能力完全能干好吗?自己的能力能充分发挥吗?能让你担负责任或挑战吗?与你的价值观矛盾吗?你的价值观能为该企业所接受吗?

目标可能性和匹配可能性:能实现所希望的生活方式吗?是你爱好的工作内容吗?能得到希望的报酬吗?与你的教育、资格等条件相符吗?能实现你的长期目标吗?劳动条件等可以接受吗?

理想职业与现实职业是有一定距离的。如果你对最希望的工作的评价体现在以上4种可能性当中,且得到的多是肯定性回答,那证明你的选择是有一定的现实基础的,反之,则你不得不重新考虑你的现实职业了。

3. 志愿单位的具体化

在对工作有了全面理解之后,就可以进行志愿单位的排序,主要考虑的因素有:地理条件、单位性质、单位规模、行业、收入、提升机会、专业对口程度、工作环境、福利、调动工作的可能性、稳定性等等。列出3个志愿单位之后,针对以上所列出的一些内容进行适合度的衡量,看看这3个单位对自己的适合程度如何。

4. 制约条件的权衡与取舍

任何一个就业单位都有其有利条件和不利因素,十全十美的就业单位毕竟是少数。在选择时,一些条件可能可以妥协,而有些条件则可能无法妥协,这些条件就是制约条件。因此,必须对这些制约条件进行全盘考虑,并决定最终的取舍。起作用的制约条件有:工资水平、单位性质、工作地点、工作时间、工作内容、业余时间分配、专业对口程度、福利,以及对单位的总体印象,如形象、风气和文化等。评价有两种标准,即不能妥协的和能妥协的。毕业生可以针对具体单位进行评估(在这里假设所有的制约条件的重要性是相同的),如果不能妥协的条件占大多数,也许你就应该重新考虑你的志愿单位了。比较前面所列出的职业兴趣、价值观等,去除这些制约条件,从中找出最符合你职业兴趣、角色兴趣、价值观等因素的就业单位。

(二)职业选择的策略

1. 从客观现实出发

职业选择必须从客观现实出发。首先要将个人的职业意愿、自身素质与能力结合起来,加以充分地考虑,估计一下自己能否胜任某项职业,认真评价个人职业意愿的可能性,即进行准确的自我评价和定位。其次是对职业的岗位空缺与需求做出客观分析。

2. 比较鉴别

首先在职业和就业者之间进行比较,将职业对人的要求具体化,比如教师职业要求有较强的语言表达能力,艺术工作者要求有丰富的创作力等。其次在选出的多种职业目标中进行比较。自己的条件可能适合好几种职业,应当选出那些更符合自己特长和专业发展的,经过努力能很快胜任的职业。再次将职业提出的各种条件进行比较。因为从事某种职业所需要的各种条件是有主次的,每个人进行职业定向时也是需要多方面考虑的。当个人的素质符合某种职业的主要条件时,职业选择就比较容易成功。

3. 扬长避短

在选择职业时,要清楚地知道自己的长处是什么、短处是什么。一般来讲,当职业与个人的理想、爱好、个性特点、专业特长最接近时,个人的主观能动性容易激发出来。因此,在选择职业时如果充分考虑到最大限度地发挥自己的专长、有利于个人全面发展等因素,走上工作岗位后,才有可能热爱自己的工作,才能把工作当作一件愉快的事情去做,才能更有成效地开创未来。

4. 适时调整

依据以上 3 个策略做出的选择就不需要变化了吗?有的人可能当时的选择是对的,但后来情况发生了变化。还有的人在选择时考虑不够全面,在实践中行不通,这时就要依据新的情况适时调整,慎重地进行新的选择,以实现自己的职业生涯设计方案。适时调整的引申含义是:对于自己心目中的理想单位和职业,如果不能一步到位,可以采取打好基础、抓住机会、分步迈进、逐渐逼近的策略。为了理想而甘愿追求终身的例子举不胜举。作为大学毕业生,应该树立有所作为的思想,如果客观现实不具备,就应该适时调整,创造时机使条件成熟。

大学毕业生的职业选择只是职业发展计划中的第一步,走好第一步固然重要,但未来的路还很长,也许还会面临更多的选择。正如管理大师彼得·德鲁克所说:对你而言,你所做的工作选择是正确的概率大约是百万分之一。如果你认为你的第一个选择是正确的话,那么就表明你是十分懒惰的。因此,一个人必须大量地、不断地搜寻和转变,才可能发现一条在心理上和经济上都令其满意的职业发展道路。

第二节 目标与行动

目标是一切行动的总指挥。没有期望,人生就没有方向,动力就无从释放。确定生涯目标对大学生而言是十分重要的。生涯目标也就是人生的目标,关系着一个人要成为什么样的人,一生该怎样度过才更有意义,怎样才能取得成功,怎样才能拥有幸福的生活。

一、目标确立的"三定"原则

对大学生来说,职业生涯目标的确定是复杂而艰苦的过程,有时甚至是痛苦的过程。下面,看看毕业生小林的心声吧。

【案例5.3】

择业误区——迷恋名优企业

小林是某职业技术学院模具设计与制造专业2017届毕业生。在校时,经常听回校做报告的师兄师姐说在某某名企上班,他心里痒痒的,心想自己毕业后也一定要进名企。毕业找工作时,小林花重金制作了大量精美的简历投给深圳的各名优企业,可是,他找工作的道路并不平坦。起初,应聘的知名企业看不中他,有几家中小企业看中他,可他没有兴趣。

中途,小林在一名亲戚的介绍下,进入东莞某电子科技公司做操作员。由于心态不好,总想着在小公司上班没前途,因此,他总是一副爱干不干的态度。干了不到2个月,公司决定调整他的工作岗位,他感觉面子上过不去,一气之下就辞职了。

从公司出来后,小林想自己创业。可想归想,终因为父母反对、经济条件有限等,创业计划搁浅。

5月底,小林和同学们一起回校参加毕业论文答辩。全班同学聚会时,看到同学们一个个走上工作岗位,而自己的工作还没有着落,小林着急了。"现在没什么要求了,只要能有工作就行。"小林与辅导员聊天时说。

由于小林自己没有一个正确的定位,不能清楚地认识自我,不清楚自己的实力,一味追求名企、高薪,致使职业生涯陷入了"饥不择食、慌不择路"的尴尬局面。

【点评】

应当承认,大学生进入名优企业工作,能更充分发挥出自己的聪明才智,会更有前途,因为大型企业具备较为完善实现人生价值的物质和精神条件,机遇多,福利好,有成型的企业文化和良好的工作氛围,而小企业相对人少、资金不雄厚,难有发展前途。但是,大多数的名优企业里人才济济,竞争十分激烈,而一般的小企业,对人才的需求如饥似渴。同时,名优企业里大多存在"人才高消费"现象。发展的路有许多条,大家趋之若鹜的不一定是适合自己的。其实,不管在大企业,还是在小企业,找到属于自己的路,只要有真才实学,脚踏实地,照样能干出一番事业。

解决小林的定位问题,实际是解决大学生职业生涯规划的目标确立问题,而解决大学生职业生涯规划的目标确立问题,必须遵循以下"三定"原则。

1. 定向原则

大学生职业生涯规划首先要"定向"。方向定错了,则南辕北辙,距离目标会越来越远,还有可能走回头路,付出较大的代价。因此,职业生涯决策,决不能犯"方向性错误"。通常情况下,职业方向由本人所学的专业确定,但现实的情况是,很多人毕业后,并不能完全按照自己所学的专业来选择工作,有的甚至与专业风马牛不相及。"学非所用""用非所学""专业不对口"的情况比比皆是,已不足为奇。这种情况下,就需要认真考虑,选择适合自己的职业岗位。

2. 定点原则

所谓"定点"就是定职业发展的地点。比如,有些人毕业后选择去大城市,有的则选择到祖国最需要的地方,这都无可非议。俗话说"人各有志",但应当综合多方面因素考虑,不可一时冲动、感情用事。比如,有的人毕业去了南方,认为那里是改革开放的前沿,经济发达,薪资水平较高,但忽略了竞争激烈、观念差异、心理承受能力,甚至气候、水土等因素,结果时间不长又跳槽离开。如果一开始就选准方向,就可以在一个地方,围绕一个职业长期稳定发展,这样对自己资历和经验的积累有益。时间加努力,还有望成为某一领域的资深人士。频繁更换地点,今天在这儿,明天到那儿,对职业晋升肯定弊多利少。

3. 定位原则

择业前要对自己的水平、能力、薪资期望、心理承受能力等进行全面分析,做出比较准确的定位。要成就什么样的事业,就要做什么样的打算和计划。在技术、管理、科研等不同的领域要有不同的发展规划,不同的发展道路。在体育保健方面学习研究,会成为一个健康咨询专家;学习研究金融财务,会成为一个理财专家。

在定位过程中,既不可悲观,对自己定位过低,更不要高估自己,导致期望值过高,一旦不能如愿,失望也就越大。刚毕业就被知名大公司选中,而且薪资福利不菲,当然是自己的运气。如果没有这种好运气,也无须气馁。不要过分在意公司的名气、薪资的高低,只要这家公司、这个专业岗位适合你,是你所向往和追求的,就应该去试一试,争取被录用。确立从基层做起,逐步积累经验,循序渐进谋求发展的思想理念,这对一生都会有好处。

除了这"三定",其实还有很重要的"一定",就是"定心"。心神不定,朝三暮四,就无法准确地"定向、定点、定位",不论做什么,都需要"定心"。

从哲学角度看,"三定"实际上就是解决大学生职业生涯规划中"干什么""何处干""怎么干"这3个最基本的问题。这3个问题解决好了,职业生涯发展就会比较顺利。

二、大学生生涯目标的分析

大学生生涯目标最常见的就是考研、出国或就业,3种选择各有各的精彩,无所谓优劣高低之分,实在没必要给哪种选择涂太多神圣的色彩。考研、出国,还是就业,哪一条路更合适,要根据你自己的实际条件来选择。

除了名牌大学的本科毕业生毕业后有半数继续读研或出国深造外,一般普通院校的本科毕业生、硕士研究生毕业后绝大多数还是直接进入社会参加工作,可见,就业是在校大学生的最常见目标。

据统计,2015年我国高校毕业生为749万人,比2014年增加了22万人;2016年全国高校毕业生比2011年新增约105万人,达到765万;2017年为795万大学毕业生,比2016年增加了30万人;2018年毕业生人数再创新高,全国普通高校毕业生达到820万,比2017年增加了25万。面对如此严峻的就业形势,抓住机遇、及早就业成为大学生的主要目标。在就业目标确立过程中要注意以下问题。

1. 就业观念的转变

《中国企事业单位对大学毕业生职业技能需求报告》中认为,在近20年的经济高速增长中,中国的职业结构已经发生巨大变化,但中国大学毕业生的就业观念仍很陈旧。比如,绝大多数大学毕业生都以留在大城市,进入国家机关、国有企业、外资企业和各种大型机构为第一就业选择,只有1.3%选择去私营企业。因此,打破传统求职观念,多一双善于发现机会的眼睛,并愿意开动大脑,就能开创求职新思路,为实现人生目标做好准备。

首先,拓宽视野,选择可以发挥自己能力的天地。毕业后,有许许多多的大学生为了挤入北京、上海、广州和深圳这几个大都市而激烈竞争;有些学生为了留在这些所谓的"宝地"而一直在求职,为生计发愁;还有一些学生为了得到这些城市的户口,甚至去做一些无任何技术含量,只是体力劳动的工作,舍弃原来自己的职业生涯规划,荒废了专业知识。最后才发现,不仅一直在不停追求的东西没有得到手,反而失去了更为珍贵的东西——经验和能力的提高。与此同时,已经有人慢慢向外围发展,为了自己的目标而去寻找合适的地方。

其次,改变对职业的认识,不断寻找新的职业领域。当村干部逐步进入大学生的脑海中的时候,当越来越多的大学生选择为了农村的发展而进入这个行业的时候,人们逐渐意识到:现在有越来越多新兴起的职业。随着职业面的拓展,大学生有了更多的求职机会。因此,大学生应该对这些新的职位给予更多关注,来缓解激烈的竞争压力。同时,不要盲目地追寻,在选择这些职位的时候,应该收集相关职位信息,看和自己的性格、专业是否匹配,在新的领域发挥自己的潜力。

最后,不是选择最好的而是选择适合自己的职业。好的东西不一定适合自己。大学生在选择目标企业的时候最大的疑惑是到底去大企业还是小企业,大部分学生倾向于大企业,觉得规模大,机制健全,可以学到更多的东西。但在大规模的企业里,尤其刚刚走出校门的大学生,很少能和企业的高层领导交流。在人才济济的大公司里,自己也很少得到重视,发展的步伐也会因此受到一定的阻碍。而在规模相对较小的企业,员工们有着更为和谐的工作环境,并且更容易得到领导的关注,遇到问题也可以随时交流,一般工作的覆盖面也相对广些,可以扩大知识面,做个多面手,对自身素质和能力的提高有很大帮助。

2. 找到合适的支点

在强大的就业压力面前,越来越多的大学生觉得自己怀才不遇,觉得自己能力太差,其实如果能够找到合适的支点,也可以找到满意的职业,且看专家们给出的具体分析。

首先,眼光不能过高或过低,目标要切实可行。有的大学生觉得以后给别人打工没有希望,不如自己当老板,对自己和社会环境过于自信,目标脱离实际;还有的大学生认为自己家庭条件不错,找份好的工作不成问题;更有甚者,认为就业形势严峻,研究生尚且找不到工作,本科生有份工作就不错了,自暴自弃,完全没有目标。大学生要客观看待周围和自身条件,树立切实可行的目标。

其次,避免过于执着和盲目跟风。把事情理想化、追求高薪是年轻人择业的盲点。自己的目标才是第一位的,不要盲目跟风。年轻人还是要以提高自身素质为前提,不要盲目追求利益,理想也需要有能力来实现。

对于大学生来说,自己的职业还是一片空白,首先要为自己定下职业目标,明确该往什么地方发展。刚毕业的大学生不应该把薪资等作为好工作的首要标准,而是要更快地提升自身素质,积累自己的工作经验,为丰富自己的工作经历打下良好基础。其实没有完美的工作,每个工作都有好与坏两面,要学会平衡和知足。同时也不要过于执着,如果不能直接实现自己的既定目标,就可以寻找别的工作机会,同时为以后的求职"充电"。

3. 拓展就业门道,树立合适的就业目标

为了顺利就业或在激烈的竞争中有一席之地,越来越多的大学生采用以下方式拓展就业门道,树立合适的就业目标。

首先,参加职业资格考试,掌握求职的第二块"敲门砖"。参加职业资格考试是现在大学生比较热衷的"充电"方式之一。有很多学生把职业资格认证视为大学毕业证之外的第二块"敲门砖",如参加教师资格认证考试、会计从业资格考试、雅思考试,为了给自己找到出路,很多学生抱着"这山不亮那山亮"的态度,报考了很多培训辅导班,拿了很多证书,却没有用处。专家建议,大学生不要盲目地去参加职业认证考试,要有计划,结合自己的专业和目标职业发展考取相关职业资格证书。

其次,辅修第二专业,增加就业砝码。随着网络的普及,远程教育在短短的时间内迅速被推广普及,网络教育时间、地点的灵活性使其成为大学生掌握更多知识的很好方式。大一新生选择网络教育,利用课余时间攻读完相关课程,到毕业时就可以拿到两个都是国家承认的毕业证书。专家表示,网络教育要求学生有较强的学习能力和自制能力,大家在选择时要因人而异。同时应该选择应用范围广的专业,如英语、管理等。

再次,利用课余时间打工,积累工作经验。众多用人单位在招聘员工时,常常会要求"有从事某工作两年或三年以上的经验"。这道门槛对于应届毕业生来说,是无法逾越的。所以在校大学生应及早做准备,利用课余时间打工,积累工作经验,这也是提高自己竞争能力的一种手段。专家建议,学生还是以学习为主,兼职的时间和学业课程安排一定不能起冲突,要分清主次,在不耽误自己学业的前提下进行社会实践。

最后,参加职前培训,掌握求职技巧。很多学生的基本功很扎实,但是过不了面试的"临门一脚",因此大学生在平时应加强求职技巧方面的知识积累。目前,学校就业指导中心和一些职前培训机构都可提供,如面试技巧、职位描述、行业知识等方面的培训,培训费用也不高。

随着高等教育大众化的到来,高端岗位的就业压力也随之增大,大学生必须多方面提高自己的竞争能力。每一个大学生都要根据自身的条件和优势,找到适合自己的"充电"方式,再利用这个优势在市场竞争中找到适合自己的位置。

三、职业生涯目标的确定方法

经过自我识别定位和职业环境分析后,大学生要能够确定一个总体目标。这个总体目标是我们的最终目标,即人生目标。职业生涯目标的确定方法主要有目标的分解和目标的组合两种。

(一)目标的分解

职业生涯的实现可以用一系列的阶段来表示。目标的分解是将目标清晰化、具体化的过程,是将目标量化成可操作的实施方案的有效手段。

我们可以采用按时间分解和按性质分解这两种途径来分解目标。按时间分解可分解为短期目标、中期目标和长期目标。按性质分解可分解为外职业生涯目标和内职业生涯目标。如图5.2所示。

1. 按时间分解

职业生涯目标按时间可以分解为短期目标、中期目标和长期目标。如图5.3所示。我们常说的"我打算本学期通过英语四级考试"是短期目标;"我打算大学毕业后继续深造"是中期目标;"成为一名经理或高级主管"是长期目标。

短期目标是一些具体的,操作层面的,为实现中、长期目标而采取的步骤。短期目标要切合实际,有明确具体的完成时间,越具体,越具有操作性。

中期目标是许多短期目标完成的结果,又为实现长期目标打下基础,中期目标有比较具体的完成时间,也可做适当的调整。

长期目标是自己认真选择的,符合自己的价值观,与自己未来的发展相结合的愿望,长期目标有实现的可能性,又具有挑战性。

第五章 职业生涯决策

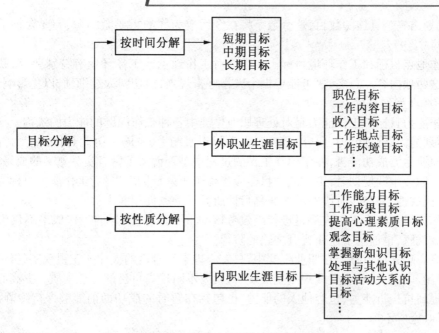

图 5.2 职业生涯目标的分解

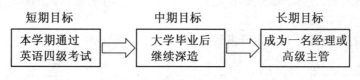

图 5.3 按时间分解目标

2. 按性质分解

职业生涯目标按性质可以分解为外职业生涯目标和内职业生涯目标。外职业生涯目标侧重于职业过程的外在标记。内职业生涯目标侧重于职业过程中的知识、经验的积累,观念、能力的提高和内心的感受。

(1)外职业生涯目标。

①职位目标。具体、明确、清晰的职位目标应该是专业加职务。

②工作内容目标。在现实生活中,能够达到高层职位的毕竟是少数。而且,能否晋升很大程度上并不取决于我们自己。所以,建议你把外职业生涯目标的重点移到工作内容目标上来,即把在某一阶段,你计划完成怎样的工作内容详细列出来。工作内容目标对于选择了专业技术型发展路线的人格外重要,因为这些人的发展体现在本专业技术领域取得的成果及相应的职称晋升上。所以,具体可行的工作内容目标才是规划的重点。

③收入目标。获得经济收入是我们工作的一大目的。毕竟每个人都离不开生存的物质基础。在职业生涯规划中列出收入期望无可非议。但要注意的是要切合自己的能力素质和实

际,大胆规划出一个具体的数目,这个数字将在今后成为你的重要激励源,不要含糊不清或压根就不敢写。

④工作地点目标和工作环境目标。如果你对工作地点或工作环境有特殊要求,就要在规划中列出这两项内容。总之,尽可能根据个人喜好来规划,但切勿太过细琐,以免影响选择面。

(2)内职业生涯目标。

①工作能力目标。工作能力是对处理职业生涯中各种工作问题的能力的统称。如组织领导能力、策划能力、管理能力、研究创新能力、人际沟通能力、与同事协调合作的能力等。衡量一个人的职业生涯成功与否,在于他在工作的过程中是否创造了富有实际意义的成果。所以,在制订个人职业生涯规划时,工作能力目标应当优于职位目标。当然,工作能力目标应当切合实际,具有挑战性,并与该阶段的职务职称目标所要求的条件相匹配。

②工作成果目标。工作成果是进行绩效考核的重要指标,优异的工作成果不仅带给我们荣誉感和成就感,也铺砌了通往晋升之路的阶梯。

③提高心理素质目标。在职业生涯中,只有心理素质合格的人才能正视现实,努力克服困难、追求卓越。为了使职业生涯规划变成现实,就要不断提高自己的心理素质。提高心理素质目标包括提高抗挫折能力、包容他人的能力,也包括在暂时的成功面前能够保持冷静清醒,做到能屈能伸、宠辱不惊。

④观念目标。当今是个强调观念的社会,各种各样新的观念层出不穷。这些观念影响我们的行动,也影响组织、领导、同事、客户对我们的态度。随时更新自己的观念,也是我们规划个人职业生涯的重要一环。

内职业生涯的发展是外职业生涯发展的前提。内、外职业生涯目标主要因素之间的关系如图5.4所示。

(a)内、外职业生涯目标之间的关系(一)

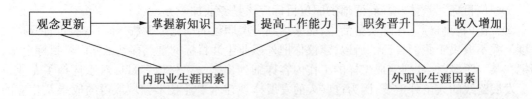

(b)内、外职业生涯目标之间的关系(二)

图5.4 内、外职业生涯目标主要因素之间的关系

从图 5.4 中可以看出,内职业生涯目标各因素的发展是因,外职业生涯目标各因素的发展是果。只有内职业生涯发展了,外职业生涯才能获得提升。

（二）目标的组合

目标的组合是处理不同职业规划目标之间相互关系的有效措施。目标的组合有 3 种方法:时间组合、功能组合和全方位组合。如图 5.5 所示。

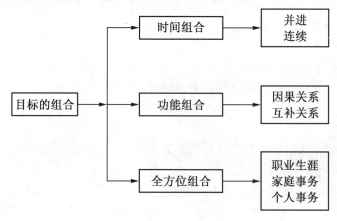

图 5.5　目标的组合方法

1. 时间组合

职业生涯目标在时间上的组合可以分为并进和连续两种情况。

（1）并进。

职业生涯目标的并进是指同时着手实现两个平行的工作目标,或者建立和实现与目前工作内容不相关的职业生涯目标。

有时候,外部环境给予我们的机会很多,这让我们面临着多个选择,只要处理得好,又有足够的精力和能力来应付,在一定的范围内是可以做到鱼与熊掌兼得的。这里所说的"同时着手实现两个平行的工作目标"指的是在同一时期内进行不同性质的工作。如上大学时参加社会实践就是目标的并进,它是指同时实现两个以上的目标。

（2）连续。

连续是以时间坐标为节点,将多个目标前后连接起来,实现了一个目标再进行下一个。一般来说,较短期目标是实现较长期目标的支持条件。目标的期限性也是相对的,随着时间的推移,长期目标成为中期目标,中期目标成为短期目标。只有完成好每一个短期目标和中期目标,长期目标才有可能实现。如通过了大学英语四级,再考英语六级;攻读完硕士学位后,再攻读博士学位等就是目标的连续。

2. 功能组合

很多职业生涯目标在功能上存在因果关系或互补关系。

(1) 因果关系。

有些目标之间存在着明显的因果关系,如获得工商管理学位与成为一名经理就存在因果关系。获得工商管理学位是因,而成为一名经理则是果。通常情况下,内职业生涯目标是因,外职业生涯目标是果。一般因果排序为:观念更新目标→掌握新知识目标→提高工作能力目标→职务晋升目标→收入增加目标。

(2) 互补关系。

职业生涯目标的互补关系是显而易见的,一般高校教师往往同时肩负教学和科研两项任务。教学为科研提供了理论基础和方法指导,科研实践又促进了教学内容的丰富、更新和质量的提高。

3. 全方位组合

全方位组合是指个人的职业生涯目标与家庭生活、个人其他事务均衡发展,相互促进,它涵盖了人生的全部活动。比如一个大学生一边担任学生干部,一边兼职,还要攻读第二学位,这是具有长远眼光的,它有助于个人未来的发展。但是稍微处理不当就会发生冲突,因为对大多数学生而言,学习是最重要的任务。在担任多重社会角色的同时处理不当势必影响到学习,所以在处理这些角色时要有全局意识。

四、职业生涯目标的确定过程

确定自己的职业生涯目标不是一件容易的事,大多数人都是经过一番努力才找到自己的目标的。可以试着对自己提出以下问题,它们能够帮助你在一团迷雾中发现你的方向。

问题1:我的梦想是什么?我最喜欢干什么?我的兴趣爱好是什么?

获得过诺贝尔物理学奖的丁肇中说过:"兴趣比天才重要。"兴趣会直接影响你的职业生涯。你对某种职业感兴趣,你就会对该种职业表现出肯定的态度,并积极地思考、探究和追求。

你也可以通过测试来发现你的梦想和兴趣爱好。更重要的是,测试能帮助你理顺这些兴趣与职业生涯目标的关系。现在常用的是霍兰德"职业自我探索量表"等工具。

问题2:我最适合做什么?

性格是你对现实的一种稳固的态度以及与之相适应的习惯了的行为方式。它不仅表现在对人、对自己的态度上,同时也表现在对职业生涯的目标选择和态度上。

开朗、活泼、热情、温和的性格,一般比较适合从事演艺,以及其他与交往有关的行业;多疑、好问、深沉、严谨的性格比较适合从事科研、教学方面的工作。

如果你从事的工作与你的性格相适应,你工作起来就会感到得心应手、心情舒畅,也容易在工作中取得成就;反之,你就会感到缺乏兴趣、被动并难以胜任,即使完成了工作任务,常常也会感到力不从心、精神紧张。

你也可以通过职业个性测试来了解你的性格,并发现你适合从事哪类工作。

问题3:我能做什么?

能力是一个人顺利完成某种活动所必须具备的心理特征。能力是影响活动效果的基本因素。你进行任何一项活动,都要具备一定的能力;你从事任何一种职业,也必须具备相应的能力。

能力倾向指的是一个人的潜能,即从未来的训练中获益的能力。

职业分为不同的类型,因而对人的能力有不同的要求。在选择职业的时候,你要注重能力类型与职业类型的匹配。如果你擅长形象思维,就比较适合文学艺术方面的工作,而不太适合从事科学研究方面的工作。如果你从事的职业与你的能力类型不适应,甚至相排斥,你工作起来不但心情不舒畅,而且难以取得成就。

你也可以通过测试来了解你的能力。

现在,画3个圆圈把每一个问题和它的答案圈起来,每一个圆圈代表一个集合,那么,你要找的职业生涯目标就是这3个圆圈的交集,即你最喜欢和最适合你的事,也是你能做到最好的事,这就是你的职业生涯目标。

第三节 评估、反馈与调整

不少人是在一段时间的职业生涯实践之后,才了解自己到底适合于哪个领域、哪个层面工作的。在缺乏反馈和调整的情况下,这段时间可能长达十几年,或者需要较大的挫折才能使人猛然醒悟到自己的职业瓶颈,或者是通过继续的学习,才能更清楚地发现自己的潜能、长处和短处。在一个人自我觉醒和目标设定正确时,反馈和调整同样可以纠正分阶段目标中出现的偏差,同时极大地增强实现目标的信心。职业生涯的反馈与调整,是职业生涯中不能回避的问题,也是保证职业生涯成功和职业生涯目标实现的重要手段之一。

【案例5.4】

小张的职业困惑

小张大学所学的专业是图书管理。小张知道这不是一个好的专业,大学里过得非常不开心。大学毕业时,他终于决定放弃自己的图书管理专业,重新寻找其他行业,希望能够重新发展并选择自己的职业道路。

小张是个内向的人,不喜欢跟人竞争,只希望能够求得一份安定的工作,好让自己慢慢地实现专业转变,然后再谋求职业上的发展。然而,图书管理专业,找工作一点儿优势都没有,找心仪的工作谈何容易。不得已,小张随便找了份工作安顿了下来。可是工作并不如人意,令人不开心的工作做了一段时间后,小张换了份工作。他的第二份工作只在薪水方面有所调整,内容跟第一份工作一样,小张依然没有寻找到合适的职业方向。

转眼间,几年过去了,小张的同学有的当了主管,有的则当上了经理。而小张却因为一直在更换工作,寻找职业方向,始终无大的发展。30岁了,小张突然发现,几年过去了,自己依然没有找到职业方向,更糟的是,没有培养出一种职业技能来。

小张感到了深深的不安,不想见自己的同学,觉得他们会嘲笑自己;再看看自己,小张认为自己做事情很认真,社会对自己不公平。小张不知道自己怎么了,也不知道下一步应该怎么办。迷茫的小张把自己的情况仔仔细细地写下来,发给"世界经理人办公伙伴",希望获得帮助,并询问自己从事什么行业合适。

【点评】

小张对自己的职业仅有一个模糊的规划,即"实现专业转变",但并没有明确的职业目标,在实施阶段也没有及时地评价并修正自己。小张是个内向的人,渴望得到一份稳定的工作,并逐步培养自己的专业能力。但在过去的几年里,小张因为专业和生存问题,不得不勉强在不喜欢的岗位上工作,希望通过这种经常性跳槽的方式来摸索并找到自己的职业定位。这说明小张渴望成功,但焦躁的心态使得小张不管对什么工作都没有足够的耐心。一个焦躁没有耐心的人,不管在哪个公司都无法得到重用,更别提学到有用的职业技能了。现实情况是小张大学所学的专业是图书管理,工作后并没有从事这份工作,加上工作后几乎一年一跳槽地去摸索自己的职业方向,导致了小张在过去的几年里,始终没有培养出一定的职场技能,更别提职场核心竞争力了。这样,在小张的职业发展早期遭遇挫折是必然的。

要想对职业生涯成功进行全面的评价,必须综合考虑个人、家庭、企业、社会等各方面的因素。有人认为职业生涯成功意味着个人才能的发挥以及为人类社会做出贡献,并认为职业生涯成功的标准可分为"自我认为""社会承认"和"历史判定"。对于职场人来说,按照其人际关系范围,可以将其职业生涯成功标准分为自我评价、家庭评价、企业评价和社会评价4类评价体系。如果一个人能在这4类体系中都得到肯定的评价,则其职业生涯无疑是成功的。

一、职业生涯规划的评估、反馈与调整

评估、反馈的过程就是注意内外环境的变化,不断地审视自我、调整自我、修正策略和目标。评估、反馈过程确保了个人职业生涯规划的有效性。

评估与反馈是指在实现职业生涯目标的过程中,根据实际情况自觉地总结经验和教训,修正对自我的认知,确定最终职业目标。人只有在工作实践中才能更清楚、更透彻地自我认知和定位,才能弄清自己喜爱并适合于从事什么职业。研究表明,许多人都是经过了一段时间的尝试和寻找之后,才了解自己到底适合于从事什么领域的工作,这段时间在缺乏反馈和修正的情况下可能长达十几年。

在行动的过程中,需要通过不断的评估与反馈来检验与评价行动的效果。在职业发展的过程中,往往需要不断地对职业发展计划进行调整。这种调整可能是对具体的行动计划的调整,也可能是对职业发展路线的调整,甚至可能是对职业目标的调整,而这些调整和完善都离

不开职业生涯的评估与反馈。

事物都是处在运动变化中的,由于自身及外部环境条件的变化,职业生涯规划也要随着时间的推移而变化。影响职业生涯规划的因素很多,有的变化因素是可以预测的,而有的变化因素难以预测。在制订职业生涯规划时,由于对自身及外界环境都不了解,最初确定的职业生涯目标往往都是比较模糊或抽象的,有时甚至是错误的。经过一段时间的工作后,要有意识地回顾自己已经走过的职业生涯旅程,检验自己的职业定位与职业方向是否合适,在此基础上不断地对职业生涯规划进行评估与修订。修订的内容主要包括:职业的重新选择、职业生涯路线的选择、阶段目标的修正、实施措施与计划的变更等。

二、评估的意义和目的

1. 评估是改进职业生涯规划的重要环节

只有完成了评估,才是一个短期职业生涯目标实现的完整过程。无论短期职业生涯目标的实现是成功还是失败,其经验或教训都可以成为下一个职业生涯目标改进和完善的依据。在实施职业生涯规划的过程中,人们可以自觉地总结经验和教训,评估职业生涯规划,修正对自我的认知,完善个人早期的职业生涯规划,纠正最终职业目标与分阶段职业目标的偏差。

2. 评估是继续完成职业生涯规划的必要前提

职业生涯规划包含着一系列的短期、中期规划,彼此之间都不是孤立存在的,任何一个新的目标总是以之前完成的目标的效果为背景和基础的,如果前一个目标的问题没有被发现和解决,必然会对新的目标造成影响。

3. 评估是激励自己继续前进的动力

通过评估与修正还可以极大地增强个人实现职业目标的信心。一个短期或中期目标的顺利完成,通过评估可以使人们看到最终的效果,甚至享受到成功的喜悦,从而提高个人的自信心,为完成下一阶段的目标创造良好的心理氛围。

三、评估的程序

1. 重温生涯目标

要经常回顾你的构想和行动规划。有的人虽有计划,但总不将计划放在心上,有事做,却不知道自己努力的方向在哪里。把你的构想和任务方案存入计算机文件中,或贴在床头等可经常看见的地方,时刻提醒自己。当你做出一个对生活和工作极其重要的决定时,请考虑一下你的构想和行动规划,并确保你正在仔细考虑的决策与你的本意相符。

常常问一问:你正在做的是你最想做的事吗?你真的适合做这个职业吗?你能如期完成既定目标吗?你是否将重心放在了最重要的地方?

2. 分析当前的实际情况与当初目标的吻合情况

(1)判断实际行动效果与期望值的偏差。

(2)探究失败的根本原因。

3. 运用结果修正、完善目标

(1) 采取及时、适当的纠正措施。

(2) 调整策略,改变行动。

经常自省是必要的,过程监督也十分重要。保证至少每3个月检查一次工作进度。有意识地回顾得失,检查、验证前期战略措施的执行效果,可以针对性地提出解决方案,纠正分阶段目标中出现的偏差。

四、评估要点

评估可以参照各类短期、中期预定目标和实际结果进行。一般来说,任何形式的评估都可以归结为自我素质和现实环境的适应性判断。及时分析自己的现状,特别是针对变化的环境,找出偏差所在,并做出修正。

1. 抓住最重要的内容

如对职业生涯规划的目标、路径、实施策略、规划落实的状况等进行重点评估。

2. 分离出最新的需求

针对变化的内外环境,发掘最新的趋势和影响。紧跟形势,确定怎样的策略才是最有效而且最有智慧的。

3. 找到突破方向

有时候,在某一点上取得突破性的进展将使整个局面发生意想不到的改变。想一想:先前规划中的策略方案,哪一条对目标的达成应该有突破性的影响?达到了吗?为什么没达到?如何寻求新的突破?

4. 关注最弱点

管理学中有个著名的木桶理论,即一只沿口不齐的木桶,其容量的大小,不取决于最长的那块木板,而取决于最短的那块木板。在评估、反馈过程中,当然要肯定自己取得的成绩与长处,但更重要的是切合变化的环境,发现自己的素质与策略的"短木板",然后想办法修正,或者把这块短木板换掉,或者接补,唯有如此,我们的职业生涯这只桶才能有更大的容量。一般来说,短木板可能存在下列问题:

(1) 观念差距。

观念陈旧往往会造成策略的失误,导致行动失败。

(2) 知识差距。

按照实施策略所积累的知识够不够?是否学错方向了?

(3) 能力差距。

环境在变化,对人的能力的要求也是不断变化的。前一阶段我们通过种种努力提高了某些能力,现在可能又会出现新差距。另外,前一阶段是否坚持按计划来提高能力?提高了多少?遇到过什么困难?思考这些问题对后一阶段有重要的启发。

(4)心理素质差距。

很多时候,我们没有取得预期的进步,并不是规划得不够好,或者措施不够得当,而是心理素质不够好。一个人职业生涯的发展,首先是心理素质的成长过程。

五、进行修正

接下来,就要根据评估的结果进行目标和策略方案的修订。修订的内容包括:职业的重新选择;职业生涯路线的选择;阶段目标的修正;实施措施与行动计划的变更;等等。通过评估、反馈和修正,应该达到下列目的:

(1)对自己的强项充满自信(我知道我的强项是什么)。

(2)对自己的发展机会有清楚的了解(我知道自己什么地方还有待改进)。

(3)找出关键的有待改进之处。

(4)为这些有待改进之处制订详细的行为改变计划。

(5)以合适的方式答复给予反馈的人,并表示感谢。

(6)实施自己的行动计划,确保自己能取得显著的进步和成就。

总之,职业生涯规划是一个动态的过程,有效的职业生涯规划需要不断地反省、修正职业生涯目标,反省策略方案是否恰当、能否适应环境的改变,同时也可以作为下一轮规划的参考依据。

思考与练习:

结合个人专业和职业发展倾向,完成一份职业生涯设计方案。

第六章
Chapter 6

职业素养的培养

学习目标

1. 了解职业素养的概念与主要内容。
2. 了解大学生职业素养的内容和培养方向。
3. 明确财商素养的内容和养成。

学习建议

大学学习期间有针对性地进行职业素养的养成。

职场语录

卓越的人一大优点是：在不利与艰难的遭遇里百折不挠。——贝多芬

一、职业素养的概念与主要内容

素养,即由训练和实践而获得的一种道德修养。《汉书·李寻传》:"马不伏历,不可以趋道;士不素养,不可以重国。"宋·陆游《上殿札子》:"气不素养,临事惶遽。"《后汉书·刘表传》:"越有所素养者,使人示之以利,必持众来。"素养是指一个人的修养,从广义上讲,包括道德品质、外表形象、知识水平与能力等各个方面。在知识经济的今天,人的素养的含义大为扩展,它包括思想政治素养、文化素养、业务素养、身心素养等各个方面。

职业是参与社会分工,利用专门的知识和技能,为社会创造物质财富和精神财富,获取合理报酬,作为物质生活来源,并满足精神需求的工作。职业的社会属性,即规范性、功利性、技术性和时代性的属性,要求从事职业的人员必须具有相应的职业素养。

职业素养是内涵,个体行为是外在表现。职业素养是人类在社会活动中需要遵守的行为规范。个体行为的总和构成了自身的职业素养。职业素养包括以下内容:

(一)职业信念和职业道德

"职业信念"是职业素养的核心。那么良好的职业素养包含了哪些职业信念呢?其中包含了良好的职业道德、正面积极的职业心态和正确的职业价值观意识,这是一个成功职业人必须具备的核心素养。良好的职业信念应该由爱岗、敬业、忠诚、奉献、正面、乐观、用心、开放、合作及始终如一等这些关键词组成。党的十八大提出,倡导富强、民主、文明、和谐,倡导自由、平等、公正、法治,倡导爱国、敬业、诚信、友善,积极培育和践行社会主义核心价值观。富强、民主、文明、和谐是国家层面的价值目标,自由、平等、公正、法治是社会层面的价值取向,爱国、敬业、诚信、友善是公民个人层面的价值准则,这24个字是社会主义核心价值观的基本内容,同时也契合职业信念的核心内容,也就是说,我们作为职业个体在践行社会主义核心价值观的过程中,同样在职场中也应体现出良好的职业信念。

职业道德的概念有广义和狭义之分。广义的职业道德是指从业人员在职业活动中应该遵循的行为准则,涵盖了从业人员与服务对象、职业与职工、职业与职业之间的关系。狭义的职业道德是指在一定职业活动中应遵循的、体现一定职业特征的、调整一定职业关系的职业行为准则和规范。不同的职业人员在特定的职业活动中形成了特殊的职业关系,包括职业主体与职业服务对象之间的关系、职业团体之间的关系、同一职业团体内部人与人之间的关系,以及职业劳动者、职业团体与国家之间的关系。

职业道德的含义包括以下八个方面:
(1)职业道德是一种职业规范,受社会普遍的认可。
(2)职业道德是长期以来自然形成的。
(3)职业道德没有确定形式,通常体现为观念、习惯、信念等。
(4)职业道德依靠文化、习惯和内心信念,通过员工的自律实现。

(5)职业道德大多没有实质的约束力和强制力。
(6)职业道德的主要内容是对员工义务的要求。
(7)职业道德标准多元化,代表了不同企业可能具有不同的价值观。
(8)职业道德承载着企业文化和凝聚力,影响深远。

概括而言,职业道德主要包括以下几方面:忠于职守,乐于奉献;实事求是,不弄虚作假;依法行事,严守秘密;公正透明,服务社会。

(二)职业知识技能和能力

"职业知识技能"是做好一个职业应该具备的专业知识和能力。俗话说:"三百六十行,行行出状元。"如果没有过硬的专业知识,没有精湛的职业技能,就无法把一件事情做好,就更不可能成为"状元"了。

要把一件事情做好,就必须坚持不断地关注行业的发展动态及未来的趋势走向;要有良好的沟通协调能力,懂得上传下达、左右协调,从而做到事半功倍。研究发现:一个企业的成功30%靠战略,60%靠企业各层的执行力,其他因素只有10%。执行能力也是每个成功的职场人必须修炼的一种基本职业技能。各个职业有各个职业的知识技能,每个行业还有每个行业的知识技能。从职业结构看,职业的分布有三个特点:

首先,技术型和技能型职业占主导。占实际职业总量的60.88%的职业分布在"生产、运输设备操作人员及有关人员"这一大类,它们分属我国工业生产的各个主要领域。从这类职业的工作内容来看,其特点是以技术型和技能型操作为主。

其次,第三产业职业比重较小,仅占实际职业总量的8%左右。三大产业中的职业分布中,第二产业的职业比重最大。

再次,知识型与高新技术型职业较少。现有职业结构中,属于知识型与高新技术型的职业数量不超过总量的3%。具体到各行业各企业对人才的需求上看:企业要求的人才不是应试人才,而是做事人才。面对日益激烈的市场竞争,企业的生存和发展系于一端,那就是人才的能力。近几年,发达国家大企业不惜以年薪10万~20万美元物色高级知识人才,希望他们有远见和新意,同时又善于听取他人意见,懂得扬长避短。他们的能力一般由以下几部分组成:

(1)技术与业务能力。社会将更加需要计算机开发与应用、产品营销、管道工程、电子工程等方面的人才。没有过硬的技术才能或是只会纸上谈兵的人必然会被市场竞争淘汰。

(2)组织与规划能力。如今许多被认为是少数领导人士才具备的组织能力成为选择职员的重点。比如说设置工作流程、制定市场营销方针、统一调拨财力物力、协调分配任务等都需要具备高标准的组织规划能力。人的能动性要得到充分发挥,而不局限于按部就班的传统模式。

(3)说服与交流能力。即语言能力,懂得如何表达信息和思想,并能够听取信息与思想的能力。公司间的交往要求职员能应付越来越多的人际关系并具有越来越高的游说能力。同时,在本来节奏快的工作环境中,内部的交流显得更加重要,尽管惜时如金,但没有交流就缺乏动力和发展的源泉。

(4)数字与计算能力。这种能力并非是理工科才必备的,入世后绝大多数人才都应当具备,部门与部门之间的配合以及公司运作的通畅都离不开数字与计算。

(5)想象能力。它是白领、职工都需要的技能。富于想象力,有利于收集并获得广泛、大量的信息与知识;想象力还可以开拓思维方法及观察的视野,换句话说,想象力在某种程度上可以带动人类的创造性和创新能力。

(6)文理贯通能力。文理贯通要求职员学会利用个人天赋提高工作经验,利用各种知识的融合提高工作效率,文科积累的教育经验与理科的专业技能的结合将是职员最有参考价值的学习方向。

(三)职业行为习惯

职业素养就是在职场上通过长时间的学习、改变而最后变成习惯的一种职场综合素质。信念可以调整,技能可以提升。要让正确的信念、良好的技能发挥作用就需要不断地练习,直到成为习惯,最终定型为一个行业从业人员的职业行为习惯。

每个人平时都有习惯,但不一定是职业习惯,更不一定是符合要求的职业习惯。那么,哪些才是符合要求的职业习惯呢?

1. 早到公司

每天提前到公司可以在上班之前准备好完成工作必需的工作条件,调整好需要的工作状态,保证准时开始一天的工作。

2. 做好清洁卫生

做好清洁卫生,可以保证一天整洁有序的工作环境,同时也利于保持良好的工作心情。

3. 工作计划

提前做好工作计划利于有条不紊地开展每天、每周等每一个周期的工作,自然也有利于保证工作的质和量。

4. 开会记录

及时做好必要的会议记录,有助于准确地记载各种有用的信息,帮助日常工作顺利开展。

5. 遵守工作纪律

工作纪律是为了维持正常工作秩序、保证必需工作环境而制定的,不仅有利于工作效率的提升,也有利于工作能力的提高。

6. 工作总结

及时总结每天、每周等阶段性工作中的得与失,及时调整自己的工作习惯,总结工作经验,不断完善工作技能。

7. 向上级汇报工作

及时地向上级请示汇报工作，不仅有利于工作任务的完成，也可以在上级的指示中学习到更多工作经验和技能，让自己的能力得到提升。

职业习惯是一个职场人士根据工作需要，为了很好地完成工作任务主动或被动地在工作过程中养成的工作习惯，也是保证工作任务和工作质量必须具备的品质。良好的职业习惯，是出色地完成工作任务的必要前提，如果不具备良好的职业习惯就不能按照要求完成自己的工作。所以每一个人都需要一个良好的职业习惯。

大学教育与小初高教育的最大区别就是目的方向不同：大学教育和小初高教育的根本目的是培养社会主义可靠的建设者和接班人，这点在本质上是没有区别的，但从培养目的的方向上看，依然有所区别。小初高教育培养目的的方向往往指向高考，关乎的是能否考上大学，而大学教育培养的方向是就业，关乎的是学生的生存和发展。从这个角度可以体现出大学教育对职业的影响是非常巨大的，同时大学的职业素养教育对学生进入社会后的生存发展同样具有不可忽视的重要意义。

二、大学生职业素养的内容和培养方向

近几年，大学毕业生的就业已经成为比较重要的社会问题，也可以说是一个难题。对于很多毕业生来说，先不说找到好工作，即便是找到一份工作就已经比较困难了。高校把毕业生的就业率作为考查学校教育效果的一大指标：毕业生就业率的高低直接影响到学校的声誉，同时也会影响到学校的招生及培养计划。而从社会的角度来看，很多企业又在叹息"招不到合适的人选"。很多事实表明，这种现象的存在与学生的职业素养难以满足企业的要求有关。"满足社会需要"是高等教育的目的之一。既然社会需要具有较高的职业素养的毕业生，那么，高校教育就应该把培养大学生的职业素养作为其重要目标之一。同时，高校也不是关起门来办教育，社会、企业也应该尽力与高校合作，共同培养大学生的职业素养。

（一）职业素养及其在工作中的地位

中国知网（CNKI）将职业素养定义为职业内在的规范和要求，是在职业过程中表现出来的综合品质，包含职业道德、职业技能、职业行为、职业作风和职业意识等方面。很多业界人士认为，敬业精神是职业素养的重要组成要素，敬业精神就是在工作中将自己作为公司的一部分，不管做什么工作一定要做到最好，发挥出实力，对于一些细小的错误一定要及时地更正。敬业不仅仅是吃苦耐劳，更重要的是"用心"去做好公司分配给的每一份工作。态度是职业素养的核心，好的态度比如负责、积极、自信、乐于助人等。

职业素养是一个人职业生涯成败的关键因素。职业素养量化而成"职商"（career quotient，CQ）。

那么,职业素养在工作中的地位如何呢?

《一生成就看职商》的作者吴甘霖回首自己从职场惨败到走上成功之路的过程,再总结比尔·盖茨、李嘉诚、牛根生等著名人物的成功历史,并进一步分析所看到的众多职场人士的成功与失败,得到了一个宝贵的理念:一个人,能力和专业知识固然重要,但是,在职场要成功,最关键的并不在于他的能力与专业知识,而在于他所具有的职业素养。他提出,一个人在职场中能否成功取决于其"职商",而职商由以下10个职业素养构成:敬业,发展,主动,责任,执行,品格,绩效,协作,智慧,形象。工作中需要知识,但更需要智慧,而最终起到关键作用的就是素养。缺少这些关键的素养,一个人将一生庸庸碌碌,与成功无缘。拥有这些素养,会少走很多弯路,以最快的速度通向成功。

前面已经提到,很多企业之所以"招不到满意人选"是由于找不到具备良好职业素养的毕业生,可见,企业已经把职业素养作为对应聘人员进行评价的重要指标。如成都大翰咨询公司在招聘新人时,要综合考察毕业生的5个方面:专业素质、职业素养、协作能力、心理素质和身体素质。其中,身体素质是最基本的,好身体是工作的物质基础;职业素养、协作能力和心理素质是最重要和必需的,而专业素质则是锦上添花。职业素养可以通过个体在工作中的行为来表现,而这些行为以个体的知识、技能、价值观、态度、意志等为基础。良好的职业素养是企业必需的,是个人事业成功的基础,是大学生进入企业的"金钥匙"。

(二)大学生职业素养的构成

"素质冰山"理论认为,个体的素质就像水中漂浮的一座冰山,水上部分的知识、技能仅仅代表表层的特征,不能区分绩效优劣;水下部分的动机、特质、态度、责任心才是决定人的行为的关键因素,是鉴别绩效优秀者和一般者的条件。大学生的职业素养也可以看成是一座冰山:冰山浮在水面以上的只有1/8,它代表大学生的形象、资质、知识、职业行为和职业技能等方面,是人们看得见的、显性的职业素养,这些可以通过各种学历证书、职业证书来证明,或者通过专业考试来验证。而冰山隐藏在水面以下的部分占整体的7/8,它代表大学生的职业意识、职业道德、职业作风和职业态度等方面,是人们看不见的、隐性的职业素养。显性职业素养和隐性职业素养共同构成了大学生所应具备的全部职业素养。由此可见,隐性职业素养支撑着外在的显性职业素养,显性职业素养是隐性职业素养的外在表现,大部分的职业素养是人们看不见的,但正是由这7/8的隐性职业素养决定。因此,大学生职业素养的培养应该着眼于整座"冰山",并以培养显性职业素养为基础,重点培养隐性职业素养。当然,这个培养过程不是学校、学生、企业哪一方能够单独完成的,而应该由三方共同协作,实现"三方共赢"。

(三)大学生职业素养的自我培养

作为职业素养培养主体的大学生,在大学期间应该学会自我培养。

首先,要培养职业意识。雷恩·吉尔森说:"一个人花在影响自己未来命运的工作选择上的精力,竟比花在购买穿了一年就会扔掉的衣服上的心思要少得多,这是一件多么奇怪的事情,尤其是当他未来的幸福和富足要全部依赖于这份工作时。"很多高中毕业生在跨进大学校门之时就认为已经完成了学习任务,可以在大学里尽情地"享受"了。这正是他们在就业时感到压力的根源。清华大学的樊富珉教授认为,中国有69%～80%的大学生对未来职业没有规划,就业时容易感到压力。中国社会调查所最近完成的一项在校大学生心理健康状况调查显示,75%的大学生认为压力主要来源于社会就业;50%的大学生对于自己毕业后的发展前途感到迷茫,没有目标;41.7%的大学生表示目前没考虑太多;只有8.3%的人对自己的未来有明确的目标并且充满信心。培养职业意识就是要对自己的未来有所规划。因此,大学期间,每个大学生应明确:我是一个什么样的人?我将来想做什么?我能做什么?环境能支持我做什么?着重解决一个问题,就是认识自己的个性特征,包括自己的气质、性格和能力,以及自己的个性倾向,包括兴趣、动机、需要、价值观等重要条件。据此来确定自己的个性是否与理想的职业相符。对自己的优势和不足有一个比较客观的认识,结合环境如市场需要、社会资源等,确定自己的发展方向和行业选择范围,明确职业发展目标。

其次,配合学校的培养任务,完成知识、技能等显性职业素养的培养。职业行为和职业技能等显性职业素养比较容易通过教育和培训获得。学校的教学及各专业的培养方案是针对社会需要和专业需要制订的,旨在使学生获得系统化的基础知识及专业知识,加强学生对专业的认知和知识的运用,并使学生获得学习能力,培养学习习惯。因此,大学生应该积极配合学校的培养计划,认真完成学习任务,尽可能利用学校的教育资源,包括教室、图书馆等获得知识和技能,作为将来职业需要的储备。

再次,有意识地培养职业道德、职业态度、职业作风等方面的隐性素养。隐性职业素养是大学生职业素养的核心内容。核心职业素养体现在很多方面,如独立性、责任心、敬业精神、团队意识、职业操守等。事实表明,很多大学生在这些方面存在不足。有记者调查发现,缺乏独立性、会抢风头、不愿下基层吃苦等表现容易断送大学生的前程。厦门博格管理咨询公司的郑甫弘,在他所进行的一次招聘中,一位来自上海某名牌大学的女生在中文笔试和外语口试中都很优秀,但被最后一轮面试淘汰。他说:"我最后不经意地问她,你可能被安排在大客户经理助理的岗位,但你的户口能否进深圳还需再争取,你愿意吗?"结果,她犹豫片刻回答说:"先回去和父母商量再决定。"缺乏独立性使她失掉了工作机会。而喜欢抢风头的人被认为没有团队合作精神,用人单位也不喜欢。如今,很多大学生生长在"6+1"的独生子女家庭,因此在独立性、承担责任、与人分享等方面都不够好;相反,他们爱出风头、容易受伤。因此,大学生应该有意识地在学校的学习和生活中主动培养独立性、学会分享、感恩、勇于承担责任,不要把错误和责任都归咎于他人。

大学生职业素养的自我培养应该加强,在思想、情操、意志、体魄等方面进行自我锻炼。同时,还要培养良好的心理素质,增强应对压力和挫折的能力,善于从逆境中寻找转机。

(四)高校对大学生职业素养的教育对策

为了培养大学生的职业素养,高校应该从以下几个方面着手以满足社会需要。

首先,将大学生职业素养的培养纳入大学生培养的系统工程,使高中毕业生在进入大学校门的那一天起,就明白高校与社会的关系、学习与职业的关系、自己与职业的关系。全面培养大学生的显性职业素养和隐性职业素养,并把隐性职业素养的培养作为重点。

其次,成立相关的职能部门协助大学生职业素养的培养。如以就业指导部门为基础成立大学生职业发展中心,并开设相应的课程,及时向大学生提供职业教育和实际的职业指导,最好是要配合提供相关的社会资源。

再次,深入了解学生需要,改进教学方法,提升大学生对专业学习的兴趣,满足学生对本专业各门课程的求知需求,尽可能向学生提供正确、新颖的学科信息。

(五)社会资源与大学生职业素养的培养

大学生职业素养的培养不能仅仅依靠学校和学生本身,社会资源的支持也很重要。很多企业都想把毕业生直接投入"使用",但是却发现很困难。企业界也逐渐认识到,要想获得较好职业素养的大学毕业生,企业也应该参与到大学生的培养中来。可以通过以下方式来进行:

(1)企业与学校联合培养大学生,提供实习基地以及科研实验基地。

(2)企业家、专业人士走进高校,直接提供实践知识、宣传企业文化。

(3)完善社会培训机制,并走入高校对大学生进行专业的入职培训以及职业素质拓展训练等。

总之,大学生职业素养的培养是目前高等教育的重要任务之一,而这一任务的进行,需要大学生、高校及社会三方面的协同配合才能有效。

三、财商素养和财经职业素养

当今社会,我们处在一个经济全球化、市场化,金融科技快速发展的大环境当中。不管我们愿不愿意提,"金钱"已经渗透到我们生活的方方面面,成为我们生活当中必不可缺的一个要素。科技借助金融的发展,已经把我们的生活通过互联网和物联网等全部连接在一起了。这种趋势迫使现代人生活中的经济行为不断地大幅增加。所以,我们想要过怎样的生活,就应该具备怎样的财商素养和能力。

什么是财商教育?其意义何在?"财"指财富,具体可体现在金钱、货币、资本、商品、贵金属、土地、技术、人力资源等方面,"财"可以进入流通领域带来交换,具有交换价值;"商"是商数,指能力,财商是智商的一种。社会文明不断进步,智商素养的内涵和范围变得更大,从智商中就会分出情商,这是用来跟人打交道的,而财商,是用来跟钱打交道的。所以财商也可以通俗地定义为"人与金钱打交道的能力",简单地说就是"财富智商"。"财商"被人称为与智商、情商并列的现代人所必备的三大素养之一。人有三种身份特征:自然人、社会人,同时又是经济人。作为自然人,要具备智商;作为社会人,要有情商;生活在社会中,作为经济人,要与金钱打交道,要处理经济行为。所以"财商"也可以称为"经济素养"。

什么是财商教育?财商教育是依托经济学、教育学、心理学等学科的基本原理和知识,以学生日常生活环境为基本素材,培养学生对生活中的经济行为现象的观察思考、探究和适当的处理能力,由低向高逐渐深入。财商教育最重要的是培养学生的理性能力和健全人格,财商教育的本质一定是教育。我们是以生活当中的经济素材作为样本,去教育培养学生的综合能力,比如说培养理性能力、分析能力,而不是培养他们的赚钱能力。财商教育不仅是理财技能教育,还是价值观和人生习惯养成的重要组成部分。财商教育的意义是什么呢?就是面对金钱、财富、投资、理财等问题,从不明白到明白,从不懂到懂。从教育的本意来说,就是传道、授业、解惑。变成明白的人是明白什么呢?明白自己、明白金钱,明白与金钱打交道的方式;明白商品、明白成功,明白财富的社会意义;明白收入与支出、明白消费等。

财商素养和财经职业素养之间既有区别还有联系,区别在于使用人群和具体要求不同。

首先,财商素养适用于全体国民,国民财商素养的整体提高有利于整个社会的进步和发展,而财经职业素养适用于财经从业人员,财经从业人员的财经职业素养的提高有利于我国经济整体大环境的改善和整个财经类行业的健康发展。

其次,财商素养较为综合和宏观,是指人在与金钱打交道过程中形成的意识和素养,而财经职业素养是财经职业从业人员在从事与金钱打交道的工作中长期形成的良好职业习惯。

再次,在大学教育阶段,财商教育要让学生变得更明白、更理性、更智慧,最终走上一条明白、理性、智慧的与金钱和财富打交道之路,要培养学生积极的金钱观、价值观。比如知道钱从哪里来,到哪里去,有什么用。要培养学生关于金钱好的行为习惯。而在大学阶段,特别是财经类高校,培养学生的财经职业素养是学校就业指导教育重要的一部分,最终当学生学成毕业进入工作岗位后,要具有财经类专业专属的"财经味"。

在企业工作,在社会打拼,具备一定的职业素养是至关重要的。这些是以后就业、在事业上发展的重要保障。不管是从事哪个行业都需要具备基本的职业素养。下面就具体地介绍如何具备职业素养,应该注意哪几点。

(一)有明确的目标,按计划执行

不管是在工作前还是工作后都要有一个自己的目标。在面试时,很多面试官都会问"你的职业规划是什么",这是大目标;工作后每周的周计划,这是小目标。缺乏明确目标的人,其工作必将庸庸碌碌。要有坚定而明确的目标是专注工作的一个重要原则。

（二）要有团队意识

现在企业文化中将团队意识放在很重要的位置上，不管是在哪个公司，都会有一个团队，自己绝对不能独立出来，要时刻想着自己是这个整体的一部分，干什么事都要有团队意识，要为整个团队考虑。团队训练往往在新员工招聘和培训中成为主要内容，在员工考核和职位晋升中，团队意识也是重要的衡量指标。

（三）有互助精神

不管是在工作还是在生活中都是要有互助精神的，邻里之间、朋友之间、工作中的同事之间，不管是谁遇到问题就尽量去帮忙，因为你帮助别人，别人才有可能去帮助你，只有你先奉献了才有可能得到回报。

（四）要有时间观念

时间对每一个职场人士都是公平的，每个人都拥有相同的时间，但是在同样的时间内，有人表现平平，有人则取得了卓著的工作业绩，每个人对时间的管理与使用效率是存在着巨大差别的，这就是造成这种反差的根源。因此，要想在职场中具备不凡的竞争能力，应该先将自己培养成一个时间管理高手。在工作的时候，最重要的一部分就是时间观念了；上班不要迟到，下班不要早退，工作中不要拖拉。

（五）学会交流，善于沟通

在工作中一定要懂得去交流，不要自己一头闷着去干自己的工作、不与人交流，在工作中遇到了什么问题，或者遇到了什么有趣的事情都可以拿来与同事交流，这样还能增强与同事之间的关系。学会交流和有效地沟通，可以提高工作效率，同时还可以形成良好的人际关系。

（六）有创新观念

发展源于创新，要想有发展就要有创新的头脑和思维，有创新才会有发展，才会有未来。

（七）不断学习的精神

俗话说"活到老学到老"，要养成不断学习的精神，因为社会就像大自然一样在随时地变化着，各种各样的事情也都在变化着，需要自己不断地学习才能跟得上时代不断变化的潮流。不可回避的是，在大学里所学的文化知识往往滞后于社会的发展，这就要求广大学生要有不断学习的意识，只有不断地学习、不断地接受新知识，才能够适应社会的发展。

以上是社会对从业者最基本的职业素养要求，下面我们就列举财管类专业的具体职业素养要求。

（一）财会类专业

1. 要有扎实、过硬的专业知识和专业能力

财务工作涉猎面广，专业性和实践性强，业务繁杂，法律制度规范较多。因此，财会人员必须具备专业基本功,掌握全面的财务法规理论。

2. 有强烈的事业心和责任感

高度的事业心、责任感是做好一切工作的前提条件,也是广大干部最核心的基本素质,因为只有想干事,才能去干事,只有牢记责任,才能谈得上尽心尽力、尽职尽责。作为一名财务人员,必须具备认认真真、勤勤恳恳、任劳任怨的工作作风和工作态度,以熟练的业务技能提供准确而具有价值的数据。

3. 要有高尚的职业道德

财务从业人员应当以诚信为本,严谨务实。在日常工作中必须本着实事求是的态度,要严于律己,爱岗敬业,扎扎实实地工作;遵守财务纪律,保持清醒的头脑。

4. 细心谨慎

财务工作常常与数字为伍,工作内容很细微却往往责任重大,因此必须细心谨慎。这也许是企业多愿意招聘女性担任财务工作的缘故。一般来说,女性比男性更细心、更认真。

5. 良好的沟通能力

财务部门一般是企业的一个综合性管理部门,要和企业内外方方面面的人进行接触,因此必须学会如何与别人沟通协调。良好的语言表达能力、逻辑思维能力和待人热情周到的处事方式也是会计人员的基本素质要求。

同时,需要热爱本职工作,忠于职守,廉洁奉公,严守职业道德;认真学习国家财经政策、法令,熟悉财经制度;积极钻研会计业务,精通专业知识,掌握会计技术方法;严守法纪,坚持原则,执行有关的会计法规,维护国家利益,抵制一切违法乱纪、贪污盗窃的行为,要勇于负责,不怕打击报复;身体状况能够适应本职工作的要求。

(二)管理类专业

1. 沟通能力

为了了解组织内部员工互动的状况,倾听职员心声,一个管理者需要具备良好的沟通能力,其中"善于倾听"最为重要。唯有如此,才不至于让下属离心离德,或者不敢提出建设性的提议与需求,而管理者也可借由下属的认同感、理解程度及共鸣,得知自己的沟通技巧是否成功。

2. 协调能力

管理者要能敏锐地觉察部属的情绪,并且建立疏通、宣泄的通道,切勿等到对立加深、矛盾扩大后,才急于着手处理与排解。此外,管理者对于情节严重的冲突,或者可能会扩大对立面的矛盾事件,更要果断地加以排解。即使在状况不明、是非不清的时候,也应及时采取降温、冷却的手段,并且在了解情况后,立刻以妥善、有效的策略化解冲突。只有把握消除矛盾的先发权和主动权,才能使矛盾迎刃而解。

3. 规划与统整能力

管理者的规划能力并非着眼于短期的策略规划,而是长期计划的制订。换言之,卓越的管理者必须深谋远虑、有远见,不能目光如豆,只看得见现在而看不到未来,而且要适时让员工了解公司的远景,才不会让员工迷失方向。特别是在进行决策规划时,更要能妥善运用统整能力,有效地利用部署的智慧与既有的资源,避免人力浪费。

4. 决策与执行能力

在民主时代,虽然有许多事情以集体决策为宜,但是管理者仍经常要独立决策,包括分派工作、人力协调、化解员工纷争等等,这都往往考验着管理者的决断能力。

5. 培训能力

管理者必然渴望拥有一个实力强大的工作团队,因此,培养优秀人才,也就成为管理者的重要任务。

6. 统驭能力

有句话是这样说的:"一个领袖不会去建立一个企业,但是他会建立一个组织来建立企业。"根据这种说法,当一个管理者的先决条件,就是要有能力建立团队,才能进一步建构企业。但无论管理者的角色再怎么复杂多变,赢得员工的信任都是首要的条件。

第七章
Chapter 7

创新与创业教育

学习目标

1. 在了解创业基本常识的基础上,以锻炼创业能力为关键、以培养创业精神为核心,学会如何运用知识进行创造性思考,培养批判性思维。

2. 学会认识自我、发展自我,在学习和实践中磨砺意志、锻炼精神,同时注重认识社会、忠职敬业,在实践中更好地融入社会,承担应有的责任,使身心得以健全发展。

学习建议

1. 假设自己作为创业者,对自己感兴趣的领域进行调研。
2. 结合创业者应具备的基本素质对自己进行评估并制订一份整改计划。

职场语录

我认为做企业要有这些素质,特别是在中国市场上,那就是:诗人的想象力、科学家的敏锐、哲学家的头脑、战略家的本领。——宗庆后

第七章 创新与创业教育

生活是公平的,哪怕吃了很多苦,只要你坚持下去,一定会有收获,即使最后失败了,你也获得了别人不具备的经历。——马云

思路决定出路。——王振滔

第一节　创业的基本常识

简单地说,创业就是将产品推向市场,谋求利益的过程。创业包含技术、资金、经验和人才四大基本要素。

一、创业的内涵

"创业"一词最早见于《孟子·梁惠王下》:"君子创业垂统,为可继也。"其意思是"创立基业,传之子孙"。诸葛亮《出师表》中也提到过"创业":"先帝创业未半,而中道崩殂。"在中国传统文化中,"创业"一词与"守成"相对应。《辞海》对创业的定义为"创立基业",指开拓、创立个人、集体、国家和社会的各项事业以及所取得的成就。这一词强调了开端和开创的艰辛和困难,突出过程的开拓和创新意义,侧重于在前人的基础上有新的成就和贡献。这些对创业的定义都比较宽泛。

西方发达国家在使用这个概念时意向比较集中,与经济事物息息相关,所指关系比较明晰。罗伯特·C.荣斯戴特(Robert C Ronstadt)认为:"创业是一个创造并增长财富的动态过程。"杰弗里·A.蒂蒙斯(Jeffry A Timmons)认为:"创业是一种思考、推理的行为方式,这种行为方式是机会驱动、注重方法和与领导相平衡。创业导致价值的产生、增加、实现和更新,不只是为所有者,也为所有的参与者和利益相关者。"美国巴布森商学院(Babson Business School)和英国伦敦商学院(London Business School)联合发起,加拿大、法国、德国、意大利、日本、丹麦、芬兰、以色列等10个国家的研究者应邀参加的"全球创业监测"项目,把创业定义为:"依靠个人、团队或一个现有企业,来建立一个新企业的过程,如自我创业、一个新的业务组织或一个现有企业的扩张。"

总结国内外学者的研究来看,创业的概念分为两个层次:狭义的创业概念和广义的创业概念。狭义的创业指"创办新企业的生产经营活动"。广义的创业指"社会生活的各个领域里人们开创新事业的实践活动"。

综合各种观点,我们将创业定义为:承担风险的创业者通过寻找和把握商业机会、投入已有的技能知识、配置相关资源创建新企业,为消费者提供产品和服务,为个人和社会创造价值和财富的过程。

这个概念包括以下几层含义:

(1)创业是一个创造的过程,即创业者要付出努力和代价。

(2)创业的本质在于机会的商业价值发掘与利用,即要创造或认识到事物的一个商业用途。

(3)创业的潜在价值需要通过市场来体现,即市场是实现财富的渠道。

(4)创业以追求回报为目的,包括个人价值的满足与实现、知识与财富的积累等。

二、中国四次创业浪潮

改革开放至今,中国经历了三次创业浪潮,目前迎来了第四次创业浪潮。第一波浪潮的主要创业者是社会相对边缘的人;第二波创业浪潮的主体是体制内"下海"的人;第三次创业浪潮的创业者集中于信息产业;第四波创业浪潮开始出现全民创业,大学生成为此次创业浪潮的重要组成部分。

三、创业的基本要素

创业要素包括创业者、商业机会、技术与资源、资金、人力资本、组织、产品服务等几个方面。

(一)创业者

创业者是创业过程中处于核心地位的个人或团队,是创业的主体。创业者在创业过程中起着关键的推动和领导作用,包括识别商业机会、创建企业组织、融资、开发新产品、获取和有效配置资源、开拓新市场等。因而创业者的素质和能力是创业成功的第一要素。

(二)商业机会

商业机会是创业过程中的核心,创业者从发现和识别商业机会开始创业。商业机会指没有被满足的市场需求,它是市场中现有企业留下的市场空缺。商业机会就是创业机会,它意味着顾客能得到比当前更好的产品和服务的潜力。

(三)技术与资源

技术是固定产品或服务的重要基础。产品与服务当中的技术含量及其所占比例,是企业满足社会和市场需求的支持与保障,是企业的核心竞争力。

(四)资金

资金对于处在不同发展阶段的企业来说都是非常重要的。在企业快速发展时期,资金的缺口将直接限制企业的发展壮大,而在创业之初,主要是靠自筹资金,对于符合一定条件的创业者,将有可能获得一定的政府扶持资金。

(五)人力资本

人力资本是创业的重要资源投入。成功的关键在于创业者的识人、留人、用人。形成创业的核心团队,制定有效的政策制度和组织结构,建立良好的企业文化是建立人力资本的核心。

（六）组织

组织是协调创业活动的系统，是创业的载体，是资源整合的平台。创业型组织的显著特征是创业者的强有力领导，但缺乏正式的结构和制度。从广义上来说，创业型组织是以创业者为核心形成的关系网络，不仅包括新设组织内的人，还包括这个组织之外的人或组织，如顾客、供应商和投资人。

（七）产品服务

产品服务是创业者为社会创造的价值，它既是创业者成功的必要条件，又是创业者对社会的贡献。正是通过为社会提供更多更好的产品服务，人类社会的财富日益增多，人们的生活变得丰富多彩。

创业就是具有创业精神的创业者、商业机会、组织与技术、资金、人力资本等资源相互作用、相互配置，以创造产品和服务的动态过程。

四、创业发展阶段

创业企业一般具有两个共同特征：一是它们都不能在贷款市场和证券公开市场上筹集资金，只有求助于创业资本市场；二是它们的发展具有阶段性，任何一个企业从提出构想到企业创立、发展、成熟，都存在一个成长的生命周期，通常可以划分为五个阶段，即种子期（Seed Stage）、创建期（Start-up Stage）、成长期（Development Stage）、扩张期（Shipping Stage）和获利期（Profitable Stage）。每一阶段在企业规模、资金需求、投资风险、市场开拓以及公司成长等方面都有明显差别。

（一）种子期

种子期又称为筹建期，企业尚未真正建立，基本上处于技术和产品开发阶段，所产生的还只是实验室成果、样品和专利，而不是产品。企业可能刚刚组建或正在筹建，基本上没有管理队伍。

进入这一阶段的投资成功率最低，平均不到10%，但单项资金要求最少，成功后的获利最高，投资者主要是利用政府专项拨款、科研机构或者大学的科研基金、社会捐赠和被称作精灵投资者的个人创业投资家提供的股本金等。

种子基金主要用于帮助企业家研究其创意、编写经营计划、组建管理队伍、进行市场调研等。

（二）创建期

创建期又称为起步期或导入期，此时企业已经注册设立并开始运营，拥有了一份初步的经营计划，管理团队逐步完善。没有任何收入，开销也极低。本阶段对创业投资家来说是最冒险和最困难的阶段，但他们已经能够对详细的技术和商业计划做出评估，因此，他们通常在此阶段开始投资新创企业。

这一阶段大致相当于我国划分的小试阶段前期,技术风险与种子阶段相比,有较大幅度下降,但投资成功率依然较低,平均不到20%。虽然单项资金要求较种子阶段要高出不少,但成功后的获利依然很高。这一阶段,那些非营利性的投资,由于法律的限制将不再适宜,因此创业投资将是其主要的投入形式。一般来说,创业投资从这一阶段才真正进入创业企业的发展阶段。

(三)成长期

成长期又称为发展期,此时产品进入开发阶段,技术风险大大降低,并由数量有限的顾客试用,但仍没有销售收入。至此阶段末期,企业完成产品定型,着手开始其市场开拓计划。企业资金需求量在增加,内部融资已经远远不能适应,迫切需要外部股权性融资,大批创业资本一般会在这一阶段进入新创企业。

(四)扩张期

企业开始出售商品或劳务,并拥有一定的销售量和利润,资产规模逐步扩大。但需进一步提高生产能力,开拓市场,故仍需要大量资金,一般需要通过几个创业投资家共同投资以满足需要。因技术和市场风险已大大降低,且有了一定的业绩,创业投资家也愿意在这一阶段投资。

这一阶段大致相当于我国划分的中试阶段后期和工业化阶段,企业开始出售产品和服务,但支出仍大于收入。在最初的试销阶段获得成功后,企业需要投资以提高生产和销售能力。在这一阶段,企业的生产、销售、服务已具备成功的把握,企业可能希望组建自己的销售队伍、扩大生产线、增强其研究发展的后劲,进一步开拓市场,拓展其生产能力或服务能力。这一阶段,企业逐步形成经济规模,开始达到提高市场占有率目的,此时成功率已接近70%,企业开始考虑上市计划。

这一阶段融资活动又称 Mezzanine,在英文里的意思是"底楼与二楼之间的夹层楼面"。可以把它理解为"承上启下"的资金。这一阶段意味着企业介于创业投资和股票市场投资之间。这一阶段的创业投资通常有两个目的:

一是基于以前的业绩,风险性大大降低。企业的管理与运作基本到位。企业已具有的成功业绩,使风险显著降低。

二是一两年以后便可迅速成长壮大走向成熟。这个阶段之所以对创业投资家有一定的吸引力,是因为企业能够很快成熟,并接近于达到公开上市的水平。如果企业有这种意向,在这一阶段介入的创业投资,将会帮助其完成向公开上市的飞跃。公开上市后创业投资家便完成了自己的使命,从而撤出企业。因此,"承上启下"阶段的投资对创业投资家来讲可以"快进、快出",流动性较强。

这一阶段资金需求量更大。比较保守或规模较大的创业投资机构往往希望在这一阶段提供创业资本。在股本金增加的同时，企业还可争取各种形式的资金，包括私募资金、有担保的负债、无担保的可转换债以及优先股等。

（五）获利期

获利期又称为成熟期，企业逐渐在本行业特定的市场上站稳了脚跟，销售收入高于支出，产生净收入，但仍然需要创业资本的最后投入。随着成熟期的推进，企业开始由新创企业转变为成熟企业。如果接近达到公开上市水平，创业投资将会帮助企业实现这一飞跃，以便获利退出。由于这一阶段的投资一般用于对企业进行最后包装，因此，常被称为美化基金。

综上所述，创业投资一般主要投资于创建阶段、成长阶段和扩张阶段。规模较小、运作较为灵活的创业投资机构主要投资于前两个阶段；规模较大、相对保守的创业投资机构往往投资于后一个阶段。

五、创业与就业的差异

两者在企业中的地位、所肩负的责任和使命均有较大差异。创业者通常处于新创企业的高层，在企业实体的创建过程中，创业者始终是负责人，始终参与其中；而就业者通常处于中低层，到达高层需要一个过程，也不需要对企业的成长负责，只需要做好本职工作就可以了。

（一）技能差异

创业者通常身兼数职，既要有战略眼光，也要有具体的经营技能，从而要求其具备相当全面的知识和技能；就业者通常具备一项专业技能即可开展自己的工作。

（二）收益与风险差异

就业的主要投入是数年的教育成本，而创业除了教育成本，还包括前期准备中投入的人力、物力和财力。一旦失败，就业者并不会丧失教育成本，但创业者会损失在创业前期投入的一切成本。而一旦成功，就业者只能获得约定的工资、奖金及少量的利润，创业者则会获得大多数经营利润，其数额理论上没有上限。

（三）成功的关键因素

就业可以完全依靠企业实体，但创业更多的还要考虑自身的经验学识与财力，以及各种需求和各种资源占有等条件。

第二节　大学生创业的意义及有利条件

有人说，美国硅谷（Silicon Alley，USA）就是和斯坦福大学（Stanford University）、学生创业

公司以及美国的风险投资公司一起成长的。没有在车库里的学生创业者就没有惠普公司（Hewett-Packard）、苹果公司（Apple）和英特尔公司（Intel Corporation）等这些现今世界著名的高科技公司，就没有今天世界第一流的斯坦福大学，也就没有硅谷。学生创业的意义和价值在这些评论中，已经得到充分的肯定。

一、大学生创业对社会的意义

（一）大学生创业是社会经济发展的原动力

全球创业观察项目曾将国家或地区的全员创业活动指数与国内生产总值（GDP）增长率进行时间序列回归分析，统计结果显示：创业活动与经济增长情况呈正相关，创业活动活跃的国家或地区，经济增长速度快。尽管有的国家创业活动不太活跃，而经济增长仍然很快，但是并没有出现一个国家创业活动活跃但经济增长速度低的情况。

在中国，创业活跃的地区也是经济增长快的地区，如北京、上海、广东，而创业活动不活跃的地区，也是经济增长不快的地区。

在美国，小企业占企业总数的99%，产值占GDP的40%，美国95%以上的财富是由1980年以后新出现的比尔·盖茨等新一代创业英雄们创造的。

创业繁荣了市场，丰富了人们的生活，提高了生活质量。大量的新创中小企业，利用其灵活机制，通过"多品种""小批量"等个性化服务，以及参与垄断行业和新兴产业领域的竞争，保证了市场活力，促进了市场竞争。

（二）大学生创业是科技创新的加速仪

创业过程的核心是创新精神。创新是创业的主要驱动力量，创业是新理论、新技术、新知识、新制度的孵化器，也是新理论、新技术、新知识、新制度形成现实生产力的转化器。

美国一半的创新、95%的根本性创新是由小型企业完成的，小企业和创业者每年创造了70%以上的新产品和服务。在美国，小型创业公司的研发工作比大型公司更有成果，更显得生机勃勃。小型公司每花1美元在研发上，可产生2倍于巨型公司的革新项目，与那些员工超过万人的超级公司相比，小型公司创造的革新项目是它们的24倍。

就我国来说，当前中国经济结构调整的重点是发展高新技术产业和进行传统产业的升级改造。而创业往往伴随着新科技、新产品、新工艺、新方法进入市场，科研成果转化型的创业企业往往伴随着新的技术或者工艺的产生与发展，这对中国科技水平和综合国力的提高有着巨大的促进作用。

（三）大学生创业是社会就业的扩容器

在发达国家，就业机会大多由创业型中小企业创造，尤其是在大企业进行裁员时，中小企业在稳定就业方面就起着越发重要的作用。

在 20 世纪 90 年代，美国的大企业裁掉了 600 多万个工作岗位，但失业率却降到了历史最低，这主要是创业者创建新企业的结果。1980 年以来，美国已经创造了 3 400 多万个新的就业机会，但《财富》500 强企业同期却减少了 500 多万个就业岗位。目前，美国有 1 000 多万人是"自我雇用"的，大约每 8 个成人中就有一个。

随着我国经济体制和政治体制改革的不断深入，特别是在国有和集体下岗分流、减员增效的大背景下，国有单位和城镇集体单位的就业空间明显缩小，而民营经济就业空间持续增长。持续、高效、大量地吸纳就业，依然是民营经济对国民经济发展的重要贡献之一。

中小企业在推动经济发展、稳定就业市场方面表现突出，目前国家对其扶持力度日增。党的十九大报告提出，着力构建市场机制有效、微观主体有活力、宏观调控有度的经济体制，不断增强我国经济创新力和竞争力。全党要关心和爱护青年，为他们实现人生出彩搭建舞台。同时，还勉励广大青年要坚定理想信念，志存高远，脚踏实地，勇做时代的弄潮儿，在实现中国梦的生动实践中放飞青春梦想，在为人民利益的不懈奋斗中书写人生华章。

（四）大学生创业是实现人生价值、展现个性的机会

首先，大学生通过自主创业，可以把兴趣与职业紧密结合，实现人生价值。大学毕业生自主创业与社会供职不同，他可以做自己最感兴趣、最愿意做和自己认为最值得做的事业。大学毕业生在自己创办的事业里"海阔凭鱼跃，天高任鸟飞"，最大限度地发挥才能，实现自己的人生价值。

其次，大学生创业为大学生提供了施展个人才能的极好机会。创业活动中通常是创业者自己选择岗位，与传统就业方式中的工作岗位选择就业者不同。大学生完全可以在自主创业活动中发挥自己的才华和个性，实现自己的人生目标。

（五）大学生创业促使全新成才观形成

习惯思维告诉我们，大学生的路应该这样走：安安心心读书，大学毕业后，找一家中意的单位谋求发展。大多数大学生根本就没有想到自己去开公司，原本的计划就是在单位里一步步发展，一步步升迁。

大学生创业概念的出现，对传统的成才观来说是猛烈的冲击。在新的社会环境中，大学生对未来的选择多元化。创业可以作为未来的就业选择，这势必对大学生的学习生活都产生了深远影响。他们将重新设计自己的成才道路，并为成才做好应有的准备。可以这样说，最终选择自主创业的学生将永远是学生中的少数，但是这少数创业者涌现在大批有着创业准备的群体中。大学生创业将使大学生树立起创业意识，这比创业本身意义更重大，因为在创业意识的推动下，大学生将更重视自身素质的完善和提高，而大学生群体整体素质的提高有利于更优秀、更成熟的创业者的诞生。

（六）有助于为国家造就一批年轻的企业管理人才

大学生创业的艰苦过程,不仅磨炼了创业者的意志品质,还培养了创业者的市场观念,训练了他们的决策管理能力,有助于为国家造就一批年轻的企业管理人才。

二、大学生创业对个人的意义

阿里巴巴创始人马云说:"我知道自己还能干多少年,我还能做什么事情,我把后半辈子开开心心地过。后面的每年、每天要过得很快乐,我不希望我离开这个世界的时候,有些事情我想到可以做,没去做。"

当我国的高等教育由精英转为大众,当高校扩招、规模扩大、大学生批量出炉,人才的过量供给和社会就业岗位的有限必然会产生矛盾。当有人依然锁定找工作的老路,当不少人自主创业制造饭碗,当创业的浪潮掀起,你,将何去何从？这里涉及创业与人生发展的话题。

我们往往羡慕创业名家头上的光环和他们积累的财富,同时在自己创业失利时暗自神伤、自怨自艾。其实,每一个创业成功者的身后,都有一段曲折的创业历程,每一个创业者都不是我们想象中的一帆风顺。创业不寻常,创业者一如蛹虫,在破茧而出之前,总会经过痛苦的挣扎才能化为美丽的蝴蝶。这涉及人生层面,我们认为,创业可以改变人生,创业可以点亮人生,创业可以辉煌人生。通过创业,能够有效实现人生价值,把握人生航向。

首先,创业可以充分发挥自我才能。许多上班族之所以感到厌倦,积极性不高,主要原因是个人的创意得不到肯定,个人的才能无法充分发挥,工作缺乏成就感;而创业则完全可以摆脱原有的种种羁绊,充分施展个人的才华,发挥最大潜能,提高个人价值。

其次,创业可以积累财富,拥有自主人生。成功创业能够改变工薪阶层的困窘,可以为寻找出路的大学生另辟蹊径。无论何种动机和意愿,开创一份完全属于自己的事业,既能满足自我需求,实现自我价值,又能为社会提供一系列的就业机会,终究是一件造福当下,甚至惠及未来的好事情。不仅如此,创业者还可以摆脱上班的约束,使自己的人生价值得到更完美的体现。

再次,创业可以享受过程,激励人生。在创业过程中,创业者可以感受到无穷的变化、遇到无数的挑战和机遇,这本身就是令人兴奋的事。更重要的是,在这个过程中,创业者可以不断积累经验,为日后的成功和长足发展奠定根基。创业还能够使个人有足够的机会和潜力回馈社会,造福一方,从而获得极高的成就感。创业更意味着可以做自己喜欢的事并从中获得乐趣,能够激励自己不懈怠、不骄傲,一路踏实地走下去。

三、大学生创业环境不断优化

（一）法律、政策、社会环境持续改善

首先,我国宪法明确规定:"国家保护个体经济、私营经济的合法权利和利益。"这就为私

营经济的存在和发展从宪法上予以了保障;其他有关非公有经济发展的法律也逐渐制定并付诸实施,私营经济发展的法律环境逐渐具备,随着法制建设的推进,私营经济发展的法律条件正在改善。

其次,创业门槛不断降低。自国家颁布的行政许可法实施以来,对私营经济在市场进入方面的限制大多将逐渐取消,更多的行业领域许可民营进入,一些经营手续办理程序得到简化,企业自主的经营范围更为宽泛和自由;新的公司法对有限责任公司注册资本的最低限额下调至3万元,且股东既可以用货币出资,也可以用实物、知识产权、土地使用权等非货币财产作价出资,公司的注册资本还可以在2年内分期缴足。

第三,资本市场日趋健全和活跃。在融资方面,银行贷款、金融支持、融资担保、风险投资、产权交易等更多的业务不断推陈出新。为解决创业过程中融资难的问题,有关机构还启动了为创业者提供开业贷款担保和贴息的业务。外资对私营经济更加青睐。

第四,创业载体和创业服务机构发展加快。创业载体,如各类企业孵化器、园区建设、社区建设、企业服务中心、指导机构等不断新增。风险投资机构、担保服务机构、信用评级机构、顾问咨询等服务机构得到发展,这一切都有利于创业的启动与发展。

第五,过时观念正在改变。经过40多年的改革开放,人们对私营经济的看法和态度已有根本的改变,创业光荣、致富光荣已成为共识,一种鼓励和宽容创新、创业的社会观念正在形成。

(二)创业扶持政策不断增加

为了促进创业,国家和地方各级政府(如劳动和社会保障、财政、金融、工商、税务等机构)纷纷出台了相关政策,给予创业者更多的支持。劳动和社会保障部已经在全国百家创业试点城市搭建创业平台,通过开展免费创业培训、强化创业指导、优化创业环境、培育创业文化、进行创业激励等途径进行重点扶持。

为了缓解大学生就业压力,鼓励和支持大学生自主创业,国家还专门出台了一系列针对普通高校毕业生从事创业的优惠政策。我国国务院办公厅发出通知,要求各地、各有关部门要积极鼓励高校毕业生自主创业和灵活就业。凡高校毕业生从事个体经营的,除国家限制的行业外,自工商部门批准其经营之日起,1年内免交登记类的各项行政事业性收费。

(三)社会经济科技发展为创业者提供了广阔的发展空间

迅速发展的时代不但需要人们创业,呼唤着人们创业,而且它也为创业者创造了前所未有的机遇,为创业者提供了一个前所未有的大舞台,为创业者提供前所未有的优越条件。

首先,知识经济为大学生提供了巨大的创业舞台。知识经济时代最重大、最根本的变化,无疑是资金让位于知识,知识成为最宝贵的资源、最重要的资本。随着高科技的发展,大量的新兴行业不断涌现,这为受过良好教育并具有相当的专业知识的人才提供了无穷的机会,当代许多创业成功者就是在网络技术和服务领域创业成功的。随着知识更新速度加快,"继续教育"成为人们的终身行为,文化教育、信息传播也成为一个大有前途的创业领域。

其次,第三产业成为我国一个极具魅力的投资领域。从总体上看,我国第三产业仍比较落后,特别是一些新兴第三产业还远远不能跟上时代的步伐。随着我国加入WTO和市场经济的进一步发展,第三产业可以为创业者提供许多大显身手的舞台,而且第三产业投资少、见效快,十分适合普通大众创业。

四、大学生创业之路始于足下

创业是件激动人心的事情,也是件伟大的事情。但许多人总是认为创业很难:自己学历不高、智商一般、没经验、没基础、没资金、没时间等一连串的问题,往往让大家对创业望而却步。事实上,这些问题都是可以解决的。

首先,创业不一定要创造全新的生意,也不是学历"多"、知识"深"、智商"高"者的专利。据统计,美国前500名大企业的领导人物,绝大多数没有进过大专院校,而许许多多大学毕业的人,则都受雇于这些企业,帮助老板处理业务。可见,教育和成功是不能完全画上等号的。

国外研究已证明,智力是多种多样的,它的广泛程度是大多数研究者和测试设计者都无法想象的,当前的IQ、SAT、GMAT等测试方法都不能对其进行精确衡量。实际上,每个人都有自己的长处,关键是能否挖掘、释放出来,只要大家扬长避短,完全可以将自己的长处变为创业的优势。即使是单凭体力的人,只要肯吃苦,也可以有所作为。例如,某下岗工人,开了一家家庭服务公司,专门清洗抽油烟机,为住户换煤气罐,每月收入可达万元以上。

其次,创业需要资金,但创业成功的关键并不在于资金的投入,而在于创业者的能力、能量和资格,《民富论》作者赵延忱先生把它称之为"灵魂资本"。

再次,经验是可以学来的。可以向他人请教,更重要的是边做边学,自己摸索到的经验更可贵。许多成功的创业者都是通过为别人打工,积累经验后再去创办自己的企业的。

最后,关于时间问题,关键是会合理安排。如果将每天看电视、读报、就餐、睡觉以及弹性工作时间相应压缩,一星期下来,何愁没有时间呢?很多人正是利用闲暇兼职创业,不但增加了收入,增加了生活情趣,而且不会影响正业。其实,能否学会挤时间、挖时间,全在于自己。

第三节 创业者应具备的素质

一、创业者的定义

国内外学者将创业者的定义分为狭义和广义两种。狭义的创业者是指参与创业活动的核心人员。广义的创业者是指参与创业活动的全部人员。在创业过程中,狭义的创业者将比广义的创业者承担更多的风险,也会获得更多的收益。创业者在欧美学术界被定义为组织管理一个企业并承担其风险的人,有两个基本含义:一是指企业中负责经营和决策的领导人;二是指创始人。综上所述,创业者就是创造性地将商业机会转变为经济实体,并扮演经济实体中组织、管理、控制、协调等关键角色的个人。

《国务院关于大力推进大众创业万众创新若干政策措施的意见》(国发〔2015〕32号)指出:"推进大众创业、万众创新,是发展的动力之源,也是富民之道、公平之计、强国之策,对于推动经济结构调整、打造发展新引擎、增强发展新动力、走创新驱动发展道路具有重要意义,是稳增长、扩就业、激发亿万群众智慧和创造力,促进社会纵向流动、公平正义的重大举措。""大众创业"把创业者的范围进一步扩大,高校毕业生成为创业大军中一支不可忽视的重要力量。高校毕业生群体思维活跃,知识水平较高,创新能力较强,富有开拓精神,他们理应成为创新型创业的主力军。

二、创业者应具备的素质

近年来,教育部和其他相关部门出台了一系列政策,鼓励支持高校毕业生自主创业。创业者应该具备什么样的素质?大学生如何实现由学生向企业管理者的角色转换?高等教育又该如何培养创业者?

创业者首先应是创新型人才。一个创业者要有创新的思想、创意和点子。国家最需要的是创新型的创业,在商业模式、技术和产品上有所突破。创业者其次应是通才。作为创新型人才,很可能是种偏才,但是作为创业者,就不能是偏才。创业者必须是一个通才,应当具有多维的知识结构、专业的深度、学科的广度、哲学的高度、大局的维度。没有学科的广度,就难以实现产品的商业化;没有哲学的高度,就难以有长远的眼光;没有大局的维度,就难以通观全局。

什么样的创业者会非常成功?他们身上有什么特征?有人经过多年的观察和对比,总结出了以下7条必备特征。

第一是IQ(智商)不低,且EQ(情商)很高。相对于智商,更要强调情商的重要性。一家成功的企业需要创业者平衡很多复杂棘手的难题,可以说是一道接一道,而且大部分是和人打交道的问题,没有很高的情商,就不能很艺术地处理好这些难题。

第二是有自我反省、快速纠错的能力。对于想要成功的创业者来说,要能够多反省、多否定自己,并能快速纠错。

第三是很强的学习能力和执行能力。企业发展中会遇到各种各样的新问题,很多是创业初期根本就没想到的问题,这就需要创业者具备较强的学习能力和执行能力。同时,要学以致用,否则就如纸上谈兵,会错过好的时机。

第四是有自己独特的魅力。成功的创业者要自己有魅力,能招聘并留住各个时期需要的优秀人才。

第五是懂得分享。只有懂得分享的人,才能最终留住人才,这也是独特魅力的一个方面。

第六是没有极其偏激的性格。即懂平衡、看长远、识大体、能忍让。

第七是霸气。成功的创业者应该有一种舍我其谁、不达目标誓不罢休的霸气。外露的霸气是一种霸气,内向腼腆但做事坚定、内心强大是另外一种霸气。

三、创业精神的实质

创业精神要求人们充满活力、满怀热情地创造并实施新想法和创造性地解决问题。

(一)创新是企业家精神的灵魂

企业家是从事"创造性破坏"的创新者的观点,凸显了企业家精神的实质和特征。一个企业的最大隐患,就是创新精神的消亡。创新是企业家活动的典型特征,包括产品创新、技术创新、市场创新、组织形式创新等。创新精神的实质是"做不同的事"而不是"将已经料到的事做得更好一些"。

(二)冒险是企业家精神的天性

纵观那些成功的企业家,虽然他们的生长环境、成长背景和创业机缘各不相同,但无一例外都是在条件极不成熟和外部环境极不明晰的情况下,他们敢为人先,做出了具有决定意义的决策。

(三)合作是企业家精神的精华

企业家在重大决策中实行集体行为,而非个人行为。尽管伟大的企业家表面上常常是一个人在表演,但真正的企业家其实是擅长合作的,而且这种合作精神需要扩展到企业的每个员工。企业家既不可能也没有必要成为一个超人,但要努力成为"蜘蛛人",要有非常强的"结网"的能力和意识。

(四)敬业是企业家的动力

在生活中,一个人为了他的事业才生存,而不是为了他的生存才经营事业。货币只是成功的标志之一,对事业的忠诚和责任,才是企业家的"顶峰体验"和不竭动力。

(五)诚信是企业家的基石

诚信是企业家的立身之本,企业家在修炼领导艺术的所有原则中,诚信是绝对不能妥协的原则。市场经济是法制经济,更是信用经济、诚信经济。没有诚信的商业社会,将充满极大的道德风险,显著抬高交易成本,造成社会资源的巨大浪费。凡勃伦在《企业论》中指出:"有远见的企业家非常重视包括诚信在内的商誉。"诺贝尔经济学奖得主弗里德曼明确指出:"企业家只有一个责任,就是在符合游戏规则下,运用生产资料从事有利润的活动,从事公开和自由的竞争,不能有欺瞒和欺诈。"

第四节　创业生涯规划

一、创业决定的影响因素

有哪些因素促使一个人做出创业决定呢？研究表明，改变现状的动力、榜样的影响、创业者对自己能力的评价以及适合创业的环境，是非常关键的要素。

1. 改变现状的动力

对于很多人来说，决定去创办一个企业是源于发生了一些变故而必须重新选择，一个直接的可能表现就是：失去工作；移居到一个新的环境，找不到合适的工作；其他的例子包括那些从国外回来的人，他们在国内找不到像国外一样报酬和待遇的工作，所以他们想要创业。还有那些在大的公司和机构里工作失败的管理者。很多人想要在和他们以前工作环境类似的领域里去创业。一些创业者是因为所做的事情发生了某些变故，而想要开始创业；或者源于产生新的动力而有新的追求，其表现可能是自我实现的需求，发现自己更高层次的需求。

2. 榜样的激励

最好的榜样作用的说明就是创业者父母的职业。调查显示，在创业者当中，25%～34%的人，他们的父母（特别是父亲）是一家小企业的拥有者。作为促进的动机，不仅限于家庭，也扩展到同伴和朋友，甚至重要的他人。

3. 对自己能力的较高评价

创业者的知识、技能和特质，以及必要的商业经验对做出创业决定都是十分关键的。在开始创业之前，只有正确认识自己的特质、能力并有较高的评价，才能产生创业的冲动。较高的创业素质评价对大学生选择创业有很好的促进效果。

4. 适合创业的外部环境

如果没有足够的基础设施、资金和信息，对于创办一个新的企业是不太可能的。不利的政策、缺乏机构和政府部门的扶持，也会阻碍小企业的发展。因此，国家要大力培育创业环境，出台各种优惠政策，支持大学生创业。

二、创业生涯规划

在现代社会，一个人只有尽早做好职业生涯规划，认清自我，不断探索开发自身潜能，才能准确地把握人生方向，塑造成功的人生。实践证明，在职业生涯中能够取得成功的人，往往是那些有清晰的职业生涯规划的人。与其他职业相类似，创业也是职业生涯规划过程中的一种职业选择。在进行创业的职业决策时，也同样遵循职业生涯规划的基本理论和模型。

人职匹配理论是经典职业生涯规划理论之一，其认为每个人都有自己独特的能力模式和人格特质，而某种个性特质与某些特定的社会职业相关联。人人都有选择与其特质相适应的职业的机会，而人的特性是可以用客观手段加以测量的。职业指导就是要帮助个人寻找与其特性相一致的职业，以达到人与职业的合理匹配。其基本含义在于当组织或工作情境满足个体需要、价值、要求或偏好时发生的匹配。

在实施职业指导的国家，人职匹配理论的咨询模式一直占据着主流地位，从人职匹配理论发展出职业生涯规划的基本模型。同其他职业一样，成功的创业者有着一些共同的特征，这些特征对创业成功有着重要的作用。因此，进行创业决策，是从对这些创业特征和特质的了解，并进而对个体自我进行了解和探索开始的。

第一步，了解自己，确立职业目标和方案。一个人要把一个创业理想变为现实，首先就必须了解自己的专长和兴趣、工作的性质及要求与创办企业的可行性，从而做出适合自己的决定。

第二步，"我想要的是什么""我的目标是什么"。创业者要聆听自己内心的声音，了解自己的梦想、价值观，拟定未来的发展方向。

第三步，确定创业发展策略。要创业，从来不是等到条件成熟了之后才开始的。创业需要创业者设计确定创业发展策略，明确发展方向。创业发展策略常常是在创业原则的指导下确立的，它会产生有效的创业实践构想，并使创业活动赢得新的资源。创业发展策略把整个创业过程和有关阶段加以具体划分，是创业目标、创业过程的一种规划体现。

第四步，制订具体的行动计划。有必要编制一个关于创业行动的时间表，有的专家认为，创业期限以两年为最佳。换言之，创业者应尽量在两年以内把创业的产品做成功。但是创业环境和市场是处在发展和变化之中的，人的主观努力应尽量与环境的客观条件相符合。对于创业的时机，专家有不同的看法，是选择在校创业，还是毕业后即创业，抑或就业之后再创业，可根据自己的实际，参考国家的相关创业扶持政策确定。

第五步，创业评估和调整。要创业成功，就需要常常评估和调整创业之前和创业过程中的策略与行为，因为创业者通常面对资金、市场、人才等种种要素的制约，及时地评估和调整是创业制胜不可或缺的管理手段。

自主创业还是工薪就业，是一种职业的选择，更是一种生活方式的选择，需要一个人基于对自己和备选方案的了解来做出决定。

专题小结

创业精神是人生发展的重要部分，这是与人生的信念和信仰相关的。创业的目的不仅仅是要获得财富和名誉，还要有对社会的责任感。创业的人是要改变某种现状，推动社会某些部分的进步,我们要怀有对社会做出一定贡献的使命感。这样我们的内心就会变得强大,会树立远大的理想,在创业过程中对有些得失和成败就不会有那么多的关注,我们更关注的是如何能够迅速地坚持不懈地追逐自己的目标和梦想。我们因为梦想,在创业的路上坚持不懈地走下去,而不会因创业中的某些挫折和错误而失败,我们会在创业的道路上不屈不挠、勇往直前。

一旦选择了创业之路,我们就要清清楚楚地意识到我们所选择的这条路会有很多艰难险阻,将面对很多的人生挑战。从正面的角度看,创业其实是人生的一个很好锻炼,会逼迫我们学习很多各种各样的知识,做很多从未经历的各种尝试,包括具有风险的尝试。创业会磨炼我们的意志,提高自己的品行;创业会让我们认识到诚信、健康和家庭等诸多方面的重要性;创业会让我们懂得合作、计划、管理。

伟大的事业需要并将产生崇高的精神,崇高的精神支撑和推动着伟大的事业。在新时期,推进现代化建设,更需要大力倡导和发扬艰苦创业的精神,尤其是开拓创新精神。

所以,如果我们要选择创业,就要有正确的信念和信仰,抱着对这个世界有所作为的使命感,去自信地、积极地、坚强地、充满激情地面对和克服创业过程中出现的各种艰难困苦,做好创业的每门人生功课,这样会让我们的人生发展更有价值、更有意义、更加精彩。

第八章 Chapter 8

就业形势与政策及就业信息的搜集与利用

学习目标

1. 掌握大学生的就业环境与就业形势。
2. 掌握搜集就业信息的基本途径和方法,提高分析与利用就业信息的能力。
3. 培养健康、积极的求职心态,正确对待求职挫折,增进心理调适能力。

学习建议

了解大学生就业形势,掌握大学生就业政策,搜集大学生就业信息,并加以利用,从而更好地了解所面临的机遇和挑战,有利于大学生顺利就业。

职场语录

知己知彼,百战不殆。——《孙子·谋攻篇》

【案例】

徐临(化名),男,25岁,某学院英语专业大学毕业生,在3个不同的城市换了5份工作,从事过销售、保险、教师等职业。目前对于自己的职业发展处于迷茫状态,整日奔波。他在大学毕业前夕参加了数十场招聘会,除了条件要求过高的公司以外,还有很多工资不高的工作,虽然他投递了许多求职简历,可是都以失败告终,就连当年下达的政策也随着他的拖延而失去了时效性。这么多的失败经历让他面临着年龄和经济的压力,他时常觉得人生失去了价值。

他身高171 cm,但听说很多单位招聘时对身高都有要求,于是就在简历里的"身高"一栏填了"175 cm"。参加招聘会的时候,为了使自己的身高显得与简历相符,他特意穿了一双鞋跟比较高的皮鞋。招聘会上某知名企业正在招聘管理人员,待遇也不错,但就是要求身高在175 cm 以上。递上自己的简历后,用人单位还专门强调了身高方面的要求,并问他是否确定自己的身高符合要求。为了通过第一关,徐临说他绝对符合,招聘人员也比较满意。过了几天,该单位通知面试,他就坐汽车颠簸了几个小时来到郊区的单位,结果面试的第一项内容就是测身高。由于弄虚作假,徐临在面试中被淘汰了。

讨论:(1)谈谈你对我国目前就业形势与国家政策的看法。
(2)求职简历为什么要完整而真实?

第一节 我国目前的就业形势与政策

一、我国目前的就业状况

(一)劳动力供求关系不平等带来的就业压力

关于我国目前就业形势与政策,许多报道都显示出了一个相当严肃的问题,我国正处于一种劳动力供求关系不平衡的状态,从劳动力供大于求就可以看出我国的就业压力之大。目前社会上受高等教育人士增长率不断攀升、社会总就业形势紧张。高等教育高增长率反映的是毕业生数量增长的速度,大众化教育下,大学毕业生普遍存在,但工作机会少、岗位竞争激烈,当代大学生以及社会人士找工作很不容易,社会总就业形势紧张是我国目前的一个重大社会问题,毕业生就业问题是很重要的一部分。其主要体现在劳动力供大于求,出现严重过剩的情况。

据国家发展和改革委员会(简称发改委)的资料显示:2018年就宏观经济运行情况举行新闻发布会时,发改委政策研究室副主任兼新闻发言人孟玮表示,从现在劳动力人口总量来看,目前,我国16~59岁的劳动年龄人口规模仍然保持在9亿数量级。近年来,我国人口平均受教育年限在逐年提升,高校毕业生规模也较大,劳动力素质在不断提高,前瞻产业研究院发布的《2018~2023年中国人力资源服务行业市场前瞻与投资战略规划分析报告》显示,2017年各类人力资源服务机构有3.02万家,无数的人才在毕业时涌入市场,而这种情况还会持续,就业形势十分严峻。

（二）经济体制影响下的就业拉动效应

就业作为当代社会的热议问题，与每一个人都息息相关。我国的就业形势始终与经济发展密切相关，随着经济规模的变化和产业结构调整，单位 GDP 增长的就业拉动能力明显扩大。但是，长期受计划经济体制的影响，我们国家的宏观调控还存在着缺位现象。从国内经济形势来看，我国西部地区的现状和垄断性行业的存在，极大地制约了毕业生就业。对于 2019 年中国的经济未来走势，中国的 GDP 增长基本上会保持在 6.2%~6.5% 这个增长区间。

与此同时，中国经济呈现出质量提升、结构优化的积极趋势。主要表现在：提前一个季度完成 2018 年新增就业 1 100 万人的目标；民间投资回升强劲，民营企业加杠杆意愿提升；制造业投资重新成为投资的主动力，投资结构不断优化。上海财大课题组经校正后，2018 年的 GDP 增速约为 6.5%。基准情形下，CPI 增长 1.8%、PPI 增长 3.4%、GDP 平减指数增长 2.6%、消费增长 9.3%、投资增长 6.5%、出口增长 12.2%、进口增长 21.2%，年底人民币兑美元汇率可能贬至 6.7CNY/USD。从国际形势来看，中国的经济在发展的同时也给无数人带来了就业的机会。

（三）城镇化中农村劳动力就业问题颇多

城镇新增就业压力不断加大。今后几年，城镇每年需要就业的人数仍将保持在 2 400 万人以上，而新增岗位和补充自然减员大约只有 1 200 万人，供大于求的缺口在 1 200 万人左右，尤其是高校毕业生逐年增加，由于户籍限制等要求，农村转移劳动力就业困难。根据大数据计算，从 2015 年到 2017 年的统计数据表明，经济发展新动能指数年均增幅达到 28%，中国新型城镇化正在加快发展。2018 年常住人口城镇化率达到 59.58%，城镇化率每提高一个百分点，就有近 1 400 万人从农村转入城镇，由此观之，农村劳动力就业压力极大。

（四）新兴产业带来的人才流动影响就业

新兴产业的出现往往代表着商机与更多的人能就业，而在互联网发展迅速的时代里，新兴产业则带动了一大批人就业，无数人才涌向新兴科技，自主创业也融合了新型元素。一方面大力调整夕阳红产业和落后的生产科技，这就涉及了职工的安排和转移，在为此提供帮助的同时，另一方面时刻寻求好的发展前景，这其中必然涉及人才短缺问题。此外，由于科技与时代的变动，生产力提高，人员劳动能力提升，这些因素也使得企业减少甚至排挤出部分不符合要求的劳动力，这也会导致就业结构性的问题。

（五）区域经济格局调整，尤其是中西部地区带来劳动力流失

在国家重视区域发展的前提下，我国不断出台支农惠农强农政策，努力完善农村社保体系，但农村发展与城市经济建设不可同日而语，我国中西部传统农耕的劳作形式还是要有所改

善。中西部的农民劳动力转移形式主要以转移意愿强烈、转移形式单一、转移人数巨大、以年轻人为主为特点。近年来,我国西部经济发展不断加快,中西部农耕地区青壮年劳动力持续流失,政府在旧有体制下对劳动力转移安排新出路,破除传统机制体制的障碍,推进城乡一体化发展,加快区域调整以及依托新型城镇化建设都是政府为改造中西部地区劳动力不均衡所做出的努力。

(六)人口结构变化下的劳动力供给增长减缓

从第一次全国人口普查开始,我国领导人就开始关注我国人口问题。中国地大物博、地广人稀,但同样是一个人口大国。近几十年以来,我国人口结构正在发生变化,这在一定程度上导致了劳动力供求关系的变化。我国人口老龄化趋势已逐渐显露,劳动适龄人口的总量开始减少,在新生劳动力供给方面,大学生将占据一半左右。人力资源和社会保障部表示:到2020年促进100万贫困劳动力实现就业,明确了到2020年通过扩大贫困劳动力就业规模提高就业质量。城镇化加速推进所释放的农村富余劳动力和劳动力精神文化素质的提升无疑会带来就业新场面,但这仍然不能弥补劳动力人数减少对经济增长造成的负面影响。

从上述情况我们可以清晰地看出,我国目前就业形势纵使百花齐放,但实际上仍旧是十分严峻不容乐观的。当代大学生在即将步入社会之际应做好充分的准备去迎接挑战,无论是心理上还是实力上。同时,我们的国家在转变的过程当中,每一个细节上都在向着更加完善的体制进行转变。当下就业形势会随着新政策的不断出台而转变,就业形势随着社会主义市场经济的逐步完善会更加完善。

二、影响大学生就业的国家政策和因素

(一)鼓励高校毕业生到基层和艰苦地区工作

2018年,如何稳定就业成了大学生们的头等大事。从网络上看,2018年全年新增就业1 361万人次,比上一年同期增长10万人,连续第6年新增就业人数超过了1 300万,而2018年城镇登记失业率为3.8%,降至近年来最低位。而针对这些数据,各级政府要为高校毕业生创造工作条件。政府主要促使人才充实城市社区和农村乡镇基层单位,从事教育、卫生、公安、农技推广、扶贫和其他社会公益事业。在艰苦地区工作2年或2年以上者,报考研究生的,应优先予以推荐、录取;报考党政机关和应聘国有企事业单位的,同等条件下应优先录用。

(二)择优录用

在国际形势持续低迷的情况下,青年就业问题就显得相当严峻。世界经济增长迟缓,国内到2018年12月为止,31个大城市城镇失业率为4.7%,持平了9月以来的水平,相较7月份高点下降0.3个百分点。人才溢出对于国家来说是一种损失,而人才无法得到正确的利用也是人才的损失。国内情形和国际联系紧密,国际经济形势在一定程度上抑制了我国的外贸、出

口等,也必将影响到高校毕业生。针对此类情况,党政机关录用公务员和国有企事业单位新增专业技术人员和管理人员,应主要面向高校毕业生,公开招考或招聘,择优录用。

(三)鼓励机制

若是从岗位供求情况来分析,虽然当下岗位招聘需求总体大于市场求职申请人数,但事实上,同2017年相比,2018年的就业市场景气程度明显回落。虽然当前我国岗位供给仍大于求职需求,但就业景气度仍存在下行风险。我国政府鼓励高校毕业生自主创业和灵活就业,凡是高校毕业生从事个体经营的,除国家限制的行业外,自工商部门批准其经营之日起1年内免交登记类和管理类的各项行政事业性收费。除此之外,有条件的地区由地方政府确定,在现有渠道中为高校毕业生提供创业小额贷款和担保。

(四)资金支持

尽管2019年大学生就业市场仍旧面临着较大压力,但随着国家政策的不断推出,就业状况大概率不会出现大幅恶化。国内宏观就业面临三重压力,考虑到高校毕业生有效用人单位的需求不明显,以及高校毕业生就业工作中本身还存在着一些薄弱环节,2019年我国就业市场仍面临较大的就业压力。面对以上种种情况,毕业半年以上未能就业并要求就业的高校毕业生,可持学校证明到入学前户籍所在城市或县劳动保障部门办理失业登记。劳动保障部门所属的公共职业介绍机构和街道劳动保障机构应免费为其提供就业服务。对已进行失业登记的高校毕业生,有条件的城市、社区可组织其参加临时性的社会工作、社会公益活动,或到用人单位见习,给予一定报酬。

在政府多重政策的保障之下,少数地方仍存有政策不落实、措施不到位的情况;部分引导鼓励高校毕业生到基层就业的工作虽然取得了显著成效,但以创业形式带动就业等方面还有十分繁重的工作要做;市场上,毕业生就业服务体系虽日趋完善,但服务质量和水平还要得到进一步提高;除此之外,毕业生就业中还存在"有业不就"和"无业可就"现象,对此,转变毕业生就业观念任务艰巨。

三、目前大学毕业生就业形势

就业是民生问题,是大多数人奋斗的目标。在经济紧张、文化富裕的当代大学生面前,就业似乎成了迫在眉睫的问题。毕业生数量越来越多,2010年以来,我国大学生的初次就业率一直徘徊在70%~80%,2018年我国高校毕业生人数达到820万人,同比增加25万人,再创历史新高。近几年来,国务院和各级地方政府积极推进"大众创业、万众创新",除了传统行业外,服务业与教育行业需要的人才越来越多。随着网络全球化,以互联网为核心的新一轮科技和产业革命蓄势待发,人工智能、虚拟现实等发达的科学技术日新月异,正在深刻影响我国产业和就业结构的变化。

改革开放 40 多年来,党和政府始终高度重视就业工作,从计划经济向市场经济转型的过程中,妥善化解计划体制积累的就业矛盾,充分调动人民群众的创造精神,同时促进就业总量持续增加、就业结构不断优化、就业规模不断扩大,大力推动了我国经济长期快速发展。在大学生就业前景如此艰难的现在,国家领导人时时心系学生生活,努力减少了相当可观数量的失业人口数,努力减少失业人口对应届毕业生产生的压力。在党中央国务院的亲切关怀下,我国大学生毕业后半年内的就业率近几年来一直保持在 90% 以上,虽说如此,在经济形势并不景气的情况下,大学毕业生必须直面现实,随时了解就业市场的变化,不断转变就业观念,尽早地做出相应的对策,正确评价自己,只有这样,才能顺利就业。

四、新形势与政策下的择业观

(一)适应形势,转变观念

时代在不断地发展与进步,不同时代背景下的择业观也会出现不同,择业观在不同的人群里有着不同的体现,择业观是一个人的人生观、价值观、世界观的综合体现,它不但决定了一个人的定位,而且间接地体现了一个人对未来的期望与对自己能力的了解。正确的择业观可以引导毕业生走到适合自己的岗位上,发挥自己的能量,为社会添砖加瓦,而不正确的择业观不仅会让就业变得艰难,有时还会害人害己,白白浪费了青春年华。

在市场经济条件下,毕业生就业制度越发完善,在打破了以往的分配制度后,每一个人都要对自己的未来负责。毕业生被时代的浪潮推向市场,与用人单位的双向选择使得就业越发激烈,想要适应这种激烈的竞争,就要树立全新的就业观念,不能再"高不成低不就";而在市场转轨的过程中,毕业生的优越感会存在消磨的状态,如果不能正确地认识自己,客观评价自己的能力,就很难找到理想的职位。因此,合理地转变自己的就业观念、直面目前的就业形势、树立正确的择业观,不但有利于大学生正确求职择业,而且有利于他们日后的工作,以便他们在自己的岗位上发光发热。

(二)树立正确的择业观

择业观的确立可以影响一个人的未来方向,从 2002 年开始,我国教育毛入学率达到了 15%,进入了高等教育大众化发展的阶段,由此高等教育由精英教育向大众化教育推进,大学生就业模式也不可避免地在发生改变。首先发生的就是从"精英"向"大众"的转变。精英教育是在高等教育属于稀缺资源之时,受教育者地位变高。受教育者乃是整个社会的"天之骄子",大学生作为这个群体,就会向往大城市、高薪企业、机关工作,在传统的"学而优则仕"的观念下,认为高等教育下的人才就是从事高级工作,是国家人才。而在大众化阶段,上大学不再是"千军万马过独木桥"的坎坷之路,"双向择业、自主就业"的新型择业模式成为主流择业观念,只有放下身段,认清自己,回归通过诚实劳动来为社会创造价值的劳动原则来实现自己的价值,才是社会所倡导的,真正能够实现自我、迎来更好发展的途径。

其次是从"城市"向"基层"的转变。与上述观念的相同之处在于,大学生也是普通劳动者,在高校毕业生就业困难之际,广大基层,尤其是中西部地区却十分渴求人才。实际上,基层天地广阔,很多项目,还有国家扶持政策,蕴藏着无数的机会,中国有70万个行政村,能够提供无数工作岗位,大学生作为受过高等教育的人,应该学会放低姿态,以切实增长才干为主,虚心学习,低头看路,致力于基层发展建设,实现人生价值。

除此之外,大学生树立的正确择业观还可以有从"公有"单位到"非公有"单位的转变,放弃一些政府机关的工作,随着改革开放的深入发展,投身民营企业;从"白领"向"蓝领"过渡,不再对公务员之类的"铁饭碗"情有独钟,反其道而行之去关注工人职业,当今社会对"知识型蓝领"的需求十分大,大学生的思维与知识正是高级蓝领所必备的;大学生择业最重要的还是从"被动就业"向"主动就业"的转变。

因此,大学生在择业时,首先应该做好吃苦耐劳的心理准备,树立爱岗敬业、勤劳奉献的创业精神,以积极的态度和不懈的努力为祖国繁荣富强贡献出自己的一分力量。

第二节　就业信息的搜集与利用

一、就业信息的搜集方法

大部分大中专毕业生认为当前最大的就业困难是"缺少就业途径",他们希望政府社会机构或学校能够提供更多的招聘信息和就业岗位。稍加分析,我们就能列举出10条求职路径,但实际上,毕业生缺少的不是就业途径,而是一双发现就业机会的眼睛。其实只要想象得到的,对求职有帮助的方法都值得去尝试。

(1)参加学校就业指导部门组织的招聘活动。

(2)参加各省市人事局、人才中心等机构举办的招聘会。

(3)登录专业人才招聘网站。

(4)浏览报纸上刊登的招聘广告。

(5)请亲戚、朋友给予求职指导或求职帮助。

(6)参加社会培训机构举办的大学生就业专项培训,享受附加的就业推荐服务。

(7)检索电话黄页,根据自己的兴趣、特长与能力,向合适的单位逐个打电话询问是否有空缺职位。

(8)留在见习、实习的工作单位直接就业。

(9)订阅专业招聘报刊。

(10)去任何有需求的用人单位工作,不管是短期还是长期,哪怕是打短工,并争取最后留在那家单位。

(一)招聘会

一是由各地各级人事部门、教育部门等机构组织,专门针对大中专应届毕业生举办的大型综合类招聘会,属于公益性质,应届毕业生免费入场,地点一般选在当地大型展览馆或体育场馆,时间大多定在春节前10天左右。

二是各高校就业部门举办的校园招聘会,地点在校园内,无固定举办时间。有的高校一年举办一两场,有的高校一个月、半个月甚至一周一场。

以上两类招聘会的参会企业众多,而且因为是面对应届毕业生,一般不要求工作经验。但参会单位以中小民营企业为主,参会单位的质量也得不到有效保证,个别参会单位甚至浑水摸鱼,招聘传销人员,派发商品传单,进行招生宣传等。

三是校园宣讲会。用人单位根据招聘计划在某些高校(一般是当地比较著名、有影响力的学校)举办专场推介招聘会,流程一般分以下几个部分:公司介绍、岗位说明、校友经验交流、介绍招聘计划、问答交流。著名外企比较偏爱这种方式,一般每年10月就开始进行"校园巡回招聘"活动,在全国几十所高校召开宣讲会。

(二)网络

在互联网时代,网络成为重要而快捷的供求信息交流平台。美国《财富》杂志报道称,美国企业有45%以上的求职和招聘都是通过网络完成的。在我国,也已经有越来越多的用人单位开始通过网络进行招聘。许多外资企业几年前就开始通过网络对求职者进行第一轮甄选。现在计算机普及,网络便捷,在求职季节大学生经常通过网络浏览招聘信息,投递个人简历。

(三)获得信息的主要渠道

就业信息既包括国家和地方等的就业政策,也包括用人单位的需求情况。大学生获得就业信息的渠道主要有以下几个。

1. 学校的专门主管部门

各学校的毕业生就业指导机构是学校专门负责毕业生就业工作的常设机构体系。在长期的工作活动中,他们与上级主管部门、各级就业指导机构以及用人单位有着密切的联系,他们所提供的就业信息数据,无论是数量还是质量,都有明显的优势,因而是毕业生获得就业信息的主要渠道之一。

2. 各项招聘和双向选择活动

各地方、学校或用人单位举办的规模不等、形式多样的"双选"活动或招聘会,往往具有时间集中、信息量大、针对性强、双方了解直接等特点,是毕业生了解信息、成功择业的难得机会。

特别是以学校为主体举办的招聘活动，专业更对口，用人单位更有择优的诚意，应格外重视。

3. 人才交流中心和市场

其主要职责是制定所辖区的毕业生就业政策，为毕业生就业提供各种咨询与服务体系，积极为毕业生提供大量的真实可靠的就业信息。

4. 新闻媒体媒介

各种新闻媒体如报刊、电视、广播等都针对毕业生就业政策、就业信息设立专题、专版或专刊，为毕业生获取就业信息开辟了极其重要的渠道。

5. 亲人朋友

亲人朋友可能与社会诸多方面有着千丝万缕的联系，毕业生可通过他们了解针对性更强的社会需求信息。

6. 老师和同学

学校老师通过实践性教学工作，与一些专业对口的单位总是有一些关系；本校校友大多是在专业对口单位工作，通过他们了解到的就业信息，更具有决定性、准确性，由他们引荐往往可信度更高，成功率更大。

7. 互联网求职

教育部和高校已经开通了毕业生就业信息网，其他许多相关网站也为毕业生就业提供了很大方便。网络已成为双选活动的重要场所。

8. 社会实践活动与实习

通过毕业实习及平时的各种课外实践活动，了解用人单位，并让用人单位了解自己，这是毕业生在求职择业过程中，增进彼此了解的最好途径。

二、如何利用就业信息

（一）促进毕业生离校前充分就业

多渠道搭建毕业生与用人单位对接的平台，促进毕业生离校前基本就业。充分利用国家"一带一路"的发展战略，挖掘更多的适合毕业生就业岗位，搭建网上网下、综合性和专业化相结合的立体化高效性招聘平台。各地、各高校应该充分利用民营企业招聘周，毕业生就业服务月、周，大中城市联合招聘及省级毕业生就业集中招聘的活动载体，努力搭建好用人单位和毕业生的人才供需平台，探索专业性、行业性等具有专门性的招聘活动，提高求职的成功率。充分利用各高校毕业生就业信息网、各省教育厅高校毕业生就业网、公共就业人才服务网、高校校园网等互联网络平台，充分打造优质高效的"互联网＋就业服务"的新模式，提升用人单位和毕业生的对接效率。

（二）进一步健全完善离校未就业毕业生统计机制体系

各高校要按照未就业毕业生统计机制工作要求，切实把有就业意愿并且尚未就业毕业生

(求职、签约中、拟参加公招考试、拟创业、拟应征入伍)、暂不就业毕业生(暂不就业、拟升学、拟出国出境)作为统计服务工作的重点对象,组织其在离校前完成未就业实名登记,并确保登记信息的完整、准确。各地要联合社保信息平台、就业信息平台进行比对,有效获取社保信息、享受就业政策及接受服务毕业生信息,并及时录入统计系统当中,以便专门性地提供服务。

(三)积极做好离校未就业毕业生服务的工作

各地要依托离校未就业实名制登记管理服务系统,精心组织并实施毕业生就业促进计划。要积极与高校对接,建立信息衔接机制,及时、全面地掌握毕业生基本情况,联合开展就业服务活动,力争使每一名有就业意愿的毕业生年内实现就业或参加到就业准备活动中来。对信息登记不全的人员,各地要通过查找档案、公安户籍比对以及基层入户摸排等多种方式取得联系,并对未就业者提供就业服务;对已登记的未就业毕业生,各地应该主动服务,针对其特点和需求推送岗位信息、职业指导信息,提供技能培训、就业见习等服务。全省重点建设多处省级高校毕业生就业见习基地。

(四)将思想认识统一到中央和省委、省政府的决策部署上来

受经济下行压力加大等诸多因素影响,毕业生就业难度增加,就业形势依然严峻。各级政府要认真贯彻落实李克强总理的重要批示和全国高校毕业生就业创业工作电视电话会议精神,充分认识做好当前毕业生的就业创业工作的极端重要性,按照中央和省委、省政府的部署要求,切实将毕业生摆在就业工作的首要位置,作为当前十分重要而紧迫的任务,将措施想得更实,将工作抓得更紧,全力以赴做好各项毕业生就业创业工作。

(五)确保毕业生就业水平不降低

要根据中央和省委、省政府的决策部署,善于结合实际情况做好创新性工作,加强就业市场供需衔接和精准帮扶工作,深入推进简政放权和商事制度改革,加快发展新经济,不断催生新技术、新产业、新业态、新模式,创造更多适合高素质年轻大学生群体的就业岗位。要紧密结合"大众创业、万众创新"的新形势和新要求,引领更多毕业生投身创业创新,促进创业带动就业。

(六)完善落实政策,大力促进高校毕业生多渠道多形式多方法就业

1. 认真贯彻落实国家促进毕业生就业创业的系列政策

结合实际进一步完善和落实好鼓励毕业生到基层就业、小微企业吸纳、新型创新创业平台建设奖补、拓宽创业投融资渠道等就业政策,落实好就业见习补助、求职创业补助、一次性创业岗位开发补助、一次性创业补助、一次性创业场所租赁补助、社会保险补助、岗位补助、行政事业性收费减免等政策,促进毕业生实现多渠道就业和创业梦想。

2. 多渠道开拓毕业生就业岗位

拓宽重点领域就业渠道,鼓励和引导毕业生到基层、到新兴领域就业、到小微企业就业。统筹实施好"三支一扶"和"社区就业"计划等基层项目,认真落实基层岗位服务人员岗前培训、生活补助、社会保险、职称评定、服务期满就业等一系列优质政策,做好人事档案、人才集体户口免费管理的服务工作,确保毕业生能够"下得来、留得住"。各地、各高校要简化审批办理流程,充分利用互联网、微信等信息化平台,推行一站式、网上办理等服务,为所有毕业生和用人单位提供便捷优质服务。

3. 加快推进创新创业教育改革方式

各地、各高校要紧密结合"大众创业、万众创新"的新政策、新形势,围绕黑龙江省关于实施新一轮大学生创业引领计划以及开展高校创新创业教育改革的工作部署,将创业融入人才培养体系当中,促进专业教育与创新创业教育的有机融合。从 2019 年起,各高校都要设置创新创业教育课程,对在校大学生开发创新创业教育必修课和选修课,纳入学分管理。对有创业意愿的学生,开设创业指导及实训类课程;对已经开始创业实践的学生,开展企业经营管理类培训项目。加强创业师资队伍的建设,聘请各行各业优秀人才担任兼职教师,丰富教育形式,为准备创业的学生提供创业者指导、创业培训等服务。支持大学生成立创新创业协会、创业俱乐部等社团,举办创新创业讲座论坛,鼓励大学生参加各类创新创业大赛,激发大学生创业思想。高校应设立创新创业奖学金活动,并在现有相关评优评先项目中拿出一定比例用于表彰在创新创业方面表现突出的大学生。从 2019 年起,结合全国推进高校创新创业工作开展和促进大学生到农村创业,黑龙江省每年总结宣传并支持 20 所左右大学生创新创业工作典型院校。

4. 强化大学生创业培训实训

面向在校大学生,开展网络实战、沙盘模拟、创业团队协作等实训项目活动。建立创业导师组织,对有创业意愿的大学生实施创业信心、项目、规划和技巧等"一对一"指导服务体系。积极与专业培训机构合作,创新培训实训方式,推行创业模块培训、创业案例教学和创业实践模拟。高校实验室、实验设备等各类资源,原则上向在校大学生开放。进一步拓宽服务方法,为大学生提供项目对接、产权交易、培训实训等多种服务。

5. 升级发展大学生创业实践和孵化平台

各地、各高校要统筹利用科技企业孵化器、高新技术开发区、经济技术开发区、工业技术园、农业产业园、城市配套商业设施、闲置厂房等现有的资源,建设和利用好大学生创业孵化基地、大学生创业园区、大学科技园、大学生校外实践教育基地等优质创业平台,为大学生提供创业孵化或经营场所。各高校要通过合作、转让、许可等方式,向毕业生创设的小微企业有限转移科技成果。要通过学校自设、校外合作、风险投资等多种渠道筹集项目资金,扶持大学生创新创业方法。黑龙江省将每年评估认定10家左右省级大学生创业孵化示范基地和创业示范园区,并予以奖金补助。对省级大学生创业孵化示范基地或示范园区加强绩效评估,不断强化其对大学生创业工作的持续带动能力并提前进行预评估。

(七)深入强化精准帮扶,多渠道提供毕业生就业服务

1. 加强就业创业指导服务

各地、各高校要针对不同层次、专业毕业生的特点和需求,充分利用就业APP、微信、校园网、人才服务网站等多种新媒体渠道为毕业生广泛开展个性化的咨询推介服务。各高校要建立和完善以课堂教学为主,以讲座、论坛、培训为辅,以大学生职业生涯规划大赛、省师范类高校学生从业技能大赛、创新创业设计大赛、创业大赛等活动为载体的多种形式的就业指导课程体系。各高校要重视就业创业指导工作队伍建设,做到机构、人员、办公场所、经费"四到位"体系。

2. 毕业生就业帮扶工作妥善进行

各高校要准确掌握家庭困难毕业生、少数民族毕业生、农村生源毕业生、残疾毕业生等各类就业困难群体的实际情况,实行"一生一策"动态管理体系,开展信息咨询服务和个性化指导项目。切实做好困难毕业生求职创业补贴申领发放工作,确保补贴在毕业生离校前发放到位,杜绝虚报冒领的现象发生。

3. 健全协调体制机制

各地要健全毕业生就业工作协调机制,发挥部门合力作用,协同优化营商环境,共同推进毕业生就业创业工作。各高校要与各地做好信息接续和衔接工作,确保未就业毕业生离校后能够真正继续得到就业创业指导帮扶,尽快实现就业创业理想。

4. 完善各项督查机制

各地、各高校要建立毕业生就业创业工作督查机制,定期对毕业生就业创业工作情况开展自查,把各项政策落实和年度重点工作完成情况作为督查重点。开展日常督查和不定期抽查,以督查促整改、抓落实,确保总体就业率和创业人数实现年度计划目标任务。加大对毕业生就业创业工作问责力度,对落实不力的,要限期整改并追究领导责任。

第九章 Chapter 9

求职简历与求职心理调适

学习目标

根据所学专业制作个人简历。

学习建议

合理调适求职情绪,适应缓解求职压力。

职场语录

再长的路,一步步也能走完;再短的路,不迈开双脚也无法到达。

第一节 大学生求职简历

大学生毕业后,在充分了解大学生当前就业形势的情况下,要充分调整好择业的心态,做好充足的就业准备工作。做一份精美出色的求职材料是毕业生求职和开启事业之门的一把金钥匙,是一份毕业生推销自己的广告,也是让用人单位能够初步了解我们和认识我们的第一媒介。求职简历写得是否出色,直接影响求职的结果能否成功。所以准备好求职简历,对于每一个毕业生来说是迈向求职非常重要的一个环节。求职材料一般包括求职推荐信、个人简历、推荐表以及获得的证书原件和复印件。

一、求职信的撰写

求职信是求职者写给用人单位的信,目的是让对方了解自己、相信自己、录用自己,它是一种私人对公并有求于公的信函。求职信的格式有一定的要求,内容要求简练、明确,切忌模糊、笼统、面面俱到。

(一)求职信的特点与要素

求职信是向用人单位自荐谋求职位的书信。它分为自荐信和应聘信两种,这是一种随着社会经济的发展而产生的新的应用文体。随着改革开放的不断深入,人才的流动日益频繁,求职已成为一种社会化的活动。

1. 求职信的特点

求职信写作时要讲求针对性、自荐性和独特性。

(1)针对性:是指要针对求职单位的实际情况、读信人的心理和个人的求职目标写。否则,求职信会因为针对性不强而石沉大海。

(2)自荐性:是指要恰当地推销自己。

(3)独特性:是指内容和形式的不同一般。

2. 求职信的写作要素

一般来说,求职信的写作包括以下四个要素。

(1)求职目标:即求职者要求到什么公司或什么单位工作?求职者想干什么工作?这一点必须明确,绝不能模棱两可。

(2)求职缘起:即交代求职的理由,说明求职者为什么要到该公司工作?求职者想获得那份工作的原因是什么?回答这个问题时,要简洁,不要啰唆,既要实事求是,又要机智灵活。

(3)求职条件:这是求职的关键。写作时,要善于扬长避短,针对求职目标,表现自己的主要业绩和优势,在陈述自己求职条件的时候,一定要恰如其分。过于卑怯,读信人会认为求职者没有信心,缺乏进取心和创造力;一味浮夸,读信人会觉得求职者不知天高地厚,干事不踏实。

(4)附件:这是附在信末的,对求职者起着证明或介绍作用的有关材料。它包括求职者的个人简历,所学专业课程一览表,各门课程的成绩一览表,发表的论文或论著,单位、学校或某个教授、专家的推荐信等。附件在求职信的写作中,具有重要意义。它不仅让读信人对求职者有具体的了解,还可增强读信人对求职者的信任感。

(二)求职信的基本格式

求职信一般由六部分组成,即称呼、开头、正文、结尾、附件、署名日期。

(1)称呼。它是对读信人的称谓。由于读信人是公司或单位的负责人,故可直呼他为"××公司负责人""××厂厂长""××企业经理"等。求职信不同于一般的私人书信,故称呼时应注意,不要用"亲爱的""我最尊敬的"等刺人的字眼。为了礼貌起见,可用"尊敬的××"来称呼。

(2)开头。一般书信的开头为问候语,但是求职信的开头,表述时应简洁,并能吸引读信人看下去。

(3)正文。这是求职信写作的重点。一般交代求职的原因,要注意表现自己的主要成绩,突出你的优势。

(4)结尾。主要是强调求职者的愿望和要求。可直截了当说明自己写信应聘、应征的条件。

(5)附件。如前所述,选用的证明材料,应有必要的签名和盖章。

(6)署名日期。要认真书写,不能潦草马虎。

【病例分析】:

下面是一封求职信,阅读后请回答下列问题:

①用语是否得体?应怎么修改?

②结构上欠缺些什么?应怎么补上?哪些内容是多余的?请删去。

××服饰有限公司:

前天接到我的旧同学××的来信,说贵公司公开招聘生产管理员。我是××学校企业管理专业的毕业生,在校读书时,学习成绩优秀,爱好体育运动,是学校篮球队的主力。贵公司就设在我的家乡,我想,调回家乡工作正合我的心意,而且生产管理员的职务,也和我所学的专业对口。不知贵公司是否同意,请立即给我回信。

此致

敬礼

××敬上

××年××月××日

【特别提醒】

求职信写作时要注意:

(1)内容要简短。切忌长篇大论,篇幅控制在600字以内(附件除外)。

(2)措辞有分寸。做到不卑不亢。过于谦卑,会给人庸碌无为的不良感觉;过于高傲,会给人轻佻浮夸的恶劣印象。

（3）投单位所好。善于换位思考，从用人单位的角度出发考虑问题，有针对性地提供自己的背景材料，表现出独到的智慧和才干。

（4）字迹要工整。洁净秀丽的字体本身就是一封最好的"介绍信"，容易给人留下良好的第一印象。

（5）留联系方式。求职信一定要写清联系方式，包括邮编、通信住址、电话等。

（三）求职信的写作技巧

写求职信，还须讲究写作技巧，力求做到"情""诚""美"兼备，以"情"感人，以"诚"动人，以"美"迷人。

（1）以"情"感人：人际关系是人与人之间情感的凝结。要以"情"感人，关键是两点，一是把握用人者的心理，投其所好；二是寻找共同点，引起共鸣。

（2）以"诚"动人：求职信的"诚"主要表现在"诚意"和"诚实"两层含义。

（3）以"美"迷人：要使信写得"美"，应力求做到：语言要饱含感情，在求职信中，适当地选用一些谦辞、敬辞。如"恳请""敬请""您""贵公司"等，以表达谦和亲切、相互尊重的气氛。要善于运用成语和口语，使语言表达更精湛、凝练、精辟、形象。

二、个人简历的写作

简历制作是求职过程中的第一步，也是相当关键的一步。用人单位通过简历上的信息，对应聘者进行初步的资格筛选。求职者最终能否获得面试机会，简历就起着至关重要的作用。

那么在撰写个人简历时应注意哪些技巧，怎样才能吸引用人单位的眼球，增加面试的机会呢？

一般来说，简历应包括四个部分。

第一部分为个人基本情况，应列出自己的姓名、性别、年龄、籍贯、政治面貌、学校、系别及专业、婚姻状况、健康状况、身高、爱好与兴趣、家庭住址、电话号码等。

第二部分为学历情况。应写明曾在某某学校、某某专业或学科学习，以及起止时间，并列出所学主要课程及学习成绩，在学校和班级所担任的职务，在校期间所获得的各种奖励和荣誉。

第三部分为个人能力展示。包括各项证书、能力（外语水平和计算机水平）、个人特长等等。

第四部分为求职意向。即求职目标或个人期望的工作职位，表明求职者通过求职希望得到什么样的工种、职位，以及求职者的奋斗目标。

个人简历应该浓缩大学生活的精华部分，要写得简洁精练，切忌拖泥带水。个人简历后面，可以附上个人获奖证明，如三好学生、优秀学生干部证书的复印件，外语四、六级证书的复印件以及驾驶执照的复印件,这些复印件能够给用人单位留下深刻的印象。

第二节 大学生求职心理调适

一、大学生求职心理调适的重要性

大学生就业的过程,是一个复杂的心理变化过程。在进行职业选择和求职应聘的就业过程中,大学生首次直面社会,由于经验的缺乏和准备的不足,在严峻的就业压力、残酷的现实社会环境面前,大学生总会出现这样或那样的不适应。由于不懂得在就业压力面前及时调整自己的就业心态,不知道如何对待就业过程中出现的问题,因此,一旦遇到困难和挫折,大学生就难免产生各种不健康的心理。心理调适直接影响了大学生的就业行为与结果,必须引起大学生的高度重视。

二、求职心理问题产生的原因

(一)不能正确认识自我

有的大学生过高地估价自己,盲目地把自己和已经成功就业的学长学姐去比较,认为自己肯定能找到好工作,不必提前自寻烦恼;有的大学生在就业竞争失败时,对自己的认识一落千丈,产生自卑心理;有的则过低地评价自己,认为毕业后能找到一份工作就该满足了。

(二)不能正确认识社会

有的大学生对社会人才市场的激烈竞争抱有"恐惧"心理,对自己的学历、性别、技能、经验等缺乏自信,容易产生紧张、焦虑、抑郁等心理困扰;有的人负面情绪持续时间较长,直接影响了正常的学习、生活和心理健康。

(三)缺乏就业技巧

有的同学在应试中自以为是,过高估计自己的水平,因而在交谈中夸夸其谈、东拉西扯,甚至故意卖弄,给用人单位留下不可靠、做事不沉稳的负面印象。诚实、自信、适度与巧妙地自我表现、机敏的应变能力以及优雅大方的仪表是择业技巧的基本要求。

(四)缺乏职业规划的意识

每年临近毕业找工作,都会有很多同学进行就业咨询,因为不知道自己适合什么样的岗位。

三、求职心理问题分析

(一)正确认识和评价自我

(1)正确了解自己的就业方向。

(2) 正确了解自己的兴趣。
(3) 正确了解自己的气质。
(4) 正确了解自己的能力。

(二) 认清就业形势,正视就业现状

近年来,全国高校毕业生人数增长了4倍多,当前及今后一个时期大学生的就业形势会相当严峻。缺少社会经验的大学生,对选择职业这一人生大课题产生焦虑属于正常现象。只有正视就业压力,大学生才会迫使自己积极行动起来,适度的心理焦虑能够使大学生产生压力,这种压力可以变成动力,可以增强大学生的进取心。

(三) 认清就业形势,调整就业期望值

根据自己的实际情况和就业形势调整自己的就业期望值。

(四) 充分认识职业价值,树立合理职业价值观

我们要充分认识到职业对个体发展、社会进步所起到的重要作用。要在考察社会需要的基础上,树立重自我职业发展、才能发挥、事业成功的职业价值观。

(五) 转变就业观念,调适就业心态

要改变错误的自我认知和社会认知,加强自我理解与分析的能力培养,以平常心面对就业形势,冷静地做出选择。要孕育真、善、美的感受,保持良好心境。要建立新型的就业观,强化择业的自主意识。树立竞争意识,不怕风险和挫折,面对就业焦虑,进行理性思考是基础,根据情况的变化更新自己的思想观念是关键。

(六) 认识与接受职业自我,主动捕捉机遇

(1) 正确地认识自我。
(2) 接受自我,承认自己的现状,学会扬长避短。
(3) 用发展的观点来看待自己,不断发展自己。
(4) 学会抓住属于自己的机遇。
(5) 注意机遇的时效性,在发现就业机会时要主动出击,不能犹豫,也不要害怕失败,应有敢试敢闯的精神。

(七) 坦然面对就业挫折,提高心理承受力

(1) 调整自我心态,提高自己对各种突发事件的心理承受能力。
(2) 正确分析自己失败的原因,调整自己的求职策略,学会安慰自己,以便在下次的求职中获得成功。

(八) 调整就业心态,促进人格完善

(1) 可以进行积极的自我心理暗示,鼓励自己、相信自己,帮助自己渡过难关。

(2)可以向朋友、老师倾诉,寻求他们的安慰与支持。

(3)可以通过体育锻炼、听音乐、郊游等方式转移自己的注意力,排解心中的烦闷,放松自己的心情。

四、求职过程中的心理问题与调适

(一)焦躁心理

1. 表现

(1)有的同学面对用人单位严格的录用程序而感到胆战心惊。

(2)有的因性别、学历层次等不敢大胆求职。

(3)有的因自己学习成绩不佳而烦恼。

(4)有的因自己能力不高而紧张。

(5)此外,也有部分大学生在就业过程中,希望一蹴而就,或幻想无须付出多大的努力就能得到称心如意的工作,但在实际中往往事与愿违。

2. 症结

因为害怕失败,大学生在求职择业过程中会出现焦虑和烦躁不安甚至恐惧的心理。

3. 调适

(1)要克服焦虑、急躁的心理,就需要打破事事求稳、求顺的想法,增强竞争意识。

(2)有竞争必定会有风险和失败,确立了竞争意识,就不怕风险和挫折,焦虑的心理必定得到缓解或克服。

(3)毕业生还应克服自己择业心切、急于求成的思想,否则越急越容易择业失败,而失败的体验又会强化沮丧和焦虑的情绪。

(4)客观地分析自己,合理地设计求职目标,不要盲目与他人攀比,更不应有从众心理,这样可以减少挫折,也会减轻焦虑的程度。

4. 宣泄

将自己的忧虑向朋友、老师倾诉,一吐为快,甚至也可以在亲友面前痛哭一场。但是,宣泄一定要注意场合、身份、气氛,注意适度,应是无破坏性的。

(二)自卑心理

1. 表现

(1)一些大学生过低地估价自己,总是自惭形秽,觉得自己不如别人,这种自卑的心理导致他们缺乏竞争的勇气和自信。

(2)还有的毕业生在择业过程中自己拿不定主意,犹豫、退缩、信心不足,对自己能胜任的工作不敢说"我能行",而总是"试试看",当遇到几次求职挫折后,更是萎靡不振,自我封闭。

2. 症结

过度自卑是对自己的潜能优势缺乏了解，缺乏自信心。在求职时畏首畏尾，容易给人以无能力的印象。

3 调适

(1)要消除自卑心理,至关重要的是要能够正确地评价自己,纠正过低的自我评价。

(2)人贵有自知之明,自知不仅表现为知道自己的短处,也表现为了解自己的长处。

4. 克服

(1)正确评价自己,是建立自信、消除自卑的有效方法。

(2)正确对待自己的弱点和缺陷,并积极进行补偿。积极补偿的方法有"以勤补拙""扬长补短"等。

(3)要克服自卑感还必须学会恰如其分地表现自己的才能。比如,学会如何平静地与人交谈,如何接近陌生人,如何同别人握手寒暄,如何进行开场白,如何使谈话继续和终止等技巧等。

(4)克服自卑,除了正确看待客观现实,还要努力克服自身的心理弱点。如采取有效的方法摆脱紧张、焦急、忧虑等不良情绪,培养乐观自信和积极的生活态度。

(三)盲目自信心理

1. 表现

部分毕业生一心追求大城市、高报酬、条件好的单位,而不顾自己的专业或自己的某些缺陷是否适合这一行业。

2. 症结

大学生择业时的盲目自信是指对主客观条件的估量不够准确,不能正确评价自己的素质和条件,过高估计自己的知识和能力水平,但却眼高手低,反而给用人单位留下浮躁、不踏实的印象,造成择业困难。

3. 调适

大学生求职时不能没有自信,但是自信过了头,就成了自负。自负的人不能客观看待自己的优势,夸大了自己的优势,因此当心目中的高目标不能得到满足时,便会产生失望、挫折的心理。

4. 克服

克服盲目自信的核心是正确认识和评价自我,认识和评价自我的方法很多,比如:

(1)社会比较。将自己与社会上其他人做比较,要通过社会上其他人对自己的态度来认识自己。

(2)自我静思。也叫自我反省,通过反省明确自己的专业发展方向、自己的优势和劣势、自己的爱好特点、自己的性格气质、自己最适合干的工作等等，使自己在择业过程中处于积极主动的位置。

(3)心理测验。大学生可以根据自己的需要选择质量可靠的心理测验，如能力测验、人格测验、兴趣测验等，对自己的能力倾向、兴趣和性格做一个客观评估，以帮助自己正确认识和评价自己。

(四)依赖心理

1. 表现

(1)缺乏主动参与意识，独立性不强，信心和勇气不足，在社会为其提供的就业机会面前心存依赖，不主动参与就业市场的竞争，不敢向用人单位展示和推销自我，依靠自身的努力去赢得用人单位青睐，而是一味地依赖亲戚、朋友、社会关系给自己找门路，或依靠家长代替自己去奔波。

(2)有的毕业生自以为有某些优越的条件，依赖自己成绩很优秀或是优秀毕业生等，坐等学校落实单位。

2. 症结

这种消极被动的求职方式与当今激烈竞争的社会现实很不合拍，毕业生最终可能错失良机。

3. 调适

(1)依赖他人的帮助，毕业生有可能也会找到一份好工作，但是从长远来说，依赖的心理对毕业生的社会适应却是有害的，因为依赖的习惯会使人逐渐丧失自信、失去自我，不相信通过自己的努力会达成自己想要的目标。

(2)在当今竞争激烈的社会，自信心、自我效能感(相信通过自己的努力可以完成任务的自信程度)对于一个人的成功越来越重要。

4. 克服

(1)要克服依赖心理，毕业生首先要充分认识到依赖心理的危害，提高自己的动手能力，不要什么事情都指望别人，遇到问题要做出属于自己的选择和判断，加强自主性和创造性，要学会独立地思考问题。

(2)要在生活中树立行动的勇气，自己能做的事一定要自己做，自己没做过的事要锻炼做，通过行动上不断累积的成功来强化自己动手的习惯。

(五)盲目从众心理

1. 表现

(1)在就业过程中，部分大学生容易忽视自身所学专业和特长而盲目从众。

(2)在选择单位时，盲目追求物质享受，千方百计涌向外资高薪企业和行政事业单位及高校科研单位。在从众心理的驱使下,毕业生从心理上限制了自己,择业面变窄,直接导致求职失败和困难。

2. 症结

随大流,人云亦云,缺乏个人主见。

3. 调适

适度的从众,即认为多数人的行为和意见是正确的而怀疑自己的判断,在一定程度上有助于人们遵从一定的规范,形成一致的行为,完成群体目标。但它的消极影响也不容忽视,因为它倾向于形成标准统一的行为模式,排斥与众不同,因此,有时会禁锢人们的创新精神,也不利于人们个性的发展。

4. 克服

(1)在就业问题上,克服从众心理从根本上说还是要认清自我、了解自己的价值观、弄清自己的条件(优势和劣势)、摆正自己的位置,根据自己的实际情况,形成一种脚踏实地的务实态度,而不是盲目随大流。

(2)克服从众心理需要适当表现自己,做回自己。表现自己能帮助个体发现自己的特长和潜力,做回自己重在自我的突破和发展而不是强调与他人的统一。

五、临毕业仍未找到工作时的心理问题与调适

(一)自卑自责心理

1. 表现

部分大学生在多次遭受求职挫折后,自信心大大减弱,自尊心受到严重损伤,从而认为自己无能,感到一种空前的失败和愧疚,产生深切的自卑心理和自责心理,个别严重的甚至会自认前程无望而丧失生活的信心。

2. 调适

(1)在求职过程中,挫折和失败是非常现实的。但对待挫折,不同人有不同表现。正如认知派心理学家所言,事件本身并非挫折感和消极情绪的直接原因,人们对事件的看法才是导致挫折感的直接原因。

(2)一个消极的人和积极的人,在面临同一件事情时,情绪反应也会截然不同。消极的人在遇到挫折和失败时,习惯使用负性词语,如"糟糕""不行""完了""没有用"等词语,过后就会跟着自责和检讨,引发自责自卑心理。

3. 克服

(1)要学会积极的思维方式,学会将思维中的负性词语改为正性词语。例如将"我觉得很无奈,又失败了",改为"除了努力我有没有什么更有价值的事情可以做""怎么样才能造成新的突破";将"我为什么这么痛苦",改为"为了解决问题,我现在可以做什么""我怎样想和怎

样做才最有利于问题的解决";将"因为我找不到工作,所以别人看不起我,我闷闷不乐",改为"我只是暂时没有找到工作,但是我要更加努力,因为只有这样才能改变现状,才能有就业的机会;只有这样,我才能改变我在大家心目中的形象"。

(2)求职目标应保持一定的灵活性。例如,在正确了解职业要求和自己特长的基础上,制定一个分为高、中、低三个档次的求职目标,适时调整求职目标,然后有针对性地投放简历和参加招聘会。

(二)嫉妒心理

1. 表现

(1)看到别人某些方面求职条件好,或找到比较理想的工作时,产生羡慕,转而痛苦,又不甘心的心态。

(2)为了不让别人超过自己,而采取背后拆台等不良手段。别人成功了则说风凉话、讽刺挖苦、造谣中伤以发泄自己的恼怒。

2. 症结

求职过程中对他人的成就、特长或优越的地位既羡慕又敌视。

3. 调适

在择业中嫉妒心会使朋友关系恶化、人际关系紧张,当然也影响求职的顺利进行。

4. 克服

(1)要克服嫉妒心理,最好的方法是提高自己的能力。

(2)有这样一个故事,一个老师在地上画了一根直横线,问他的学生:"你怎样能把这根线变短呢?"学生用手把线擦掉了一部分。老师摇了摇头,在旁边又画了一根更长的线,说:"与这根线相比,刚才那根线就变短了。做人也如此啊!"学生明白了老师的用意,从此改掉了自己喜欢嫉妒别人的毛病。由此可见,要使自己比别人"长",最好的办法不是把别人"擦短",而是让自己"更长"。

(3)克服嫉妒心理还要学会与人协作。一个人的能力总是有限的,别人的长处我们也不可能全部都具备。所以,有的时候我们应该承认自己技不如人,在向他人学习的同时应该学会与人协作。

(4)克服嫉妒心理需要树立正确的竞争观,化嫉妒为动力。一个人在嫉妒别人时,总是注意到别人的优点,却不能注意自己比别人强的地方。当个体有意识地想一想自己比对方强的地方,这样就会使自己失衡的心理天平重新恢复到平衡的状态。

(三)冷漠心理

1. 表现

部分毕业生在择业过程中因遭受挫折,而且自己感到无能为力改变,于是用情绪低落及对所有事情的漠不关心来掩盖自己内心深层次的痛苦和自己的孤寂无助,表现出对整个社会的冷漠,这样的表现当然对自己的求职是无益的。

2. 调适

冷漠心理是未就业毕业生心态进一步恶化的前兆,一般来说,通过自己的努力和主动的心理调适,绝大部分毕业生都能迈过就业这道槛。当毕业生发现自我心理调节失灵、心态严重恶化时,就应该主动找心理专家进行咨询,严重的应该就医。

3. 克服

专家建议如下一些方法和措施可能有助于毕业生克服自卑、焦虑、冷漠等心理误区。

(1)认真学习、深刻领会择业政策。

(2)正视现实、正视社会、正视自身。

(3)降低自己择业的期望值。

(4)树立吃苦精神,到基层去,到真正能发挥自己才能的地方去。

(5)加速提高素质,培养各种能力。

(6)正确对待挫折。

第十章
Chapter 10

求职礼仪与技巧及职场角色转换

学习目标

1. 熟悉求职礼仪的基本要求。
2. 了解常见职场礼仪的基本规范。

学习建议

1. 准备一套适当的求职服装。
2. 参加一次实际的求职。

职场语录

人有礼则安,无礼则危。——《礼记·曲礼》

人无礼则不生,事无礼则不成,国家无礼则不宁。——《荀子·修身》

第一节 求职礼仪

什么是礼仪？礼仪是人们在社会交往活动中，为了相互尊重，在仪容、仪表、仪态、仪式、言谈举止等方面约定俗成的、共同认可的行为规范。礼仪的核心是"尊敬"。礼仪是在我们共同社会生活中建立起来的一种行为准则，也是一种文化现象，需要我们共同尊重和遵守。

在大学生活中，礼仪也无处不在，它成为我们的生活习惯，展示出大学生的精神风貌。求职礼仪是礼仪的一种，是在求职过程中表现出来的礼节和仪式，是从与一个具体的单位通过各种方式接触、申请岗位、面试、试用至试用结束期间涉及的商务礼仪。在求职时，得体的求职面试礼仪能体现大学生良好的素质和教养，"细节决定成败"，对面试成功会起到至关重要的作用。

一、服饰礼仪

服饰礼仪主要指着装佩饰要规范，符合所处场合的要求。服饰礼仪最基本的要求是符合"TPO"原则，即T, time, 代表时间、季节要求；P, place, 代表地点、场合要求；O, object, 代表目的、对象要求。着装要与时间、季节相吻合，要与所处的场合相符合，要根据不同社交对象选择着装。

一个人的穿着打扮就是他教养、品位最真实的写照，得体的服饰是一种礼貌。求职时，给应聘单位面试官的第一印象非常重要，求职者的外表会给对方留下直观的印象，会影响到面试官对求职者的评价，"良好的开端等于成功的一半"这句话用在求职服饰上也很适用。所以我们要从服饰开始重视个人形象的塑造。

（一）男士服饰礼仪

比较正式、通用的男士着装一般以西服为主，西服的色彩一定要庄重，不能过于亮丽，正式场合西服的颜色以深色为主，尤其藏蓝色，是求职面试和初入职场的男士首选的西服颜色。正式场合，以纯色西服为主，不适合有花纹和图案的西服。

男士西装要穿着合体、优雅、符合规范，和职场着西服要求一样，首先要注意"三三原则"：一是"三色原则"，要求男士的着装，衬衣、领带、腰带、鞋袜，一般不应超过三种颜色。一般来说，服装的色彩在三种以内视觉效果比较和谐，色彩超过三种就显得杂乱无章，不够庄重。二是"三一定律"，指的是穿西装时，鞋子、腰带、公文包应为同一颜色。

男士在正规场合，一定要穿西服套装，要注意以下问题：一是西服上衣袖口上的商标应拆下，西服上衣袖口处，通常会缝上商标，如果是羊毛面料还会缝一块羊毛标志，在正式穿西服前，要把它们拆除。二是深色服装不得配白色的袜子，实际上，在商务礼仪中，白色袜子和尼龙丝袜都不可以和西装搭配，要穿深色的袜子，最好是黑色袜子。三是在穿西服套装时，必须打领带。

穿西服时,上衣左侧外胸袋除了可以插一块装饰手帕外,口袋里不要放置任何东西;外侧下方的两个口袋,原则上也不放东西。在公众场合,不要把西服上衣的袖子挽上去,也不要把西服裤子的裤腿挽起来。西服在穿前要先熨烫平整,日常保养要定期清洗,平时要悬挂保存。

穿西装还有很多需要注意的问题:西服扣子的系法不容忽视,穿双排扣西服上衣时,所有衣扣均应系上。穿单排两粒扣西服上衣时,应系上面一粒衣扣;穿单排三粒或更多纽扣的西服上衣时,其最下面一粒衣扣可不系。也就是说,单排扣西服上衣最下面的一粒衣扣,一般都是不必系上的。穿单排扣西服上衣时,起身站立后应系扣;就座之后则可解开衣扣。

与西装搭配的衬衫,要选择长袖的,以白色为最佳,也可以选择其他单色、浅色的衬衫。衬衫袖子可以比西装袖子略长;穿西服时最好别穿汗衫、羊毛衫,尤其别穿多件羊毛衫;买回衬衫后,第一次穿要熨烫平整;穿上衬衫后,要把衬衫放在裤子里,并且有一定余量;一般衬衫内不再穿其他衣物。也不宜用T恤与西服搭配。

与西装搭配的领带,应讲究风格庄重,图案简洁大方,如果有图形以几何图形为主。在社交场合,蓝色、棕色、灰色等单色领带都可以选择,不要让自己的领带多于三种颜色,尽量不打浅色领带和颜色鲜艳的领带。求职时,可以选择与西装同一色系的领带。很多男生在求职之前从来没有打过领带,所以要注意,选择领带时,长度要在皮带扣上端,不要过长搭到裤子上,也不要过短,像条领巾。在日常工作时,领带可以与衬衫同色,遇到比较隆重喜庆的场合时也可以选紫红色。扎领带时领带都要放在衬衫领子里,系上衬衫上面第一粒扣后再系领带。

与西装搭配还有一个重要的部分:鞋。求职时,可以选择与西装同色的皮鞋。一般情况下,包括在日常工作中,旅游鞋、凉鞋和休闲皮鞋都不能搭配西装。皮鞋每天都要打理,擦去灰尘,保持光洁。

除手表外不宜佩戴其他首饰,如项链、耳环等等,不要戴墨镜。随身可以带公文包,面料以真皮为宜,一般情况下,黑色、棕色的公文包都是可以选择的,对求职的男性来说,黑色公文包为首选。

(二)女士服饰礼仪

作为马上要进入职场的女性,求职时应着女士正装,以面料挺括、设计简洁的职业套装、套裙为主,以套裙为首选,要穿着稳重大方,典雅协调。色彩上比男士要多样化一些,上衣与裙子要选择同一质地、同一面料的素色面料,比如白色、米色等,也可以选择深色,比如深蓝色、黑色,或者选择其他相对协调的单色系服装。穿套裙时,套裙的上衣可以到腰部,裙子要及膝或过膝,但不要超过脚踝,裙子的样式以窄裙为主。穿套裙时,上衣扣子要全部扣好,不能解开一部分或全部解开,正式场合也不要随便把套裙上衣脱下来。

职业装不宜过于时装化或过于休闲,上衣不宜长,裙子不宜短,点缀要少,比如亮片、蕾丝花边等等。由于在大学校园里对服饰没有特殊要求,女生们常常习惯卫衣、牛仔裤,实际上短裤、T恤、无袖衫、拖鞋、牛仔裤、球鞋都不应该出现在求职服饰中。

女士职业裙装有"四忌":一忌穿黑色皮裙;二忌光着腿不穿袜子;三忌三截腿,就是袜子、裙子错开,露出一段腿;四忌裙子、袜子和鞋不协调。女士着装常犯的错误还有,比如:穿着太过杂乱,不符合一般职场规范;太过鲜艳或颜色太多,和男士着装一样,女士正装也不要穿超过三种以上的颜色。不要过分暴露,尤其是不要暴露胸、肩和大腿;透视装不可以穿;不要太短、太紧,尤其是裙子,裙摆不要高过膝盖两厘米以上;当然也不要太肥大,与身体比例不协调。此外,大学生求职时着装不要太随意,否则会影响第一印象。

衬衫搭配,面料以轻薄、柔软为主,可以选择样式简单、颜色单一的衬衫。白色翻领衬衫也是职场比较流行的选择,只要不过于鲜艳,与套装、套裙色彩协调均可选择。

与服饰配套的鞋最好是有跟的皮鞋,皮鞋颜色以黑、白、棕色为宜,也可以穿与裤子或裙子颜色一致的浅色皮鞋,鞋跟不宜过高过细,4～6厘米为宜,防止走路的时候出现意外。不可以穿露脚趾的皮鞋或凉鞋。穿裙装的女士,要穿连裤袜或长筒袜,丝袜无破损,并且要与套装、皮鞋颜色协调。行走、落座、站立时都不应让袜口露出来。

女士求职时佩戴首饰要符合身份,尽量保持"同质同色",即首饰要使用同类材质、同一色系。应当注意不要过度奢华、复杂,数量尽可能少,也可以不戴首饰。一般不宜佩戴脚链、长吊坠耳环等饰物。戒指戴在不同手指上有不同的含义,因此佩戴戒指应注意传统和习惯,一般来说,戒指戴在食指上表示未婚;戴在中指上,表示正在热恋中;戴在无名指上,表示已经结婚或订婚;戴在小指上,表示自己独身;大拇指通常不戴戒指。

二、仪容礼仪

仪容礼仪就是通过修饰仪容仪表来表达对别人的尊重的礼节。仪容修饰最基本的有两点,一是干净整洁;二是与场合相适应。

(一)男士仪容仪表

男士要通过仪容仪表传递专业和值得信赖的印象,因此不要打扮过于花哨,男士形象最重要的一点就是:清洁度。仪表细节,包括鼻孔、鼻头、耳背、齿缝、口气、嘴唇、脸部、皮肤、头发、胡子、指甲和体味,要做到形象专业首先就是要整洁。

男士求职时要注意细节,首先是头发,发型要与所聘职业相协调,头发要保持干净,不要有头屑,不要有油,不要太长,也不宜太短,不烫发,不染发;一般情况下,我们在学校里常提的"前不覆额,后不蔽领,侧不过耳",也适用于求职期间的发型。

注意脸部修饰,男士在正式场合要把胡子刮干净;眉毛不要修饰,保持自然形状;要定期检查自己的鼻毛是否过长,如过长应用小剪刀剪短,保持清洁卫生。

有人说"手是人的第二张脸",要随时清洗自己的手,要经常清理指甲;当然,不要在公众场合修剪指甲。另外,不要有文身;不宜用香味浓郁的香水;面试时要保持口腔无异味、牙齿清洁,无食物残留。

(二)女士仪容仪表

女士求职时要发型得体,美观大方,长度适中,不染发。一般要化妆,重要场合化妆是表达对他人的尊重。化妆以淡妆为主,自然,没有太多痕迹为宜,不要浓妆艳抹,最好的妆容应该是自然的妆容,这里的自然不是没有修饰,而是修饰后显得很自然,不夸张。补妆时要避开他人,不要在大庭广众之下,可以利用洗手间、楼梯间等地方,女士化妆一般要避开男士。

让自己仪容仪表符合职场要求,除了进行修饰外,还要通过参加适度的体育锻炼、保证充足睡眠和保持良好的心态来实现。

三、举止礼仪

大学生在求职期间,会在各种场合与招聘单位人员接触,除注意服饰礼仪外,还应注意举止礼仪,要时刻保持着诚恳的态度,注意身体语言传递的信息。

(一)站姿

站立时应当保持头正、肩平、臂垂、双眼平视前方、抬头,表情自然,面带微笑;两肩放松,手臂自然下垂,或双手交叉置于体前;身体挺拔,身体与地面垂直,重心放在两个前脚掌上,挺胸、收腹。双腿贴紧立直,脚尖分开,脚跟并拢,身体重心放在两脚中间;男士可以两脚分开与肩同宽,女士可以站成丁字步,这样的站姿会给人留下一种端庄、稳重的印象。与人站立交谈时,可以采用轻松的站姿,双脚可以前后交叉,或左右开立,背部挺直。

站立时不要低头、歪脖、含胸、扭腰,不要耸肩、驼背,也不要把脚伸出很远;站立时不要左摇右晃,不要倚靠门或墙,两脚间距离不要大过肩宽;不要将手插在裤袋里或交叉在胸前,更不要下意识地做些小动作,那样容易给人留下轻浮、不重视的印象。站立与人交谈时要保持一定距离,不要太远也不要太近。

(二)坐姿

入座时动作要轻,不要发出响声;端坐在椅子上,身体略向前倾,上半身挺直,双肩放平,两手放在两腿上。男士两腿平放,小腿垂直地面;女士要双膝并拢,小腿垂直地面,两脚保持小丁字步,也可以双脚并拢侧向一面斜放。女士如果穿裙装,落座时要用双手从后边把裙子从上往下拢一下。落座后,有靠背的椅子一般坐椅子的三分之二位置,不要紧靠椅背,不要瘫坐在椅子上,不要跷二郎腿。不要抖脚尖,更不可用脚尖挑鞋晃动。在基本坐姿的基础上,男士还可以采用前交叉式、前伸式、重叠式等坐姿;女士还可以采用前交叉式、后点式、侧挂式等坐姿。

(三)走姿

行走也是社交场合比较重要的举止之一;男士走路矫健、挺拔,女士走路优雅、稳重都能给人以美的享受,留下良好的印象。规范的走姿要注意:一是头正,两眼目视前方,嘴唇微闭,表情自然,面带微笑。二是肩平,双臂前后自然摆动,幅度适中,两脚落地距离大约为一个脚长;收腹、挺胸、提臀,重心稍向前倾,脚跟先着地,步速平稳。女士穿套裙走路时,脚印应成一条线;男士走路,脚印可以是两条平行线。

走路时没有特别的紧急情况发生,不要过快,步伐不要过大,更不要跑。走路时要防止"外八字"和"内八字",不要低头驼背,不要左摇右晃,不要扭腰摆臀,不要擦着地面走。上下楼梯和在走廊里行走时,要靠右侧通行;多人行走时,不要排横排,以免影响他人走路。

(四)蹲姿

规范的蹲姿是:左脚在前右脚在后向下蹲,左小腿垂直地面,全脚掌着地,右脚跟抬起来,前脚掌着地,左膝高于右膝,以左脚支撑全身。女士下蹲时要靠紧大腿。不要弯腰下蹲,臀部向上,那样影响美观,女士穿裙装时也容易走光。

(五)手势

手势也是人们常用的肢体语言,恰当的手势能增加语言的力度,丰富表达内容。在面试中,可以加入一些手势。规范的手势是手掌自然伸直,手指并拢,拇指稍微分开,掌心向内向上,根据表达的需要进行摆动。要注意的是手势不宜太多,幅度不要过大。不要伸出食指对着他人指指点点。

(六)握手

两人相向,握手为礼,是当今世界最为流行的礼节。与人相识、相见、祝贺、感谢、告别都可以使用握手礼。一般握手的顺序是主人、长辈、上司、女士主动伸出手,客人、晚辈、下属、男士再相迎握手。长辈与晚辈之间,长辈伸手后,晚辈才能伸手相握;上下级之间,上级伸手后,下级才能接握;主人与客人之间,主人宜主动伸手;男女之间,女方伸出手后,男方才能伸手相握;如果遇到对方已经伸手要握手的情况,无论双方是什么身份,都要回握,以显示礼貌。

握手时应用右手,初次见面握手时间不宜过长,以几秒钟为宜。握手时的力度要适当,可握得稍紧些,以示热情,但不可太用力。男士握女士的手应轻一些,不宜握满全手,而是只握其手指部位即可。握手时要目视对方,保持微笑,同时伴随寒暄。多人同时握手时应按顺序进行,切忌交叉握手。

(七)称呼

我们在求职时会遇到招聘单位的工作人员,这就涉及社交称呼问题。一般男性可以通称先生,女性可以通称小姐,年长的女性可以通称女士。我们也可以称职务:部长、校长、经理等;或称职称:工程师、教授等;或称学位:硕士、博士;或称职业:医生、护士、老师、律师等。在正式场合,一般不使用"某哥""某姐"或在姓氏前面加"老"或者"小"。

（八）微笑

微笑能够表达愉悦、欢乐,面带微笑是通用的沟通情感的手段。在与招聘单位接触时,尽可能保持微笑,脸上露出愉快的表情,目光柔和,放在对方脸颊处来表达友好、赞同或赞美等；与人说话时不要转眼珠,不要低头。对方说话时要有所反应,可以用点头来表示对对方谈话内容的认可。

四、礼仪训练

（一）训练的方法

可以将同学们分组,对照检查,互相指出问题；也可以请老师作为裁判,判定各组同学训练的效果。有条件的情况下,可以安排在有大镜子的舞蹈教室,便于同学们观察。

（二）姿势训练

掌握规范的站姿、坐姿、走姿、蹲姿。

1. 站姿

注意头正、挺胸、收腹、提臀,两腿伸直,两眼目视前方,面带微笑。常见的训练方法可以让学生靠墙站,采用"五点接触式",即让脚后跟、小腿肚、臀部、双肩和头与墙接触,保持身正直立；站到一定时间向前一步,依然保持"五点接触"时的姿态,注意脖子要自然挺直。也可以采用头部顶物来训练,即把一本书放在头顶,身体保持正直,两眼目视前方,挺胸、收腹、提臀。

2. 坐姿

练习入座时,要侧身走进座位,入座时人要稳,一般坐椅子的一半或三分之二处。坐下时身体保持挺拔、端正,两眼看向前方,面带微笑。起身离座时,要注意不要弄出响动。

3. 走姿

走姿也可以像站姿一样头顶一本书,头正、挺胸、收腹、提臀,两腿伸直,两眼目视前方,面带微笑,摆臂要前后自然摆动,掌心朝内。在地上用物品摆一条线或画一条线,女生走路要两脚尖朝前,两脚落点在一条直线上,防止"内八字"。男生脚尖可稍向外,两脚落点在两条平行线上,但不要过宽,防止"外八字"。

4. 蹲姿

直腰蹲下,两脚一前一后,左脚在前,右脚在后,左膝与右侧大腿靠紧,目视蹲下的目标。

（三）手势、表情训练

1. 手势训练

主要是掌握正确的礼仪手势,并加以运用。我们常说的"肢体语言"中手是用得最多的部位。手指的动作、手臂的动作,表达着人的心态和情绪。面试的时候,有的人愿意多用手势,但手势一旦用多就显得过于夸大,这也会给人留下缺少涵养的感觉。面试的时候一定控制在适度的范围内,不要让人觉得"指手画脚"。一般常用的手势有"V"字手势,表示胜利或成功;"请"的手势,一般要把手放于体侧,将五指伸直并拢,手从腹部抬起,手掌慢慢翻至掌心向上,稍与地面有一定夹角,到身体稍前的地方停住,不要摆到身后去。手掌与前臂在一条直线上,头部和上身微向前倾。双手交叉在胸前传递的是防卫的信号,在面试过程中一定要慎用。

递接物品时,要双手接到物品,双手递出,最好能直接递到对方手中,或方便对方接到物品。双方较远时,要主动走向对方。接递物品时不可着急,要接稳拿好。递送带尖的剪子或刀或其他可能伤人的物品时,要提醒对方注意,并把刀尖对着自己或朝向两人之外的方向。

2. 表情训练

掌握面部表情(主要是微笑)并加以运用。首先要练习一个自然的表情,不要紧张、呆滞或过于夸张,嘴角可略向上翘。练习微笑时,先要嘴向上翘,可以露出牙齿,也可以不露牙齿,可以练习说"一",让面部看到笑意。在面试时,不要笑出声音,而只是保持微笑的状态。嘴不宜大张,露出六到八颗牙齿即可。

除了表情要做到笑的状态,还要注意使用文明、优雅的语言配合,比如使用敬语,说话的声音适中,等等。

第二节 面试技巧

面试是通过书面、面谈或线上交流(视频、电话)的形式来考察一个人的工作能力与综合素质,通过面试可以初步判断应聘者是否可以融入自己的团队,是一种经过组织者精心策划的招聘活动。面试是企业挑选职员的一种重要方法。面试给公司和应聘者提供了进行双向交流的机会,能使企业和应聘者之间相互了解,从而双方都可更准确地做出聘用与否、受聘与否的决定。

一、面试类型

用人单位根据招聘岗位的要求、特点,单位人力资源部门招聘的习惯,招聘岗位的重要性,招聘客观环境条件等采用不同的笔试和面试方式。面试和笔试一般结合进行,对刚毕业的大学生来说,常见的面试主要有以下几种:

(一)结构化面试

根据特定职位的胜任特征要求,遵循固定的程序,采用专门的题库、评价标准和评价方法,通过考官小组与应考者面对面的言语交流等方式,评价应考者是否符合招聘岗位要求的人才测评方法。结构化面试是指面试的内容、形式、程序、评分标准及结果的合成与分析等构成要素,按统一制定的标准和要求进行的面试。公务员和事业单位面试一般都采用结构化面试。

(二)无领导小组讨论

由一组应试者组成一个临时工作小组,讨论给定的问题,以小组讨论的方式,分出不同的角色,如领导者、时间掌控者、建议者、记录员、总结陈词者等等,经过各种观点和思想的碰撞、提炼,共同找出一个最合适的答案或结果,并做出决策。由于这个小组是临时拼凑的,并不指定谁是负责人,目的就在于考察应试者的沟通能力、分析能力、应变能力、团队合作能力、人际影响力、信心等,看谁会从中脱颖而出。无领导小组讨论的题型主要有:案例分析类、问题解决类和技能考察类。

(三)半结构化面试

半结构化面试是指面试构成要素中有的内容做统一的要求,有的内容则不做统一的规定,也就是在预先设计好的试题(结构化面试)的基础上,面试中主考官向应试者又提出一些随机性的试题;半结构化面试是介于非结构化面试和结构化面试之间的一种形式。

(四)交谈式面试

这是比较简单常见的面试方式,一般会要求求职者进行自我介绍,然后根据简历信息或其他企业需要了解的问题进行提问、求职者作答、互动比较多的面试形式。这种面试方式比较传统,时间相对自由,提问随机性比较强,是一般中小型企业仍较多采用的面试形式,一些企业把这种传统面试方式与其他面试方式结合使用。

(五)情景模拟面试

在情景模拟面试中,面试题目主要是一些情景性的问题,即给定一个情景,看应聘者在特定的情景中是如何反应的。在经验性面试中,主要是问一些与应聘者过去的工作经验有关的问题。情景模拟面试的理论依据是动机理论中的目标设置理论。

(六)评价中心面试

评价中心面试又叫 AC(Assessment Centers)面试,这是大多数外企常用的人才测评方式。评价中心测评技术与传统的纸笔测验、面试不同,它主要通过小组讨论、角色扮演等情景模拟方法,再加上一些传统的测试方法,对应聘者的知识、能力、个性、动机进行测评,从而可以在静动态环境中为招聘方提供多方面有价值的关于应聘者的评价资料和信息,一般用时较长。

(七)问卷面试

问卷面试就是运用问卷形式,将所要考查的问题列举出来,由主考官根据应聘者面试中的行为表现对其特征进行评定,并使其量化。它是面试中常用的一种方法,它的优点在于把定性考评与定量考评相结合,具有可操作性和准确性,避免了凭感觉、模糊地主观评价的缺陷与不足。

(八)电话面试

招聘单位直接通过电话沟通,了解应聘者的基本情况。一般会在电话中让应聘者进行自我介绍,然后针对简历中的信息或企业感兴趣的问题进行提问。电话面试通常不提前通知,会在一定的时间范围内直接联系求职者,这就需要求职者有较快的反应速度和足够的应变能力。

(九)远程视频面试

远程视频面试是指招聘单位与求职者不用面对面,而是利用互联网连接手机或计算机,通过视频形式进行沟通的面试形式。远程视频面试便捷、方便,尤其是给异地面试节省了大量的时间和人力成本。

(十)综合面试

采用以上几种面试形式相结合的方式进行面试。

根据人数不同还可以分为集体面试和一对一面试等;根据使用语言不同还有英语面试等;一些咨询类公司会采用案例面试方式,以考察应聘者实际解决问题的能力;一些企业在面试中加入演讲、辩论等内容,以考察应聘者的语言表达能力、沟通能力和对事物的理解能力等。

二、面试准备

大学生在毕业时参加面试,经验有限,应该在面试前尽可能模拟面试可能出现的情况,做好充足准备,以赢得面试成功。

(1)要对所聘单位和岗位有充分的了解,要对用人单位的性质、地址、业务范围、经营业绩、发展前景、应聘岗位职务及所需的专业知识和技能等有一个全面的了解。

(2)针对具体岗位专门制作一份简历,求职简历不要千篇一律,要根据每个不同的单位、不同的岗位和要求制作专门的简历。熟记自己的个人履历,包括时间顺序和具体内容。

(3)根据面试的不同特点,模拟可能询问应聘者的问题,并对模拟的问题做出回答,准备出询问面试官的问题。

(4)列出自己在大学期间主要的成就或做得比较成功的几件事,总结出这些事件能够体现出来的个人能力。

(5)准备与应聘岗位相关的专业知识、业务技能,在面试的过程中面试官可能会提问相关内容,在自己专业方面不要出现问题。

(6)准备好面试的服饰、相关证件和证明材料。

三、自我介绍

各种面试一般都会涉及要求参加面试的大学生进行自我介绍,这是展现个人水平与能力的窗口。用人单位通过自我介绍快速了解应聘者的情况,还能通过自我介绍感受到应聘者对工作的热情和对应聘岗位的热爱。自我介绍时要注意以下几个问题:

（一）表达方式

自我介绍时不要把简历上的内容再完全背诵一遍。要吐字清晰，速度不要过快，条理清楚，用词准确，语句完整，声音自然，音量适中，要用普通话，避免出现方言，不要有口头语。

（二）内容选择

自我介绍重点是要把个人整体情况和所聘岗位的职业匹配度阐述清楚。要对简历中比较重要的信息加以介绍，比如姓名、毕业学校、专业、特长、获得的专业资格证书、主要获奖情况、社会实践经验，在外语水平、办公自动化能力方面如果比较突出也可以介绍一下。

可以选择与所聘岗位相关的经历进行介绍，如果应聘者能针对岗位要求介绍相关学习或社会实践经历，会表达出强烈的求职意愿。

要通过自我介绍把自己的性格品质介绍清楚，最好用具体的事例进行介绍，尤其是与用人单位要求相符合的品质，比如忠诚、踏实、乐于吃苦、学习能力强、善于合作等等。

自我介绍中一般都有自我评价，尽可能简洁明了，重点突出，优点突出，可以结合事例说明，与所聘岗位有一定的相关度。总结缺点要谨慎，可以选择与所聘岗位关联度不高的缺点，既不影响未来的工作，还能给人留下诚恳、客观的印象。

（三）时间控制

一般控制在三分钟左右或按照招聘单位规定的时间长度，不要太长，也不要太短。

当面试官对其中一部分内容感兴趣，或对应聘者没有介绍到的内容想做进一步了解时，可以再根据面试官提出的问题进行有针对性的补充。

四、沟通技巧

在面试过程中，沟通无处不在。一般会出现问答环节，面试官现场提出问题由应聘者回答。回答问题时要充满信心，要针对面试官所问有针对性地进行回答，回答要有条理，内容要详尽。在回答问题时，要保持微笑，可能的话把话题引向自己熟悉的领域，或自己所擅长的能力，列举与所聘岗位或自己经历相关的案例。每次答题后要表示回答完毕，以便面试官掌握面试节奏，继续提问或进入下一个面试环节。

如果遇到不清楚或不明白的问题，可以将问题复述一遍，向面试官确认一下，不要不懂装懂，答非所问。如果遇到不知道怎么回答的问题，要根据自己的理解尽力作答，一般情况下，要有问必答，不能空白。面试期间所沟通的内容一定要以事实为基础，进行适当的总结、提炼，展示真实的自己，切不可伪装、掩饰，更不要夸大其词、胡编乱造。回答问题要逻辑清楚，忌漫无边际、夸夸其谈。

面试结束要起立、鞠躬，向面试官表示感谢。

如果在面试前后有一些时间与应聘单位进行非正式的沟通，一定要注意话题的选择，一般情况下,谈论内容不要非议国家和政府,不涉及国家和行业秘密,不涉及对方内部的事情,不能在背后讲领导、同事、同行的坏话,不能谈论格调不高的问题,不涉及私人问题,比如收入、年龄、婚姻状况、健康问题和个人经历,这些内容在正式面试时更不可以涉及。

面试结束要对接待人员表示感谢,可以给主要接待人员发一封邮件或短信表示感谢。一般招聘单位会告知求职者面试结果通知的时间和方式,如果超过期限或没有告知如何通知面试结果,可以在面试结束三天以后联系招聘单位,询问面试的结果,争取最后的机会。

面试中除专业知识技能方面的问题外,面试官还会提问一些通用的问题,常见的问题有以下几个。

(一)介绍毕业学校情况

主要介绍毕业学校发展沿革、特点、规模、师资和专业情况,如果有其他有利于求职的内容也可以介绍,如学校层次,在高等院校中的地位、排名,最近的媒体报道等。由于高校众多,尤其是跨地区求职时,招聘单位对其他地区的高校不一定都熟悉,这时候需要把毕业学校的整体情况和教育特色介绍清楚,可以让企业对求职者的教育背景有更多的了解。

(二)介绍家庭对个人成长的影响

可以说明家庭人口,主要家庭成员的基本情况,良好的家庭氛围、成长环境,家庭对教育重视程度和对本人的支持。要着重介绍父母对自己成长的影响和本人所受的良好的家庭教育,适度表达一下自己正确的家庭观念和对家庭的责任感,可以让面试官产生信任感。

(三)举例说明本人的优缺点

优点可以列举三个左右,要鲜明、突出,与求职行业或岗位要求有一定的关联,要举事例说明。有关缺点,要回避对所聘工作有影响的缺点,不要涉及人格缺陷、道德品质方面的缺点,可以选择对所聘工作无关紧要的缺点,或者有些看似缺点但从工作角度来说却有利的缺点。不能说自己没有缺点。不要把明显的优点当缺点来介绍。

(四)大学期间最成功的事例

可以选择与社会活动相关、与学习相关、与兼职有关、与志愿服务有关、与突发事件有关等方面的内容,要选以自己为主的个人或团队策划、组织的事例或取得的成绩,要着重突出自己的能力和优秀的品质,尤其是和应聘岗位有一定关联的特点,从大学实践经历来证明自己胜任所聘岗位。不要说自己没有成就或成功的例子。

(五)如何看待曾经失败的经历

所举事例结果是失败的,要说明自己在事前做的准备,失败后能够正确认识失败的原因,总结失败的经验和教训,如果有客观原因要分析客观情况,着重突出自己对待失败和挫折的态度,强调坚忍不拔的决心和毅力。不要选择对求职岗位有明显影响的失败经历。

（六）对所聘公司如何评价

基于对所聘公司的了解，从所聘公司发展历程、主营业务、企业文化、主要特点和优点几个角度出发对所聘企业做出正面、积极的评价，也可以结合本人应聘岗位表达对企业发展的期待，对企业文化的认同。要让面试官感觉到应聘者对应聘企业的重视，愿意去深入地了解企业的各方面发展情况，表达渴望加入企业的意愿。

（七）能否承担加班、出差等繁重任务

任何单位都会有加班、出差的可能，所以对这样的问题不要询问具体的加班时间、出差待遇等细节问题，主要表达自己的主观条件和客观条件都具备承担繁重任务的能力，突出自己对所聘岗位的热爱和渴望并愿意为之付出的态度，以及对待工作有责任心，只要工作需要，愿意吃苦的态度。

（八）如何解决工作经验不足的问题

大学毕业生一般都存在工作经验不足的问题，这是一个现实的客观的问题，所以不要回避，主要表达自己补足工作经验不足方面做出的努力，比如积极参加实训、参与社会实践，利用业余时间在同行业里做兼职，包括通过读书学习多掌握相关行业和岗位的专业知识等，展现自己的学习能力、实践能力和适应能力，应聘成功后会一如既往地勤学、上进。

（九）如果申请岗位不符合本人要求

具体单位、具体岗位要做一些思考，可以委婉表达一下自己对所聘岗位所做的努力和准备，主要表达能够进入应聘企业的意愿，相信人力资源部门会根据自己的能力、特长做出合理的安排，给自己一个企业需要自己又能胜任的岗位。

（十）职业发展规划

要有三至五年的职业生涯发展规划思路，职业发展方向要与所聘行业和岗位相一致，要表达出应聘后的发展稳定性。

（十一）求职者有什么要问的问题

面试临近结束的时候面试官会问求职者有什么问题，求职者可以根据面试情况提出与自身相关的一至两个问题，问题不宜过多，也不宜过于敏感。

以上都是针对企业可能提问的问题的参考回答，但每个人的愿意不同，企业的要求不同，具体如何解答企业对应聘者的各种问题，还要在面试实战中不断积累经验，获得理想的职位。

五、其他应注意问题

（一）有时间观念

不迟到，要充分安排好去面试路程要花费的时间，不管什么借口，迟到都是不被原谅的。

(二)入座

进入面试安排的办公室,一定要先敲门,面试官同意再进入,进门后要经面试官示意才能坐下。如果有指定的座位,直接坐在指定座位即可;如果没有指定的座位,一般可以选择主考官对面的位置坐下,便于正面沟通。入座后要坐直,不要弯腰低头,双手要放在适当位置。

(三)举止

面试时要注意收敛自己的小动作,如骚头、揉眼、推眼镜、捋头发、挠脸、抖腿、看手表、用手指敲桌子等等,多余的小动作会分散对方的注意力,留下不好的印象。要尽量避免发出异常的声音,咳嗽、打喷嚏都要回避他人,用手掩住口鼻;参加面试前,不要吃带异味或有强烈刺激味道的食物,比如韭菜、大葱等。接递材料时要用双手,并且直视对方。

(四)遵守公共秩序

无论是去面试的途中还是在面试场所,都要有起码的礼貌,遵守公共秩序,不要随地吐痰,不乱扔垃圾,不大声喧哗,等等。

(五)离开

离开时要保持面试办公室原状,比如搬过椅子,要询问是否把椅子放回原位;如果门开着,要询问面试官是否需要关门,不要自作主张。面试时,如果带着包,包要放在腿上或右侧地上,不要放到桌子上。

六、面试礼仪训练

(一)训练的目标、任务和要求

通过模拟训练,思考自己所学专业对应的工作应掌握的知识和应具备的能力,使学生对相应专业的工作基本要求有更多的了解,熟悉相关专业的面试技巧,注意对求职企业有一定的了解,注意礼仪礼貌、语言沟通能力、交际能力和现场应变能力,尤其是求职的基本礼仪。

(二)训练方法

1. 把所有的学生分组,每组确定不同的角色

求职者、应聘者、协助工作人员;时间允许的话,可以互换角色,可以邀请老师担任面试官的角色。

2. 准备招聘单位信息

尽可能找实际正在招聘的单位,收集相关的单位信息、岗位信息、行业情况等,尤其对具体的岗位要有具体的招聘要求。

3. 设计面试类型

根据岗位要求设计面试的具体要求,如自我介绍、演讲、无领导小组讨论等,要设计面试问

题。

4. 设计面试流程

确定每一名求职者必须经历的面试环节。

5. 设置仿真的应聘环境

如果有条件的话可以按一般招聘过程发布招聘信息,设置尽可能仿真的模拟环境。一般面试,可以由一名面试官主导,其他人按顺序提问即可。

(三)重点问题

1. 注意服饰礼仪

首先要注意服饰和仪表,服饰大方得体,发型整洁干净,不佩戴过多的饰物,不要过于奢华,也不要过于朴素。要从上到下地自我检查:头发乱不乱,妆容是否干净,男生头发、胡须是不是过长,衣服的扣子扣好了没有,有没有薄露透的情况,袜子穿好没有,鞋擦干净没有,有没有吃有异味的东西,牙齿是否干净,等等。以良好的状态出现在面试现场。

2. 面试相关的材料

身份证、毕业证书、学位证、面试单位要求的其他材料。

3. 表情管理

学会管理自己的表情,注意面带微笑,微笑是社交的通行证,微笑会向求职单位传递一个有信心的信息,与人友善;即使不在面试的时候也要注意面部自然放松,不要过于严肃,遇到认识的人或接打电话的时候面部表情也不要过于夸张。

4. 学会沟通

沟通首先要学会聆听,尽可能记住面试官提供的各种信息,比如姓名、职务、要求、问题、结束的信息等等。要直视发言的人,保持微笑,辅之以适当的表情,赞同、肯定、同意的时候要点头,没听清楚的时候可以礼貌地询问面试官再说一次,或确认一下;遇到不知道怎么回答的问题不要冷场,可以把话题引到自己比较有优势的内容上。

5. 不良行为

穿着过于随意,比如穿牛仔服、拖鞋、吊带裙、短裤等;说话声音过大或过小,影响对方的听觉感受;动作幅度大,夸张,说话的过程中夹杂过多的手势;过于热情,太过活泼,对每一个遇到的人都非常热情,像非常熟的朋友;不当的称呼,比如某哥、某姐、阿姨、叔叔等等;不停地搞小动作,比如挠头、挖鼻孔、抖腿等等;还有在面试中显得自卑、怯懦都是不可取的行为。

第三节　职场角色转换

一、从校园到职场

从大学校园走向社会,从校园人到职场人是一次非常重要的角色转换,对于大学生来说也是一次重要的人生的跨越,对于以后职业生涯发展将是一个好的开端。一般来说,企业在招聘的时候,要看学生的毕业学校、学历、专业和学生的个人简历,但进入企业后,主要看一个职场新人在一个具体的岗位上的表现,不再是学校学历的差别。找到一些从校园到职场的共性和规律,在最短的时间内完成从校园人到职场人的转变,成为我们面临的新课题。

在大学里,大学生接触的往往是成绩、学习能力、活动能力、思想、观念,有班级、系、学院等这样的集体,也倡导个性的张扬。在企业里,要通过自己所学的知识、所具备的能力完成企业的任务,成绩不再是一门门功课的分数,而是完成任务、项目的绩效,企业里需要合作,需要团队精神,共同完成某项任务,达成某个目标,团队的每一个人都要对团队负责。在大学里是学生缴纳学费,学习知识,企业里也要求员工有学习能力,但目的是将知识转化为技能,为企业创造价值。

由于企业和校园存在着巨大的差异,很多大学毕业生、职场新人对企业有诸多的不适应,对环境、薪酬、团队、职位等诸多方面有很多的不满,而且这些状况也影响着他们在企业中的表现和发展。如何尽快适应职场、融入企业,取得职业生涯最初阶段的先机,获得更多的职业竞争力,对每个大学毕业生都至关重要。

(一)树立积极向上的心态

有些大学生在学校里是某个社团的负责人,成绩优异,能力突出,成功地举办过很多活动,就觉得自己工作后会有很多可以施展的地方,他们渴望能够给企业带来业绩,为新的团队带来改变,为企业做出贡献。事实上作为一个新人,加入新的团队,学校里的很多知识并不能直接应用到工作中,企业和学校在很多事情上完全不是一个标准,对于新人来说最重要的是适应新的环境,融入新的团队,通过努力让更多的人了解自己,遇到困难、挫折要坚持下去,保持积极的心态,坚持把每一件力所能及的小事做好,获得更多的信任。

态度决定一切,只有保持良好的心态,坚持不懈,每天微笑着面对生活,建立和谐的人际关系,才有可能在更短的时间内完成从校园人到职场人的过渡,开始真正的职业生涯。

美国的拿破仑·希尔特别强调成功最重要的因素就是要有积极的心态:"成功的态度最重要,有积极的态度就有积极的人生。"客观环境固然很重要,但它只决定一个人暂时的成败,如果一个人有积极的心态,激发高昂的情绪,克服抑郁、消除紧张就能凝聚成功的行动力量,从而实现人生的进步及事业的成功。树立谦虚谨慎的工作态度,保持积极的心态,努力地学习和实践,每天都会有新的收获,正确看待企业对工作的要求,正确理解上司的工作安排,知道自己哪里做得对做得好,知道自己哪里做错了,还有不足,在不断的工作中发现问题,积极去改正,避免下次再犯同样的错误。

(二)学会对结果负责

一个职场新人加入新的团队,接触到的都是陌生的领域,面对新事物的挑战时,一定会遇到这样那样的困难,难免要犯错误,很多职场新人担心承担责任,找种种借口,或者是"从来没做过",或者是"同伴不合作",或者是"领导没有布置清楚",等等,这是不成熟的表现,缺少责任意识,也会给团队埋下不团结的种子,造成不好的影响。人无完人,每个人都可能犯这样那样的错误,面对出现的结果,我们要勇于承担责任,勇敢面对,职场新人只有不断树立结果意识,熟悉工作流程,了解工作内容,提高工作能力,不犯同样的错误,对自己应该承担的结果负责,才能成长为企业需要的人、团队欢迎的人。

(三)成长才是硬道理

有些初入职场的大学生,自我定位不准确,几乎没有什么工作经验的他们,总是想法很多,行动很少。没有付出,就想收获,总是想领导别人,而不愿意接受别人的领导。有些职场新人只关注薪酬,有时候过于频繁地跳槽,只是为了多出几百元的薪酬。只对企业索取,而忽略了自身的成长。要知道,当我们毕业的时候,并不是学习生涯的结束,而是新的学习阶段的开始。在新的环境里,在大学里获得的荣誉、取得的成绩甚至学到的知识和自己觉得拥有的能力,在企业里是完全不够用的,我们会不断遇到新的知识,需要新的技能,尤其是现代社会,互联网快速发展,知识不断更新,只要不学习,我们就跟不上企业发展的脚步,跟不上这个快速发展的时代。

作为职场新人,要尊重企业的传统,学会与同事合作,了解企业文化,融入企业团队,同时迅速掌握职场技能,保持积极心态,对工作负责,发挥自己的成长潜力,在职场中不断成长。

二、职场常用礼仪

细节决定成败,基本的社交礼仪看起来很简单,但在日常工作中无处不在,礼仪体现细节,细节展示素养,要想在工作中展现良好的专业素养,就要学习一些必要的职场礼仪,具备一定的沟通技巧。

(一)着装礼仪

和求职时一样,良好的第一印象能给未来的职业生涯带来良好的开端,得体的穿着能够给自己打造一张形象名片,会成为职业素养的一部分。职场服饰很重要的一点就是要适合自己,不论是衣服还是配饰,都应当与自己的气质相符。日常工作服饰选择可以入乡随俗,企业里大多数人选择的服饰类别可以作为参考,如果企业要求穿统一制服,应该按照统一要求,保持制服的干净整洁。

职场的着装礼仪也要遵守"TPO"原则,注意时间、地点、职务、身份和面向的人群。首先要符合身份,与不同身份的人接触,也有不同的穿着技巧,既要配合自己的身份,也要配合对方的身份,这样会有助于彼此的沟通。其次要符合环境要求,日常工作,服饰以简单整洁为主,给人亲切感。在喜庆场合,一般不用黑色为主色;参加葬礼,白和黑均宜,忌鲜艳的颜色。职场着装还要配合体型、符合年龄,女士穿裙装时要随身携带一双备用的透明丝袜,以防袜子拉丝或跳丝。

(二)电话礼仪

电话已经成为日常办公不可缺少的一种工具。我们经常要给客户、同事、上司等打电话,接打电话要注意使用文明用语,一般办公室电话要在三声内接起,报出本单位或本部门名称,询问对方有什么事情,如果要找的人不在,要询问对方姓名、身份,是否有什么事情需要转告。接打电话要注意数词、名词的准确性,要通过重复向对方确认。给别人打电话时要注意打电话的时间,没有特殊紧急情况,不要在节假日、晚上、用餐时间打电话;为了不给对方造成时间紧张,还要避开刚上班的时间和马上下班的时间。

(三)电梯礼仪

乘坐电梯时,要看到电梯门打开,看到轿厢再上,要先下后上;先上电梯的人要站在电梯两侧,其他人站两侧及后壁,最后上的人站电梯中间。遇到领导、长者时,可以请领导、长者先进先出;电梯里人比较多时,离门近的人先出电梯,以不影响其他人出去。

与客人共乘电梯时,要先按电梯呼叫按钮,电梯门打开时,可以先进入电梯,尤其是客人不只一人时,一边按"开门"键,请客人进入电梯轿厢。进入电梯后,如果没有其他人可简单寒暄,如果有其他人,可以斟酌是否寒暄。到达目的楼层,一边按"开门"键,一边请客人出电梯。客人走出电梯后,自己要立即离开电梯,引导客人前行。出入有人控制的电梯可以请客人先进先出,陪同者后进后出。

电梯空间较小,乘坐电梯时应该注意保持身体的平衡,不要甩头发、整理背包或衣服,甚至化妆,不要触碰到其他人。

乘坐电梯要注意安全,遇到电梯关门时,不要强行扒门,更不要强行挤进去;电梯超载时,不要强行关门。万一遇到电梯因故障停下时,要通过各种方式联系相关维护人员或办公楼内的工作人员,不要冒险攀爬或强行打开电梯门。

(四)用餐礼仪

日常用餐要注意入座后,坐姿要端正,不用筷子敲打餐具,不用筷子指点别人;吃东西的时候闭嘴咀嚼,嘴里有东西时不要说话;用汤匙时,要放下筷子,喝汤的时候不要发出声音,不要用嘴吹汤；吐杂物时要吐在骨碟中，不要直接吐在桌上或餐布上；剔牙时要用手或餐巾掩住嘴。在外就餐时，要注意宾主落座的位置，不要坐错座位；不要用餐巾擦餐具，餐巾可以抖开，平摊在自己双腿上，湿毛巾用来擦双手和嘴角，一般不用来擦脸和脖子。每次夹菜不要太多，不要用自己的筷子替别人夹菜。

（五）会议礼仪

得到会议通知，首先要了解一下会议的主题是什么，是否需要发言，是否要携带相关材料，是否需要做其他的准备；要根据会议通知的时间和地点提前到达，不要迟到。如果不能准时到会，要提前向本部门领导或会议组织方请假，并说明情况。入座时，会议放置名牌的，按名牌位置就座；如果没有放置名牌，则与同部门或同级别人员相邻就座即可。

会议发言有正式发言和自由发言两种，正式发言者，要提前准备发言材料，在指定发言席发言。发言时应声音清晰，逻辑清楚，简明扼要。发言完毕，应对听众表示谢意。自由发言要注意发言应按顺序，不要抢着发言；发言应简短，层次清楚，观点明确。在别人发言的时候不要插言。

参加会议要衣着得体，会议开始前要关闭手机或把手机置于静音状态，会议期间无特殊紧急情况不要接打电话，不要不停看手机消息。开会时应认真听讲，不要交头接耳。确实遇到特殊情况需要提前退场，要告知会议组织工作人员，在不影响他人的情况下悄悄离开。

第十一章
Chapter 11

就业手续的办理程序与求职劳动权益保护

学习目标

1. 掌握毕业生就业报到证业务办理程序。
2. 掌握劳动法和就业协议的相关内容。
3. 了解社会保障法、劳动合同、劳动工资的相关内容。

学习建议

大学生就业前掌握和了解相关的法律法规,有利于更好地保护自己的合法权益,同时了解毕业生就业报到证业务办理所需材料和程序。

职场语录

你可以不聪明,但不可以不小心。

素质拓展

假如你将来参加工作后与工作单位发生劳动争议,你将怎么处理?

第一节 毕业生就业报到证业务办理申请材料分类说明

全国普通高等学校毕业生就业报到证(简称报到证)分为上下两联。上联为就业报到证(有色部分)交用人单位;下联为就业通知书(白色部分)存入毕业生本人档案。

一、报到证的定义和用途

报到证是毕业生到就业单位报到的唯一凭证,是参加工作时间的初始记载和凭证。

就业单位依据报到证为毕业生办理相关工作手续。

毕业学校依据报到证为毕业生迁转档案、党关系、户籍等。

二、有效接收材料

材料包括毕业生就业协议书、有效力的录用函(通知)或有效力的接收函(签往北京、上海、天津、广州、深圳、厦门、山东等省、市、地区的另需提供当地人社或教育部门的审批手续)。

三、改签受理范围

应届高校毕业生界定为自毕业之日起至翌年的6月30日。

四、办理就业报到证业务所需材料——调整、改签

1. 省内普通高校毕业生

(1)报到证原件。

(2)接收单位出具的接收材料原件。

注:已就业的另需提供原就业单位放行(解约)材料原件,已在生源地就业主管部门报到的另需出具放行函原件。

2. 毕业生退役后申请改签毕业生

(1)报到证原件。

(2)就业单位出具的接收材料。

(3)入、退伍证件及复印件。

注:退伍后1年内可办理。

3.少数民族骨干计划毕业生

(1)报到证原件。

(2)省级教育部门解约手续。

(3)就业单位出具的接收材料原件。

4.国防生毕业生

(1)报到证原件。

(2)部队解约手续。

(3)就业单位出具的接收材料原件。

5.农村教育硕士毕业生

(1)毕业院校出具的服务期限已满申请派遣请示。

(2)厅师范教育与师资管理处意见。

(3)新就业单位出具的接收材料原件。

(4)服务学校与当地教育局的意见。

(5)农村教育硕士的培养协议。

(6)毕业证原件和复印件。

6.对口援疆扶贫计划毕业生

(1)报到证原件。

(2)毕业院校出具的改派证明。

(3)新疆生源地解除定向生的协议。

(4)新就业单位出具的接收材料原件。

7.省外院校黑龙江省生源毕业生

(1)报到证原件。

(2)毕业证原件及复印件。

(3)省内接收单位出具的接收材料原件。

注:改签至省外接收单位的,须回原签发机关办理。

五、办理就业报到证业务所需材料——签发

1.毕业时未签发就业报到证

(1)毕业院校就业主管部门出具的补办申请。

(2)毕业证书原件、复印件各一份。

(3)招生录取手续。

(4)就业单位出具的接收材料原件(回生源地不用提供)。

2. 退学后申请签发就业报到证
(1) 毕业院校就业主管部门出具未签发报到证的证明。
(2) 升学录取院校出具的退学手续原件。
(3) 毕业证书原件、复印件各一份。
(4) 就业单位出具的接收材料原件(回生源地不用提供)。

六、办理就业报到证业务所需材料——补发

1. 应届毕业生
持毕业学校就业工作部门出具的补办申请,补发就业报到证。
2. 非应届毕业生
持毕业学校就业工作部门出具的补办申请和存档单位出具的"无通知书"或"无报到证"情况说明,补发报到证签发证明。

特别提示:
(1) 1992年(含)以前毕业的申请补发签发证明时,率先提供毕业证原件及复印件进行派遣存根查询,查询时限为3个工作日。查询到派遣存根的按"非应届毕业生"手续办理。
(2) 就业派遣报到证或就业派遣通知书丢失且无派遣数据或派遣存根的,原则上不予补发毕业生就业报到证签发证明。若自我举证属实者可按规定给予补发。自证材料主要包括:①毕业学校就业工作部门出具的补办申请;②现工作单位组织人事部门或存档单位出具的情况说明(注明缺少报到证和通知书);③毕业证书原件及复印件;④招生录取名册复印件(加盖毕业学校存档部门公章);⑤同一录取名册内任一同学的报到证复印件(加盖存档单位公章);⑥人事档案中的毕业生登记表和毕业入职后第一份干部履历表复印件(加盖存档单位公章)。

七、业务办理时限(表11.1)

表11.1 业务办理时限

办理事项	时限
毕业生申请改签	当日办结
已离校毕业生申请签发	3个工作日内办结
省外院校毕业生申请改签	3个工作日内办结
补发(有派遣数据的)	当日办结
查询派遣数据(1991年及以后毕业的)	当日办结
查询派遣存根(1990年及以前毕业的)	3个工作日内办结

八、非应届毕业生落户流程

自2018年3月1日起,非应届高校毕业生凭与用人单位签订的劳动(聘用)合同或用人单位录(聘)用通知等就业材料和普通高等学校毕业证书办理报到和落户手续。

非应届毕业生报到、落实编制和户口、计算工龄、保存档案,以及办理相关社会保险关系、人事关系及档案转道等手续时,不再将转正定级表、调整改派手续作为必备材料。

第二节 劳动法

一、劳动法概述

(一)劳动法的概念和调整对象

劳动法是调整劳动者在劳动过程中与用人单位之间所发生的劳动关系以及与劳动关系有密切联系的其他社会关系的法律规范的总和。

劳动者与用人单位之间所发生的劳动关系具有三方面特点:

(1)关系主体的一方是用人单位,另一方是劳动者,单位与单位之间发生的关系不是劳动关系。

(2)劳动关系的实质是权利义务关系,不是劳动过程中的其他关系。

(3)关系主体双方存在主从关系,劳动者必须遵守用人单位的规章制度,服从用人单位的领导和指挥。

我国现阶段主要存在五种劳动关系:①国有企事业单位、国家机关、社会团体的劳动关系;②城乡集体所有制单位的劳动关系;③中外合资、中外合作和外资企业的劳动关系;④私营企业的劳动关系;⑤个体经济组织的劳动关系。

与劳动关系密切联系的其他社会关系,主要有以下四种:

(1)在建立劳动关系之前用人单位与劳动者发生的关系(如招工、调配),培训工作中用人单位劳动者和劳动主管部门相互之间发生的关系。

(2)在处理劳动争议过程中,劳动主管部门、工会组织、用人单位的主管部门与争议双方之间发生的关系。

(3)在劳动法执行过程中,劳动主管部门与用人单位及其主管部门之间发生的监督管理关系。

(4)离退休人员与用人单位之间发生的关系。

用人单位是指任用劳动者的单位。根据《中华人民共和国劳动法》(简称《劳动法》)的规定,用人单位主要是指企业、个体经济组织以及已建立劳动合同关系的国家机关、事业单位和社会团体。劳动者是指具有劳动能力的从事体力劳动或脑力劳动,以获取合法收入作为生活资料主要来源的公民。根据《劳动法》的规定,劳动法所调整的劳动者仅限于企业、个体经济组织的劳动者以及其他用人单位建立劳动合同关系的劳动者,包括:①企业职工;②个体经济组织中的帮手、学徒;③国家机关、事业单位、社会团体与建立劳动合同关系的劳动者。

(二)劳动法律体系

劳动法律体系,可以按以下两种标准进行划分:

1. 按照制定机关及其效力划分

(1)《中华人民共和国宪法》中有关劳动问题的规定,是劳动法律规范的基础。

(2)劳动法律,是由全国人民代表大会及其常委会制定的。如《中华人民共和国劳动法》《中华人民共和国矿山安全法》等。

(3)劳动行政法规,是由国务院制定的。如《女职工劳动保护规定》《劳动争议处理条例》等。

(4)地方性劳动法规,是由省、自治区、直辖市人民代表大会及其常委会制定的。如《湖南省劳动安全条例》《浙江省劳动保护条例》等。

(5)劳动规章,是由国务院有关部委、省、自治区、直辖市人民政府以及省、自治区、直辖市人民政府所在地的市和经国务院批准的较大的市的人民政府制定的。如劳动部制定的《女职工禁忌劳动范围的规定》、卫生部制定的《职业病诊断管理办法》等。

2. 按照内容划分

(1)劳动基本法,即《劳动法》,该法于1994年7月5日经第八届全国人民代表大会常务委员会第八次会议通过,自1995年1月1日起施行。《劳动法》包括法律规范的各方面内容,是中国的劳动法典。

(2)劳动关系法,是指调整劳动关系的法律规范。如《全民所有制企业招用农民合同制工人的规定》(1991年7月25日)等。

(3)劳动保护法,是指保护劳动者在劳动过程中安全与健康的法律规范。如《中华人民共和国矿山安全法》(1992年11月7日通过,1993年5月1日起施行)。

(4)职业保障法,是指调整劳动就业、职业培训、劳动工资、社会保障的法律规范。如《中华人民共和国劳动保险条例》(1951年2月26日)、《国营企业招用工人暂行规定》(1986年7月12日)、《国营企业职工待业保障暂行规定》(1986年7月12日发布,1986年10月1日起施行)、《国务院关于大力发展职业技术教育的决定》(1991年10月17日)。

(5)劳动争议处理法,是指调整有关调解、仲裁、法院审理劳动争议的法律规范。如《企业劳动争议处理条例》(1993年8月1日)等。

(6)劳动监察法,是指调整劳动法监督检查机构及其职责的法律规范。如《锅炉压力容器安全监察暂行条例》(1982年2月6日)、《矿山安全监察条例》(1982年7月1日)。

二、劳动工资

工资是用人单位根据国家法律法规、集体合同、劳动合同的预先规定,以法定的方式,支付给本单位劳动者的劳动报酬。工资形式是指计量劳动和支付工资的形式。我国现行的工资形式主要有计时工资、计件工资两种基本形式和奖金、津贴两种辅助形式。

(一)最低工资保障

最低工资是指劳动者在法定工作时间内提供了正常劳动,用人单位依法应支付的最低劳动报酬。确定和调整最低工资标准应当综合参考五个因素:①劳动者本人及平均赡养人口最低生活费用;②社会平均工资水平;③劳动生产率;④就业状况;⑤地区之间经济发展水平的差异。按这五个因素计算的最低工资,应高于当地的社会救济金和失业保险金标准,低于平均工资。最低工资标准一经确定和发布,必须严格执行。企业履行承担的义务,工会和政府部门享有监督检查权。

(二)工资支付的保障

1. 工资支付形式

工资应当以法定货币支付,不得以实物及有价证券替代货币支付。

2. 工资支付期限

工资至少每月支付一次。工资必须在用人单位与劳动者约定的日期支付,不得无故拖欠。

(三)工资扣除的规定

除了法律规定和合同约定的情况外,任何单位、个人都不得任意克扣工资。用人单位的工资扣除可以分为两类。

1. 间接扣除

间接扣除即用人单位按照法院或国家职能部门的判决、裁决、决定,行使代扣代缴义务。

2. 直接扣除

直接扣除是因为劳动者本人原因给用人单位造成经济损失的,用人单位按照劳动合同的约定要求其赔偿经济损失。经济损失的赔偿,可从劳动者本人的工资中直接扣除。但每月扣除的部分不得超过劳动者当月工资的20%。若扣除后的剩余工资部分低于当地月最低工资标准,则按最低工资标准支付。

三、劳动保护

《劳动法》的全部内容,从本质上讲都具有保护劳动者的特征。但狭义的劳动保护,是指国家为了保护劳动者在生产过程中的安全和健康所制定的各种法律规范的总称,包括:①在工作时间方面对劳动者的保护;②在劳动安全卫生方面对劳动者的保护;③对女职工和未成年人的特殊保护。

（一）工作时间和休息、休假

1. 工时规定

这主要是指最高工作时间的立法，即规定工作时间的上限。我国现行的工时制度可以分为标准工时制度和特殊工时制度。标准工时制度，是由立法确定一昼夜中工作时间长度、一周中工作日天数，并要求各用人单位和一般职工普遍实行的基本工时制度。特殊工时制度是指因工作性质或者生产特点的限制，不能实行标准工时制度的，按照国家有关规定，可以实行其他工作和休息制度。我国已实行的特殊工时制度主要有：缩短工时制、综合计算工时制、不定时工时制、计件工时制。

标准工时制度也是其他特殊工时制度的计算依据和参照标准。因此，对于一个国家来说，确定标准工时制度具有至关重要的意义。我国目前实行的是每日工作8小时、每周工作40小时的标准工时制度。

2. 休假规定

这主要是指最低休息时间的规定，即规定休息时间的下限。以此为基础，用人单位可以自行增加休假时间。目前我国的休假制度主要包括四项内容：①公休假日，又称周休，是法律规定两个相邻的工作周之间应休息的时间。我国目前实行每周2天的休假制度。②法定节假日，是指根据各国、各民族的风俗习惯或纪念要求，由国家法律统一规定的用以进行庆祝及度假的休息时间。按规定，用人单位在元旦、春节、国际劳动节、国庆节、法律法规规定的其他休假节日应当依法安排劳动者休假。③年休假，是指职工每年享有保留工作和工资的连续休假制度。④探亲假制度，是指按我国规定，给予与家属分居两地的职工在一定时期内回家与父母或配偶团聚假期的制度。

3. 限制延长工时的规定

延长工时是指用人单位在劳动者完成劳动定额或规定的工作任务后，根据生产的工作需要安排劳动者在法定工作时间以外工作，是指职工超出正常工作时间，在应该休息的时间内进行工作，是工作时间在休息时间中的延伸。为了确保职工的休息权，必须对其进行限制。在一般情况下，延长工时的限制措施主要包括三方面内容：①程序限制。延长工作时间有两重协商程序，用人单位由于生产经营需要必须延长工时的，须与工会和劳动者协商后，方可延长工作时间。②时数限制。用人单位延长工时，一般每日不得超过1小时。因特殊原因需要延长工作时间的，在保障劳动者身体健康的条件下，工作时间每日不得超过3小时，每月不得超过36小时。③报酬限制。用人单位安排劳动者延长时间工作，必须按照我国劳动法的规定支付高于正常工作时间工资的报酬。违反程序规定、时数规定、报酬规定的，必须承担相应的法律责任，由有关部门给予警告、责令改正或行政处罚。

(二)劳动安全卫生

劳动安全卫生,是劳动法的重要内容。搞好劳动安全卫生是改善劳动条件的主要措施,也是我国的一项基本国策。劳动法对劳动安全卫生的规定涉及范围极其广泛,从内容上可以分为以下四类:

1. 劳动安全卫生设施规定

主要包括:基本建设和技术改造工程项目的安全卫生规定,劳动场所的安全卫生规定,生产设备的安全卫生规定,生产辅助设施的安全卫生规定。

2. 劳动安全卫生条件规定

主要包括:劳动防护用品规定,健康检查规定,保健食品规定。

3. 劳动安全卫生教育规定

主要包括:三级教育、特殊工种的专门教育、经常性教育、负责人员教育。

4. 伤亡事故和职业病的报告及处理规定

根据劳动安全卫生规范的特点,从形式上可以区分为法律规范、技术规范、管理规范。法律规范是以改善劳动条件、劳动环境,防止伤亡事故、预防职业病为目的,以国家强制力保证实施的行为规则。技术规范是将职业伤害中的防范要求数量化后形成的技术标准。管理规范是指为了保障劳动者在劳动过程中的安全健康,用人单位在组织劳动和科学管理方面所做的规定。这三类规范联系十分紧密,技术规范和管理规范是法律规范的补充与延伸。从技术规范与法律规范的关系看,我国通过法律规范赋予技术规范强制效力,目前我国所有劳动安全卫生要求的标准都是强制标准;从管理规范与法律规范的关系看,一些原则性比较强的法律规范,可由用人单位根据实际情况进一步细化,并通过管理规范进一步具体化。

(三)女职工和未成年工特殊保护

由于妇女有生理上的特点和负有哺育后代的责任,在劳动保护方面需要给予她们特殊照顾;未成年人的身体尚未发育完全,体力较差,又需要有一定的时间学习科学文化技术知识,因此也需要在劳动保护方面给予特殊照顾。

1. 女职工保护

根据女职工生理机能变化的特点,劳动法对女职工经期、孕期、产期、哺乳期的工作和休息规定了一系列特殊保护办法:不得安排女职工在经期从事高处、低温、冷水作业和国家规定的第三级体力劳动强度的劳动;不得安排女职工在怀孕期间从事国家规定的第三级体力劳动强度的劳动和孕期禁忌从事的劳动,对怀孕7个月以上的女职工,不得安排其延长工作时间和夜班劳动;女职工生育享受不少于90天的产假;不得安排女职工在哺乳未满周岁的婴儿期间,从事国家规定的第三级体力劳动强度的劳动和哺乳期禁忌从事的其他劳动,不得安排其延长工作时间和夜班劳动。

劳动过程中的女职工可能受到职业伤害，因此，用人单位和有关部门对女职工的保健范围还应有所扩大，包括月经期保健、婚前保健、孕前保健、孕期保健、产后保健、哺乳期保健、更年期保健等，必须贯彻预防为主的方针，注意女性生理和职业特点。

2. 未成年工保护

我国对未成年人在劳动领域中的保护包括两个部分：一是未满16周岁的少年除法规有特殊规定外，禁止其进入劳动过程，即禁止使用童工的规定；二是对已满16周岁、未满18周岁的未成年人进入劳动过程后的特殊保护，即对未成年工的特殊保护。

童工的基本特征有：一是未满16周岁的少年或儿童；二是从事有经济收入的劳动，既包括违法形成事实劳动关系的有酬劳动，也包括从事个体经营的劳动。由于劳动能力形成的特殊性，某些职业对劳动者有特殊要求，劳动法往往也规定一些例外情况。《劳动法》规定："文艺、体育和特种工艺单位招用未满16周岁的未成年人，必须依照国家有关规定，履行审批手续，并保障其接受义务教育的权利。"除国家另有规定外，以下行为均为禁止行为：

（1）允许行为，指允许16周岁以下的未成年人从事有酬劳动。

（2）使用行为，指用人单位或个人招用童工从事职业性劳动。

（3）介绍行为，指中介机构或中介人介绍未满16周岁的未成年人从事职业性劳动。

（4）发证行为，指工商行政管理部门为未满16周岁的未成年人发个体营业执照，这主要是指拥有核发营业执照职权的行政管理人员的违法行为。

（5）出证行为，指有关行政机关出具同意未满16周岁的未成年人从事有酬劳动的证明或出具虚假证明。

针对未成年工处于生长发育期的特点以及接受义务教育的需要，国家采取了以下特殊劳动保护措施：

（1）根据未成年工的生理特点安排工作，不得安排未成年工从事矿山井下、有毒有害、国家规定的第四级体力劳动强度的劳动和其他禁忌从事的劳动。

（2）对未成年工定期进行健康检查。

（3）对未成年工的使用和保护实行登记制度。

第三节　劳动合同及劳动争议处理

一、劳动合同

（一）劳动合同的订立

劳动合同是指劳动者与用人单位之间确立劳动关系、明确双方权利和义务的协议。劳动合同的订立是指求职者和招工单位经过相互选择,确定劳动合同当事人,并就劳动合同的条款经过协商,达成一致,明确双方权利、义务和责任的法律行为。《劳动法》规定:"建立劳动关系应当订立劳动合同。"劳动合同的订立过程一般应是劳动法律关系的确立过程;是求职者转化为劳动者,招工单位转化为用人单位的过程。订立劳动合同不得违反法律法规的规定,并遵循平等自愿、协商一致的原则。为此,在劳动合同订立过程中,要做到以下几点:

(1)劳动合同的双方当事人都必须具备法定的资格,劳动合同的内容、形式、订立程序必须合法。

(2)劳动合同当事人必须具备法定资格。劳动者一般须年满16周岁,完成规定的义务教育;用人单位须有招工权。

(3)劳动合同的内容必须合法。劳动合同的内容分为三个方面:

①法律规定应当具备的内容,它也称为劳动合同的必备条款。劳动合同的必备条款包括劳动合同期限、工作内容、劳动保护和劳动条件、劳动报酬、劳动纪律、劳动合同终止的条件、违反劳动合同的责任等内容。

②法律规定可以具备的内容。对此,劳动合同中可以约定,也可以不约定,但若当事人约定,必须依据法律规定来确定,如劳动合同的试用期不得长于6个月。

③双方当事人自行约定的内容。如保密条款和生活待遇条款等。

(4)劳动合同的形式必须合法。劳动法要求以书面形式确定当事人的权利义务。

(5)劳动合同的订立程序必须合法。劳动合同的订立程序可以分为两个阶段。第一阶段通常称为"招收录用",是确定劳动合同双方当事人的程序;第二阶段即具体签订劳动合同的阶段,是对劳动合同的具体内容通过平等协商达成一致意见的过程。

(二)劳动合同的履行

劳动合同依法订立,具有法律的约束力,当事人必须履行劳动合同规定的义务。劳动合同的履行应遵循以下几项原则:

1. 亲自履行原则

这是根据合同主体特征所要求的。劳动关系具有人身关系的性质,劳动合同只能在签订合同的特定主体之间进行,劳动者一方的主体变更一般视为合同解除。

2. 全面履行原则

这是根据合同内容特征提出的。劳动合同是一个整体,当事人双方必须按规定的时间、地点和方式、按质按量履行全部义务。

3. 协作履行原则

这是根据合同客体特征提出的。劳动法律关系的客体是劳动力。劳动者提供劳动力,用人单位使用劳动力的过程是一个极为复杂的过程,只有当事人双方团结协作才能完成劳动合同规定的义务。

（三）劳动合同的变更和解除

劳动合同的变更通常是在劳动关系的内容须做某种调整时发生的，是对原劳动合同的内容所做的部分修改、补充或废除。劳动合同的变更能够使劳动法律关系主体双方的权利、义务得到改变。变更劳动合同与劳动合同订立的原则是完全一致的，即遵循平等自愿、协商一致的原则，不得违反法律、行政法规的规定。

劳动合同解除是指劳动合同生效以后，尚未全部履行以前，当事人一方或双方依法提前消灭劳动关系的法律行为。劳动合同的解除分为双方行为和单方行为两大类。

双方行为是指劳动合同的双方当事人经协商达成一致，从而解除劳动合同，作为一种双方行为，即无论是劳动者首先提出解除，还是用人单位首先提出解除，只有对方同意，双方达成一致意见，方可解除劳动合同。由于劳动合同的解除条件较严格，因此在解除程序上没有限制性规定。

单方行为是指劳动合同的一方当事人，不须对方同意，单方面行使劳动合同解除权。按权利主体分类，单方行为可以分为用人单位解除劳动合同和劳动者解除劳动合同。

用人单位单方行使劳动合同解除权，又可分为以下三种情况：

（1）因劳动者主观过错用人单位解除劳动合同。包括：①劳动者在试用期间被证明不符合录用条件；②劳动者严重违反劳动纪律或者用人单位的规章制度；③劳动者严重失职，营私舞弊，对用人单位利益造成重大损害；④劳动者被依法追究刑事责任。符合这四类情况之一的，用人单位一经证实后，就可以解除劳动合同，无须提前通知，也不必给予经济补偿。

（2）因劳动者客观原因，用人单位解除劳动合同。包括：①劳动者患病或者非因工负伤，医疗期满后，不能从事原工作，也不能从事用人单位另行安排的工作；②劳动者不能胜任工作，经过培训，调整工作岗位，仍不能胜任工作；③劳动合同订立时所依据的客观情况发生重大变化，致使原劳动合同无法履行，经当事人协商不能就变更合同达成协议。符合这三类情况之一的，用人单位必须履行"预告义务"，即应当提前 30 日，以书面形式通知劳动者本人方可解除劳动合同，同时还应依法给予经济补偿。

（3）因用人单位自身的原因，即经济性裁减人员解除劳动合同。用人单位濒临破产，处于法定整顿时期或生产经营发生严重困难，符合当地政府规定的严重困难企业标准，确需裁减人员的，应当提前 30 日向工会或者全体职工说明情况，听取工会或者职工的意见。经向当地劳动行政部门报告后，方可裁减人员，并给予经济补偿。用人单位从裁减人员之日起 6 个月内需要新招人员的，应当优先录用被裁减人员。

用人单位在因劳动者的客观原因或用人单位自身的原因解除合同时，还受"不得解除合同"条款的限制：①凡患职业病或者因工负伤并被确认丧失或者部分丧失劳动能力的；②患病或者负伤,在规定的医疗期内的;③女职工在孕期、产期、哺乳期内的;④法律、行政法规规定的其他情形。

劳动者单方行使劳动合同解除权,也可以用人单位是否有过错为主要依据,分为需提前预告和不需提前预告两种情况。在正常情况下,劳动者解除劳动合同,应当提前30日以书面形式通知用人单位。出现以下三种情况之一的,劳动者可以随时通知用人单位解除劳动合同:①在试用期内的;②用人单位以暴力、威胁或者非法限制人身自由的手段强迫劳动的;③用人单位未按照劳动合同约定支付劳动报酬或者提供劳动条件的。

用人单位解除劳动合同,工会认为不适当的,有权提出意见。如果用人单位违反法律法规或者劳动合同,工会有权要求重新处理,劳动者申请仲裁或者提起诉讼的,工会应当依法给予支持和帮助。

(四)劳动合同的终止

当事人双方按照劳动合同规定的条款,实现和履行了相应的权利义务,劳动合同即因期满或者双方约定的条件出现而终止。一般来说,有固定期限的劳动合同因期限届满而终止;无固定期限的劳动合同因合同的条件出现而终止;以完成某项工作任务为期限的劳动合同,因工作任务完成而终止。

原定的劳动合同终止执行后,由于生产、工作需要,当事人双方通过协商一致,可以继续签订劳动合同。劳动者在同一用人单位连续工作满10年以上,当事人双方同意续延劳动合同的,如果劳动者提出订立无固定期限的劳动合同,应当订立无固定期限的劳动合同。

二、集体合同

(一)集体合同的概念

集体合同是集体双方代表根据法律法规的规定就劳动报酬、工作时间、休息休假、劳动安全卫生保险福利等事项在平等协商一致基础上签订的书面协议。

集体合同和劳动合同都是调整劳动关系的重要形式,但两者在调整的劳动关系、订立合同的主体、合同的内容、订立合同的程序、合同的效力等方面有明显区别。

1. 调整的劳动关系不同

劳动合同调整的是劳动者个人与用人单位之间的劳动关系,集体合同调整的是劳动者集体与企业的劳动关系。

2. 订立合同的主体不同

劳动合同的主体一方是用人单位,用人单位可以是企业,也可以是事业单位、国家机关等,另一方是劳动者个人;而集体合同的主体一方是企业,另一方是企业的工会或职工推举的代表。

3. 合同的内容不同

劳动合同的内容比较简单，一般包括《劳动法》规定的劳动合同的 7 项内容即可；而集体合同因其调整的是集体劳动关系，所以其内容是综合性的，可以包括职工聘用、工作日、工资和津贴、职工福利、劳动保险、劳动保护、教育与培训、纪律与奖惩、合作与联系、监督检查和仲裁、期限和变更等。

4. 订立合同的程序不同

劳动合同是由劳动者与用人单位直接签订的；而集体合同一般由工会或职工推举的代表与企业共同起草，经过在职工中反复征求意见，研究修改，并经职工代表大会或者全体职工讨论通过。

5. 合同的效力不同

集体合同的效力要高于劳动合同，集体合同签订以后，对企业及全体职工都具有约束力。职工个人与企业订立的劳动合同中，劳动条件和劳动报酬等标准不得低于集体合同的约定。

（二）集体合同的内容与形式

集体合同应当包括 11 个方面的内容：①劳动报酬；②工作时间；③休息休假；④保险福利；⑤劳动安全与卫生；⑥合同期限；⑦变更、解除、终止集体合同的协商程序；⑧双方履行集体合同的权利和义务；⑨履行集体合同发生争议时协商处理的约定；⑩违反集体合同的责任；⑪双方认为应当协商约定的其他内容。

集体合同的形式，应当以文字形式固定下来，并经双方签字，作为协调劳动关系、解决集体争议的凭证。

（三）集体合同的订立、变更和终止

1. 集体合同的订立

集体合同由工会代表职工与企业签订；没有建立工会的企业，由职工推举的代表与企业签订。签订集体合同必须经过以下程序：

第一，制订集体合同草案，一般先由企业代表与工会代表组成起草小组，起草小组应当深入进行调查研究，广泛了解各方面对集体合同的要求，在充分酝酿、交换意见的基础上共同对集体合同所应包括的内容提出初步方案。

第二，提交职工代表大会或者全体职工讨论通过。集体合同是以职工为一方与企业签订的协议，应该反映大多数职工的意志和利益。因此，集体合同草案拟就后，应当提交职工代表大会或者全体职工进行广泛讨论，发动全体职工对草案进行修改、补充和完善。只有经过职工群众的认真讨论签订的集体合同才具有坚实的基础，才能使集体合同充分反映企业和广大职工的意见和要求，得到广大职工的支持和拥护，从而使各方更加自觉地贯彻执行集体合同的各项约定。

第三,集体合同草案经职工代表大会或者全体职工讨论通过后,应由工会代表职工与企业签署,没有建立工会的企业;由职工推举的代表与企业签署。

第四,报送审查备案。集体合同经企业和工会或职工推举的代表签订后,要报送劳动行政部门审查备案。法律规定集体合同要经过审查备案,主要由劳动行政部门审查集体合同中是否有违反法律或行政法规的约定,有无遗漏重要项目。如果集体合同中的约定与法律、行政法规相抵触或者有重要遗漏,则劳动行政主管部门应提出异议,企业和工会要对该合同进行修改。修改后,再行报送劳动行政主管部门。如果劳动行政主管部门经审查认为集体合同内容合法、权利义务约定适当、没有重大遗漏,则认可备案。劳动行政部门自收到集体合同文本之日起15日内未提出异议的,集体合同即行生效。

2. 集体合同的变更

集体合同的变更,是指变更集体合同的有关条款。集体合同是直接约定企业与劳动者双方权利义务的协议,由于客观情况的变化,企业与劳动者权利义务的内容也需要进行相应的调整,才能切实地调整企业内部的劳动关系,促进生产的发展。集体合同的变更,一般是由一方提出变更方案,提交另一方,如果是工会代表全体职工提出的变更方案,应事先交职工代表大会或全体职工讨论,提出意见;如果是企业一方先提出变更方案,工会收到该变更方案后,也应及时提交全体职工讨论,提出意见。最后经双方对修改方案一致认可后,正式变更集体合同。

3. 集体合同的终止

集体合同的终止,是指终止集体合同的法律效力。集体合同可以解散或被兼并而终止,也可以因合同约定终止的条件出现而终止,还可以因企业的破产、解散或被兼并而终止。

(四)集体合同的效力

集体合同的效力源于国家法律的确认和保护。集体合同的效力主要体现在时间、空间和对人的效力三个方面。

1. 时间效力

这是指集体合同何时生效,何时终止,即集体合同的生效时间和存续期间。集体合同签订后,应当报送劳动行政部门,劳动行政部门自收到合同文本之日起15日内未提出异议的,集体合同即行生效。集体合同分定期、不定期和以完成一定工作为期限三种。在我国,目前只对定期合同做了规定,合同期限为1~3年,在集体合同的约定期限内,双方代表可对集体合同履行情况进行检查。

2. 空间效力

这主要是指地域效力。集体合同依据其适用地域的广狭,可分为企业集体合同、地方集体合同和全国集体合同。它们分别在用人单位内、地方范围内、全国范围内发生效力。由于我国目前只有企业集体合同,因此集体合同的地域效力只限于签订合同的用人单位。

3. 对人的效力

集体合同一经成立，对签字各方以及合同所代表的人即具有约束力；集体协议的条文，除法律或合同另有规定外，应适用于协议所覆盖的企业中各种层次的劳动者。

三、就业协议

1. 就业协议的概念

就业协议是明确毕业生、用人单位和学校在毕业生就业工作中权利和义务的书面表现形式。就业协议一般由国家教育部或各省、市、自治区就业主管部门统一制表。

2. 就业协议与劳动合同的关系

就业协议与劳动合同是用人单位录用毕业生时所订立的书面协议，但两者分处两个相互联系的不同阶段，这表现在以下几个方面：

（1）毕业生就业协议是毕业生在校时，由学校参与见证的，与用人单位协商签订的，是编制毕业生就业计划方案和毕业生派遣的依据；而劳动合同是毕业生与用人单位明确劳动关系中权利义务关系的协议，学校不是劳动合同的主体，也不是劳动合同的见证方。劳动合同是上岗毕业生从事何种岗位、享受何种待遇等权利和义务的依据。

（2）毕业生就业协议的内容主要是毕业生如实介绍自身情况，并表示愿意到用人单位就业，用人单位表示愿意接收毕业生，学校同意推荐毕业生并列入就业计划进行派遣；而劳动合同的内容涉及劳动报酬、劳动保护、工作内容、劳动纪律等方方面面，更为具体，劳动权利义务更为明确。

（3）一般来说就业协议签订在前，劳动合同订立在后。如果毕业生与用人单位就工资待遇、住房等有事先约定，亦可在就业协议备注条款中予以注明，日后订立劳动合同时对此内容应予以认可。

（4）就业协议是毕业生和用人单位关于将来就业意向的初步约定，对于双方的基本条件以及即将签订劳动合同的基本内容大体认可，并经用人单位的上级主管部门和高校就业部门同意和见证，一经毕业生、用人单位、高校、用人单位主管部门签字盖章，即具有一定的法律效应，是编制毕业生就业计划和将来可能发生违约情况时的判断依据。

3. 就业协议的主要内容

（1）毕业生应按国家法规就业，向用人单位如实介绍自己的情况，了解用人单位的使用意图，表明自己的就业意见，在规定的时间内到用人单位报到，若遇到特殊情况不能按时报到，需征得用人单位同意。

（2）用人单位要如实介绍本单位的情况，明确对毕业生的要求及使用意图，做好各项接收工作。

（3）学校要如实向用人单位介绍毕业生的情况，做好推荐工作，用人单位同意录用后，经学校审核列入建议就业计划,报主管部门批准,学校负责办理派遣手续。

(4)各方应严格履行协议,任何一方若违反协议,应承担违约责任。

(5)其他补充协议。

4. 就业协议订立的原则

就业协议的订立原则是指三方在订立就业协议时必须遵循的基本准则。

(1)主体合法原则。

签订就业协议的当事人必须具备合法的主体资格。

对毕业生而言,毕业生必须取得毕业资格,如果学生在派遣时未取得毕业资格,用人单位可以不予接收而无须承担法律责任。

对用人单位而言,用人单位必须具有从事各项经营或管理活动的能力,应有录用毕业生计划和录用自主权,否则毕业生可解除协议而无须承担违约责任。

对高校而言,高校应根据用人单位的要求如实介绍毕业生的在校表现,也应如实将所掌握的用人单位的信息发布给毕业生。

(2)平等协商原则。

就业协议的三方在签订就业协议时的法律地位是平等的,一方不得将自己的意志强加给另一方。学校也不得采用行政手段要求毕业生到指定单位就业(不包括有特殊情况的毕业生),用人单位亦不应在签订就业协议时要求毕业生缴纳过高数额的风险金、保证金。三方当事人的权利义务应是一致的。除协议书规定的内容外,三方如有其他约定事项可在协议备注内容中加以补充确定。

5. 就业协议订立的步骤

就业协议的订立一般要经过两个步骤,即要约和承诺。

(1)要约。

毕业生持学校统一印制的就业推荐表或复印件参加各地供需洽谈会(人才市场),或向各用人单位寄发书面材料,应视为要约邀请,用人单位收到毕业生材料,对毕业生进行考察后,表示同意接收并将回执寄到高校毕业生就业工作部门或毕业生本人,应为要约。

(2)承诺。

毕业生收到用人单位回执或通过其他方式得到用人单位答复后,从中做出选择并到学校毕业生就业工作部门领取就业协议书,与用人单位签订协议,即为承诺。

由于毕业生就业工作比较烦琐和具体,有时很难明确区分要约和承诺两个步骤。例如,有的毕业生参加公务员考试,考试合格后,到用人单位参加面试、体检,用人单位也对毕业生进行政审、阅档,表示同意接收,在这种情况下,毕业生应与该用人单位签订就业协议,而不应再选择其他单位。又如,用人单位到学校挑选毕业生,毕业生自己主动报名,经学校积极推荐,用人单位也表示同意接收,但要回到单位后再正式发函签协议,在这种情况下,毕业生应安心等待与用人单位签约,而不能出尔反尔,以未正式签协议为由,置学校信誉于不顾,在这一过程中与其他单位签约,这样也浪费了其他毕业生的就业机会。

6. 签订就业协议的程序

(1)毕业生和用人单位达成协议并在就业协议书上签名盖章,用人单位应在协议书上注明可以接收毕业生档案的单位名称和地址。

(2)用人单位上级主管部门批准盖章。

(3)用人单位必须在与毕业生签订协议书起的10个工作日内将协议书送到学校毕业生就业工作部门。

(4)学校同意盖章,并及时将协议书反馈给用人单位。

7. 无效协议

无效协议是指欠缺就业协议的有效要件或违反就业协议订立的原则从而不发生法律效力的协议。无效协议自订立之日起无效。

(1)就业协议未经学校同意视为无效。例如,有的协议经学校审查认为对毕业生有失公平,或违反公平竞争、公平录用的原则,学校可不予认可。

(2)采取欺骗等违法手段签订的就业协议无效。例如,用人单位未如实介绍本单位情况,根本无录用计划而与毕业生签订就业协议,这样的协议为无效协议。

无效协议产生的法律责任应由责任方承担。

8. 就业协议的解除

就业协议的解除分为单方解除和三方解除。

(1)单方解除。

单方解除,包括单方擅自解除和单方依法或依协议解除。单方擅自解除协议属违约行为,解约方应对另两方承担违约责任。单方依法或依协议解除,是指一方解除就业协议有法律上或协议上的依据。例如,学生未取得毕业资格,用人单位有权单方解除就业协议,或依协议规定,毕业生未通过用人单位所在地组织的公务员考试,用人单位有权解除就业协议。此类单方解除,解除方无须对另两方承担法律责任。

(2)三方解除。

三方解除是指毕业生、用人单位、学校三方经协商一致,解除原订立的协议,使协议不发生法律效力。此类解除因是三方当事人真实意思表示一致的体现,三方均不承担法律责任。三方解除应在就业计划上报主管部门之前进行,如就业派遣计划下达后实行三方解除,还须经主管部门批准办理调整改派。

9.违约责任及毕业生违约的后果

就业协议书一经毕业生、用人单位、学校签署即具有法律效力,任何一方不得擅自解除就业协议,否则违约方应向权利受损方支付协议条款所规定的违约金,从实际情况来看,就业违约多为毕业生违约。毕业生违约,除本人应承担违约责任、支付违约金外,往往还会造成其他不良的后果。这主要表现在以下几个方面:

(1)就用人单位而言,用人单位往往为录用毕业生做了大量的工作,有的甚至对毕业生将要从事的具体工作也有所安排,一旦毕业生因某种原因违约,势必使用人单位为录用工作所付出的努力付之东流,用人单位若选择其他毕业生,在时间上也不允许。这就会使用人单位很被动。

(2)就学校而言,用人单位往往将毕业生违约行为视为学校的行为,从而影响学校和用人单位的长期合作关系。用人单位由于毕业生存在违约现象,而对学校的推荐工作表示怀疑,该用人单位甚至会在几年之内不愿到学校来挑选毕业生。如此下去,必定影响学校今后的毕业生就业工作,同时影响学校就业计划方案的制订和上报,并影响学校的正常派遣工作。

(3)就其他毕业生而言,用人单位到学校挑选毕业生,且与某毕业生签订就业协议,就不可能再录用其他毕业生,若日后该毕业生违约,那些当初希望到该用人单位工作的其他毕业生由于录用时间等因素,也无法补缺,造成就业信息的浪费,影响其他毕业生就业。

因此,毕业生在就业过程中应慎重选择,认真履约。

四、劳动争议

劳动争议是指用人单位与劳动者发生的争议。劳动争议是劳动问题引起的,即因用人单位开除、除名、辞退劳动者和劳动者辞职、自动离职发生的争议;或者因执行国家有关工资、保险、福利、培训、劳动保护的规定发生的争议;或者因履行劳动合同发生的争议。根据《劳动法》的规定,劳动争议可分为集体合同争议和个别争议两类。劳动争议的种类不同,解决的机构和方法也不一样。个人劳动争议一般采取协商、调解、仲裁、诉讼的方法解决,集体劳动争议则可以由政府直接出面协调处理。

《劳动法》规定:劳动争议发生后,当事人可以向本单位劳动争议调解委员会申请调解。调解不成,当事人一方要求仲裁的,可以向劳动争议仲裁委员会申请仲裁,当事人一方也可以直接向劳动争议仲裁委员会申请仲裁。对仲裁裁决不服的,可以向人民法院提起诉讼。劳动争议主要适用调解、仲裁、诉讼程序处理。

(一)劳动争议调解

劳动争议调解是指企业劳动争议调解委员会在查明事实、分清是非、明确责任的基础上,依照国家劳动法的规定以及劳动合同约定的权利和义务,推动用人单位和劳动者之间相互谅解、解决争议的方式。调解委员会由职工代表、企业代表、企业工会代表组成。职工代表由职工代表大会(或者职工大会)推举产生;企业代表由厂长(经理)指定;企业工会代表由企业工会委员会指定。调解委员会组成人员的具体人数由职代会提出并与厂长(经理)协商确定,企业代表的人数不得超过调解委员会总数的1/3。调解委员会主任由企业工会代表担任,办理机构设在企业工会委员会。调解委员会调解劳动争议应当遵循当事人双方自愿的原则。当事人申请调解,自知道或应当知道其权利被侵害的8至30日内,以口头或书面形式向调解委员会提出申请。调解委员会调解劳动争议,应自当事人申请调解之日起30日内结束,到期未能结束,则视为调解不成。

(二)劳动争议仲裁

劳动争议仲裁是指劳动争议仲裁委员会为解决劳动争议而做出裁决的劳动执法活动。劳动争议仲裁委员会由劳动行政部门代表、同级工会代表、用人单位方面的代表组成,并实行仲裁员、仲裁庭制度。劳动争议处理过程中实行以下制度。

1. 一次裁决制度

仲裁委员会受理劳动争议案件,实行一次裁决。当事人一方或双方不服裁决的,可在法定的期限内向有管辖权的人民法院提起诉讼,在法定期限内不起诉的,裁决书即发生法律效力。

2. 自行和解制度

在仲裁过程中,当事人双方可以自行和解。当事人双方自行和解后,申请仲裁的当事人应当向仲裁委员会提出撤诉申请。仲裁委员会收到撤诉申请后,应制发仲裁决定书准予撤诉。

3. 先调后裁制度

仲裁庭处理劳动争议应当先行调解,在查明事实的基础上促使当事人双方自愿达成协议。协议内容不得违反法律法规。

4. 回避制度

仲裁委员会组成人员或者仲裁员中有劳动争议的当事人或当事人的近亲属,与劳动争议有利害关系的人或与劳动争议有其他关系可能影响公正仲裁的人,应当回避。

5. 合议制度

仲裁委员会和仲裁庭裁决劳动争议案件时,经协商后,按少数服从多数的原则以多数人的意见为依据,做出仲裁决定。

6. 时效制度

提出仲裁要求的一方应当自劳动争议发生之日起60日内向劳动争议仲裁委员会提出书面申请。

7. 时限制度

仲裁庭处理劳动争议,应自收到仲裁申请之日起60日内结案。案情复杂需要延期的,报仲裁委员会批准后可适当延期,但延长期限不得超过30日。

8. 中止制度

中止是在仲裁过程中,由于出现了法律规定的某种情况,仲裁不能进行或不宜进行,而仲裁程序暂时停止。

(三)劳动争议诉讼

劳动争议诉讼是指法院依据劳动法规审理劳动争议案件的活动,是要通过司法程序来解决劳动争议的。劳动争议当事人对仲裁裁决不服的,可以自收到仲裁裁决之日起15日内向人民法院提起诉讼。目前我国劳动争议进入诉讼阶段后尚无劳动诉讼法,主要适用民事诉讼法。一方当事人在法定期限内不起诉又不履行仲裁裁决的,另一方当事人可以申请人民法院强制执行。

(四)集体合同争议及其处理程序

集体合同争议是集体合同签订和履行过程中发生的纠纷,它是因集体劳动法律关系而产生的争议。我国将集体合同争议分为因签订集体合同发生的争议和因履行集体合同发生的争议,对两者采取不同的程序进行处理。

因签订集体合同发生的争议,是工会组织或职工代表与用人单位在集体合同订立过程中发生的争议,这时没有一份现成的合同可以作为判别是非的依据。该争议属利益争议或经济争议。大部分国家认为该类争议不宜以仲裁的一般方式来解决。我国《劳动法》规定:"因签订集体合同发生争议,当事人协商解决不成的,当地人民政府劳动行政部门可以组织有关各方协商处理。"

因履行集体合同发生的争议,是工会组织与用人单位在集体合同订立并发生法律效力以后发生的争议。已经生效的集体合同可以作为解决争议的基本依据。该争议属权利争议或法律争议。世界各国一般均将这类争议列入仲裁和诉讼程序加以解决。我国《劳动法》规定:"因履行集体合同发生争议,当事人协商解决不成的,可以向劳动争议仲裁委员会申请仲裁;对仲裁裁决不服的,可以自收到仲裁裁决书之日起15日内向人民法院提起诉讼。"

第四节 社会保障法

一、社会保障法概述

社会保障是政府和社会为了保持经济的发展和社会的稳定,当劳动者或社会成员因年老、伤残疾病、失业而丧失劳动能力或丧失就业机会,或因自然灾害或意外事故等原因面临生活困难时,通过国民收入分配和再分配提供物质帮助和社会服务,以确保其基本的生活需要。世界各国社会保障所提供保护的范围和程序各不相同。根据各成员国的社会保障政策和实际做法,国际劳工组织认为,社会保障主要承担九个方面的风险,即疾病、生育、老年、残疾、死亡、失业、工伤、职业病和家庭。对这九个方面的保障,可以满足社会成员一生的基本生活需要,从而促进社会稳定和经济发展。中国特色的科学的社会保障体系,应包括居民生活福利的高层次社会保障;社会优抚是特殊性质的社会保障,保障军人及其眷属的基本生活。

社会保障法,是指调整社会保障关系的法律规范的总称。社会保障法的调整对象取决于社会保障的内容和范围。凡因社会保障活动而形成的社会关系,即社会保障关系,就是社会保障法调整的对象。社会保障关系,从不同角度可以做出多种分类。依其内容不同,可以分为社会保险关系、社会救助关系、社会福利关系、社会优抚关系等。

从我国社会保障立法的整个发展过程来看,我国社会保障制度的立法工作落后,尤其是基本立法不足,缺乏系统性,没有形成应有的法律体系;社会保障的运行主要依靠行政手段,颁发大量的通知、规定、复函等,实行调控和管理;法规的权威性与稳定性差;传统的社会保障法律机制在立法原则、内容构造、保障范围等方面带有浓厚的计划经济色彩。因此,建立与市场经济相适应的社会保障法律制度,是我国今后社会保障立法的主攻方向和发展趋势。

二、养老保险法律制度

(一)养老保险的概念和改革

养老保险,又称"年金保险",是国家根据劳动者的体质和劳动力资源的状况,规定一个年龄界限,允许劳动者在达到这个年龄界限时,解除劳动义务,由国家和社会提供物质帮助,保障劳动者晚年生活,使其老有所养的一种社会保险制度。

1995年3月1日国务院发布了《关于深化企业职工养老保险制度改革的通知》,1995年5月1日劳动部印发了《关于贯彻国务院〈关于深化企业职工养老保险制度改革的通知〉的实施意见》,对于深化城镇企业职工养老保险制度改革,建立现代企业制度,促进经济发展和维护社会安定都具有重要意义。

当时企业职工养老保险制度改革的目标是:到20世纪末基本建立起适应社会主义市场经济体制要求,适用城镇各类企业职工和个体者,资金来源多渠道、保障方式多层次、社会统筹与个人账户相结合、企业权利与义务相对应、管理服务社会化的养老保险体系。

深化企业职工养老保障制度改革的原则是:保险水平要与我国社会生产力发展水平及各方面的承受力相适应;社会互济与自我保障相结合,公平与效率相结合;政策统一,管理法制化结合;合理确定职工基本养老保险费用保障水平、筹资水平和积累率;建立基本养老金的正常调整机制;实行多层次的职工养老保险;提高养老保险管理服务的社会化程度;实行社会保险行政管理与基本管理分开,执行机构与监督机构分设的管理体制。

(二)养老保险基金的筹集

养老保险基金的来源主要包括:用人单位和被保险人缴纳的养老保险费、养老保险基金的利息收入、依法收取的滞纳金、基金运营的收益。养老保险基金的筹集主要是养老保障费的筹集。我国在基本养老保险费用的筹集上由用人单位与个人共同负担,国家给予扶持帮助。

(1)个人及时缴纳养老保险费。职工本人既是被保险人,也是投保人,以上年度月平均工资为个人缴纳养老保险的基数(也称"缴费工资基数"),按一定比例缴纳养老保险费。月平均工资应按国家统计局规定列入工资总额统计的项目计算,其中包括工资、奖金、津贴、补贴等收入。已离退休人员不缴费。

(2)企业缴纳养老保险费。企业作为法定的投保人,以全部职工缴费工资基数之和或职工工资总额的一定比例缴纳基本养老保险费。

(3)国家的扶持帮助。企业缴纳的基本养老费应在税前列支,个人缴纳的养老保险费不计入个人所得税。基本养老保险基金发生困难时,由同级财政予以支持。

(三)享受养老保险待遇的条件

按我国规定,被保险人在符合退休、离休、退职条件时,享受相应的待遇。

1. 退休条件

目前规定享受养老保险待遇的退休人员一般应具备三个条件:①达到国家规定的退休年龄。国家规定的退休年龄一般为:男60岁,女50岁(工人)或55岁(职员);②单位和被保险人按规定缴纳养老保险费;③养老保险制度改革前参加工作,连续工龄(包括缴费年限)满10年或者改革后参加工作,缴费满15年。符合规定的退休人员,可于养老保险事业管理中心办理领取养老金的手续,经养老保险事业管理中心核定后,按月领取养老金。

2. 离休条件

离休年龄条件与国家公务员退休年龄相同。离休者必须是中华人民共和国成立前参加革命工作的老干部。

3. 退职条件

养老保险改革办法实施之前参加工作,达到退休年龄时连续工龄(包括缴费年限)满5年、不满10年的人员,应该退职;连续工龄满5年,因病或者非因工致残的被保险人,经劳动鉴定委员会确定完全丧失劳动能力的,也可以退职。

从事高空、井下、高温、低毒、有害工作和特别繁重体力劳动的职工可以提前离退休。

三、失业保险法律制度

失业是与"在业""就业"相对应的一个概念,是指在劳动年龄范围内的、有就业能力且要求就业的劳动者没有就业机会的社会经济现象。

失业保险,是指处于劳动年龄期间、身体健康的劳动者就业之后,因失去工作而中断收入时,由国家或社会保障机构按法律规定的期限和标准发放一定的失业津贴的一种社会保障制度。

失业保险制度的要点如下：

第一，建立失业保险基金。失业保险基金由企业缴纳的失业保险费及其利息和财政补贴构成。企业按全部职工工资总额的0.6%缴纳失业保险费。失业保险费在缴纳所得税前列支，由企业的开户银行按月扣缴，转入企业所在地的失业保险机构在银行开设的"失业保险基金专户"专项储存，专款专用。失业保险基金存入银行后，按城乡居民存款利率计息，并纳入失业保险基金。

失业保险基金不足或者结余较多的，经省、自治区、直辖市人民政府决定，可以适当增加或减少企业缴纳的失业保险费。但是，最多不得超过企业工资总额的1%。

第二，失业保险基金实行市县统筹。省、自治区可以集中部分失业保险基金调剂使用。直辖市根据需要，可以统筹使用全部或部分失业保险基金。

第三，失业保险基金的开支项目包括：①失业职工的失业救济金；②失业职工在领取失业救济金期间的医疗费、丧葬补助费，其供养的直系亲属的抚恤费、救济费；③失业职工的转业训练费；④扶持失业职工的生产自救费；⑤失业保险管理费；⑥经省、自治区、直辖市人民政府批准，为解决失业职工生活困难和帮助其再就业确需支付的其他费用。

四、工伤保险法律制度

（一）工伤保险的概念和归责原则

工伤是指劳动者在生产岗位上从事与生产劳动有关的工作，或劳动条件、作业环境引起的人身伤害事故、职业病等。

工伤保险是指劳动者因在生产经营活动中所发生的，或者在规定特殊情况下遭受的意外伤害、职业病以及因之造成的死亡，造成劳动者暂时或永久丧失劳动能力，劳动者或遗属能够从国家或社会获得一定的物质补偿以保证其基本生活需要。

工伤赔偿责任的归责原则，是工伤保险立法的理论基石。现代意义的工伤保险制度走过了劳动者自己负责、雇主过错责任向雇主责任发展的历程，经历了从有过错责任向无过错责任的转变。现行各国工伤保险立法中，关于工伤赔偿责任的规定，都通行两项归责原则，即用人单位（雇主）单方责任原则和"补偿不究过失"原则。我国习惯上将职业伤害称作因工伤亡和职业病。其通常以社会保险的有关规定作为具体执行标准，这些规定体现了无过错责任原则。

（二）认定标准

1. 工伤性质的认定标准

我国现行的工伤性质的认定制度，采用列举的方式不够科学，从社会保险的发展看应予以改进。劳动者在以下五种情形下负伤、致残或者死亡的，应认定为工伤：①从事单位日常生产、工作；②参加抢险、救灾；③患职业病；④因公外出或者在执勤中发生非本人主要责任的意外事故;⑤法律法规规定的其他情形。但自杀或者自残、参与斗殴、酗酒、犯罪等行为造成负伤、残疾、死亡的,不属于工伤。

2. 工伤程度的认定标准

《职工工伤与职业病致残程序鉴定标准》依据伤病者医疗终结时的器官损伤、功能障碍及其对医疗与护理的依赖程序,适当考虑了由于伤残引起的社会心理因素影响,将伤残分为器官损伤、功能障碍医疗依赖、护理依赖和心理障碍。根据工伤及职业病造成失能的情况分为10级:1级,器官缺失或功能完全丧失,其他器官不能代偿,需特殊医疗依赖及完全护理依赖方可维持生命及基本生活者;2级,器官严重缺损或畸形,有严重功能障碍或并发症需特殊医疗依赖和大部分护理依赖者;3级,器官严重缺损或畸形,有严重功能障碍或并发症需特殊医疗依赖和部分护理依赖者;4级,器官严重缺损或畸形,有严重功能障碍或并发症需特殊医疗依赖,生活可以自理者;5级,器官大部分缺陷或明显畸形,有较重功能障碍或并发症,需一般医疗依赖,生活能自理者;6级,器官大部分缺损或明显畸形,有中等功能障碍或并发症,有轻度功能障碍或并发症,存在一般医疗依赖,生活能自理者;7级,器官大部分缺损或畸形,有轻度功能障碍或并发症,需一般医疗依赖,生活能自理者;8级,器官部分缺损,形态异常,有轻度功能障碍,有医疗依赖,生活能自理者;9级,器官部分缺损,形状异常,有轻度功能障碍,无医疗依赖,生活能自理者;10级,器官部分缺陷,形态异常,无功能障碍,无医疗依赖,生活能自理者。

凡具有工伤性质并达到《职工工伤与职业病致残程序鉴定标准》的有关条件的,都享受工伤保险。

(三)工伤保险待遇

养老保险、疾病保险、失业保险的保障原则是保障劳动者的基本生活,具有补偿和帮助的性质。而工伤保险由于具有补偿和赔偿的性质,因此工伤保险待遇高于其他社会保险的待遇标准。

目前工伤保险待遇主要包括:①工伤职工医疗期间的待遇,主要包括医疗费用、工资收入、伙食补贴等。②工伤职工经确定残废后的待遇,主要有:致残1~10级的,发给一次性伤残补偿金;致残1~4级的,发给定期伤残抚恤金;致残1~3级的,按月发给护理费;致残5~10级的,原则上由企业安排适当工作。③工伤职工康复时的待遇,主要是安装身体器官和配置康复器具的费用。④工伤职工死亡时家属的待遇,主要有:发给丧葬费,按月发给供养直系亲属的定期抚恤金,发给直系亲属一次性抚恤金。

随着保险制度的改革,工伤保险待遇应包括以下五个方面:

1. 工伤医疗待遇

被保险人因工负伤后,在规定的医疗期内,可以享受的医疗待遇包括:规定范围内的药品费用、规定的检查费用、规定的治疗费用、规定标准的住院费用、人造器官及安装费用、住院治疗期间的伙食补助费、转院交通费及食宿补助费。

2. 工伤津贴

被保险人因工负伤、停止工作进行治疗期间,停发工资,由用人单位支付工伤津贴,并享受本单位各项福利待遇。

3. 致残待遇

被保险人因工负伤,依法鉴定、确认致残后,享受的待遇有按其伤残程度的一次性伤残补助金;按其伤残程度规定的定期伤残抚恤金;按护理依赖程度规定的护理费。

4. 工亡待遇

被保险人因工死亡后,或者因工致残全部丧失劳动能力的,其遗属可领取丧葬补助金和一次性工亡补助金,其供养亲属可以领取定期抚恤金。

5. 养老待遇

因工伤残完全丧失劳动能力的被保险人,达到规定的养老条件后,继续领取定期伤残抚恤金。其低于按规定计发的养老金标准的部分,应由工伤保险基金补足。

五、医疗保险法律制度

(一)医疗保险的概念

关于医疗保险的概念,目前尚无统一的定论,对医疗保险的提法,在表达及内容上存在着不同的认识。通常认为,医疗保险,是指以社会保险形式建立的,为劳动者提供治疗疾病所需医疗费资助的一种社会保障制度。具体而言,这一保险是通过国家立法,强制性地由国家、企业、个人集资建立医疗保险基金,当个人因疾病需医疗服务时,由社会保险机构提供医疗费用补偿的一种社会医疗保险。

(二)医疗保险制度的改革

职工医疗保险制度改革的目标是建立社会统筹医疗基金与被保险人个人医疗账户相结合的社会保险制度,并使之逐步覆盖城镇所有劳动者。

建立职工医疗保险制度的原则如下:

(1)适应建立社会主义市场经济体制的要求,使城镇全体劳动者都能获得基本医疗保障,有利于整个社会保险制度改革的推进。有利于减轻企业、事业单位的社会负担,有利于转换国有企业经营机制,建立现代企业制度。

(2)基本医疗保障的水平和方式要与我国社会生产力发展水平以及各方面的承受能力相适应,国家和企业不能包揽全部医疗费用。

(3)公平与效率相结合,职工享受基本医疗保障的待遇要与个人对社会的贡献适当挂钩,以利于调动职工的劳动积极性。

(4)建立对医患双方的制约机制,最大限度地减少浪费,保障职工基本医疗。

(5)公费、劳保医疗按照统一的新制度和政策同步改革,费用的筹集方式和基本结构要统一,但经费使用可以分别独立核算。

(6)实行政事分开,政府主管部门制定政策、制度标准,职工医疗保险资金的收、付和运营等由相对独立的社会医疗保险事业机构承担,以利于加强行政监督和社会监督,保证资金的合理使用。职工医疗保险基金要纳入国家财政预算管理。

(三)医疗保险基金的筹集

在我国传统的医疗保险制度(包括公费医疗和劳保医疗)下,医疗费用由国家、企业包揽,一方面缺乏有效的制约机制,造成了严重的浪费;另一方面缺乏合理的医疗经费筹集措施机制和稳定的医疗费用来源。1994年国家经济体制改革委员会、财政部、劳动部、卫生部联合印发《关于职工医疗制度改革的试点意见》的通知,初步确立了医疗保险费的筹措原则和方式,即职工医疗保险费用由用人单位和职工共同缴纳,用人单位缴费,按职工工资总额的一定比例缴纳。具体比例由各省人民政府根据当地情况确定和调整;职工个人缴费,先从本人工资的1%起步,由用人单位从职工工资中代扣,今后随经济发展和工资增加逐步提高;个体劳动者的医疗保险费用按当地平均水平,全部由个人缴纳。

(四)医疗保险金的使用和管理

1. 医疗保险金的使用

建立对职工个人医疗费用制约机制,减少浪费。职工就医,必须出示由医疗保险机构统一制发的带本人照片的医疗卡,诊疗记录和处方必须有一份送达医疗保险机构。医疗费用首先从个人账户支付,个人医疗账户不足支付的,先由职工自付。按《关于职工医疗制度改革的试点意见》,以年度计算,职工在个人医疗账户处自付的医疗费,超过本人年工资收入5%以上的部分,由社会统筹医疗基金支付,但个人仍要负担一定的比例,个人负担的比例随费用的升高而降低。超过本人年工资收入5%以上,但不足5 000元的部分,个人负担10%～20%;5 000元至10 000元的部分,个人负担8%～10%;超过10 000元的部分,个人负担2%。职工或国家认定的特殊病种或实施计划生育手术及其后遗症所需的治疗费用,全部由社会统筹医疗基金支付。

2. 医疗服务的管理

职工可以到定点的几个医院就医,促使医疗单位通过合理竞争,提高医疗质量、改善服务态度、合理用药、合理检查、降低医疗费用。要在调整医疗服务价格的基础上逐步实行医疗服务和销售药品分开核算。允许病人持处方到医院外购药。政府有关部门与医疗保险机构要对定点医疗和销售药品的单位进行资格审定并定期检查;要制定医疗诊治技术规范和合理的、分档次的医疗收费标准并定期修订;要制定医疗保险基本药品报销目录和检查、治疗的费用控制标准并定期修订。医疗保险机构应与定点医疗和销售药品的单位签订有关医疗保险服务范围、项目、费用定额等内容的合同,明确责任、权利和义务。超出规定的医疗服务和用药的费用不能在个人医疗账户中开支,医疗保险机构也不负责支付。

六、生育社会保险法律制度

(一)生育社会保险的概念

生育社会保险是妇女劳动者由于生育子女而暂时丧失劳动能力时,从国家和社会得到必要的物质帮助的制度,一般享受生育时及产前产后的检查等医疗保险和产假期间的生活保险待遇。

(二)我国生育社会保险制度的特点和内容

(1)生育保险只对女性社会劳动者实行经济帮助,不包括男性劳动者在内。虽然生育子女是包括男性职工在内的整个家庭的事情,因为生育带来的一切开支,实际上也是由夫妻双方共同承担的,但是生育保险只以参加社会劳动的妇女劳动者原有的收入水平为标准,对妇女劳动者因生育所造成的直接经济损失进行帮助。这一原则近年来在我国有些地区或单位稍有改变。女性职工生育后,有的地区或单位给予男职工 15 天假期照顾生育后的母子,工资照发。

(2)生育保险只适用于到达法定结婚年龄的已婚妇女劳动者,并且必须符合和服从国家计划生育的规定。不符合法定年龄的已婚妇女劳动者生育、非婚妇女劳动者生育和不符合或不服从国家计划生育规定的生育,都不能享受生育保险待遇。也就是说,生育劳动保险作为一种社会经济制度,必须受国家政策的制约,不符合国家政策的非法生育,一律不能享受生育保险待遇。

(3)生育保险实行"产前与产后都应享受"的原则。妇女怀孕后,在临产前和分娩后的一段时间内,一方面因行动不便需要产前休养,另一方面要照顾婴儿和恢复身体健康,所以,妇女劳动者的产假包括产前和产后两个阶段的假期。产假期间照发原标准工资。只有实行"产前与产后都应享受"的原则,才能更好地保护产妇和婴儿健康,达到生育保险的目的。

根据《劳动法》和《女职工劳动保护规定》,生育保险除实行公费医疗外,还包括产假工资待遇和生育补助费。具体包括:①享受不少于 90 天的产假,产假工资照发;怀孕 7 个月小产的,给予 30 天以内的产假,休假期间工资照发;难产或双生的,增加假期 14 天,工资照发。②产假期满仍不能工作的,经医生证明,按病假处理。③在女职工或男职工之妻生育时,发给生育补助费。

参考文献

[1] 王哲,刘敬东.大学生职业生涯规划与学业指导[M].北京:机械工业出版社,2016.
[2] 王沛.大学生职业决策与职业生涯规划[M].北京:科学出版社,2007.
[3] 罗双平.职业选择与事业导航——职业生涯规划技术[M].北京:机械工业出版社,2007.
[4] 宁佳英.大学生职业生涯规划[M].广州:华南理工大学出版社,2013.
[5] 王磊.职场走直线——职业生涯规划与管理[M].北京:北京出版社,2012.
[6] 理想.我的第一本职场礼仪细节全书[M].北京:中国纺织出版社,2017.
[7] 张志,乔辉.大学生创新创业入门教程[M].北京:人民邮电出版社,2016.
[8] 李伟,张世辉.创新创业教程[M].北京:清华大学出版社,2015.
[9] 吕云翔,唐思渊.大学生创新创业教程[M].北京:清华大学出版社,2018.
[10] 刘慧.大学生团体心理咨询实务[M].北京:中国人民大学出版社,2015.
[11] 樊富珉,何瑾.团体心理辅导[M].上海:华东师范大学出版社,2010.
[12] 夏翠翠.大学生心理健康教育[M].北京:人民邮电出版社,2017.